JN289149

わきまえの
WAKIMAE no GOYORON
語用論

井出祥子
Ide Sachiko

大修館書店

目　次

序　章　日本語はいかに日本文化と関わるか

グローバル化時代の日本語と日本文化 …………………………………4
日本語の「なぜ」……………………………………………………………7
文法は民族文化 ………………………………………………………………9
日本語は「あいまい」か ……………………………………………………10
日本語を包む枠組み …………………………………………………………12

第1章　「言うという行為」とモダリティ

1.1.「言うという行為」という単位 ………………………………………16
1.2.「言うという行為」の構造 ……………………………………………18
　1.2.1. 命題のレベル ………………………………………………………18
　1.2.2. メタ・コミュニケーションのレベル ……………………………19
　1.2.3. メタ・プラグマティックのレベル ………………………………27
1.3.「言うという行為」と話し手の視点 …………………………………27
　1.3.1. 命題をくるむモダリティとコンテクスト ………………………27
　1.3.2. モダリティ──命題とコンテクストを結ぶもの ………………30
1.4. 発話のための判断──発話とコンテクストを結ぶもの ……………31
1.5. モダリティ再考 …………………………………………………………35
　1.5.1. 英語のモダリティとの異なり ……………………………………35
　1.5.2. 日本語の「言うという行為」のモダリティ ……………………36
1.6. プラグマティック・モダリティ ………………………………………42
　1.6.1. 命題に関するモダリティ …………………………………………42
　1.6.2. 場面に関するモダリティ …………………………………………49
　　1.6.2.1. 人間関係 ………………………………………………………49
　　1.6.2.2. 状況 ……………………………………………………………52
　1.6.3. 談話レベルのモダリティ …………………………………………52

　　　　1.6.3.1. 言い換え ……………………………………………53
　　　　1.6.3.2. 何を言うか何を言わないか …………………54
　1.7. なぜ日本語のモダリティは豊かなのか ……………………57
　1.8. 「言うという行為」の制約はどこからくるのか …………62

第2章　ポライトネスの普遍理論

　2.1. ポライトネス理論のはじまり ………………………………66
　　2.1.1. 生成意味論の発展途上で ………………………………66
　　2.1.2. ブラウン＆レビンソンの挑戦 …………………………68
　　2.1.3. 非西欧からの反駁 ………………………………………71
　　2.1.4. より普遍性のある理論へ ………………………………74
　　2.1.5. ヨーロッパのポライトネス研究 ………………………76
　2.2. ポライトネスの概念について ………………………………78
　　2.2.1. ポライトネスの普遍性 …………………………………78
　　2.2.2. 'polite' と「丁寧さ」を比べる実証研究 ………………79
　　2.2.3. 日米の対人認識の根源的異なり ………………………92

第3章　わきまえのポライトネス

　3.1. 敬語はなくても良いものか …………………………………100
　3.2. 日本人とアメリカ人の敬語行動の研究から ………………101
　3.3. 越中五箇山郷の調査から ……………………………………106
　3.4. わきまえのスーパー・システム ……………………………108
　3.5. わきまえの源 …………………………………………………113
　3.6. わきまえの諸相 ………………………………………………115
　3.7. ミクロとマクロのわきまえ …………………………………118

第4章　敬語のダイナミックな動き

　4.1. グローバル社会での敬語の存在意義 ………………………122

- 4.2. コンテクストで解釈される意味 ……………………………… 124
- 4.3. 儀礼形式としての敬語・敬意表現 ……………………………… 125
- 4.4. 儀礼としての敬語とポライトネス ……………………………… 128
- 4.5. 敬語はどのようにして品位を表わすのか ……………………… 134

第5章　敬意表現と円滑なコミュニケーション

- 5.1. 21世紀の日本社会のことばの在り方 …………………………… 140
- 5.2. 「敬意表現」誕生の経緯 …………………………………………… 140
- 5.3. 敬意表現の骨子 ……………………………………………………… 143
- 5.4. 敬意表現と国際化 …………………………………………………… 154
- 5.5. 敬意表現のどこが日本文化を維持しているのか ……………… 155
- 5.6. 敬意表現と共生のグローバル社会 ……………………………… 158

第6章　女性語はなぜ丁寧か

- 6.1. 女性語研究と女性の地位の向上 ………………………………… 160
- 6.2. 欧米と異なる日本の女性語 ……………………………………… 165
- 6.3. なぜ女性はより丁寧なことばを使うのか ……………………… 166
- 6.4. 位相語としての女性語 …………………………………………… 174
- 6.5. アイデンティティ指標としての女性語 ………………………… 180

第7章　ホロン構造型社会の言語使用

- 7.1. 雄弁な説得は美徳か ……………………………………………… 184
- 7.2. 感じの良いイチローと古田の言葉遣い ………………………… 185
- 7.3. わきまえと日本型社会システム ………………………………… 187
- 7.4. わきまえの行動原理を求めて …………………………………… 192
- 7.5. ホロンとは何か …………………………………………………… 195
- 7.6. ホロン型社会のインフラとしての日本語の二層構造 ………… 196
- 7.7. ホロン的振る舞いと敬語 ………………………………………… 198

7.8. ホロンシステムの中の「よろしくお願いします」 …………………… 200
7.9. 要素還元主義を超えて ……………………………………………… 201

第8章 〈複雑系〉社会の日本語

8.1. 21世紀型知識社会と日本語 ……………………………………… 204
8.2. 「伊豆の踊子」にみる日英語比較 ………………………………… 206
8.3. 談話にみる日本語 ………………………………………………… 213
8.4. 森林の思考・砂漠の思考 ………………………………………… 218
8.5. 異なるわけを求めて ……………………………………………… 221
8.6. 複雑系社会の中の言葉遣い ……………………………………… 226

参考文献（日本語）……………………………………………………… 229
References（English）…………………………………………………… 231
あとがき ………………………………………………………………… 235
索引 ……………………………………………………………………… 241

わきまえの語用論

序　章

日本語はいかに日本文化と関わるか

グローバル化時代の日本語と日本文化

　経済不況の長びいていた90年代の秋のことである。世界の政治・経済のリーダーたちが毎日目を通すといわれる新聞『ファイナンシャル・タイムズ』の記者が私のところへやって来て，言った。「日本語がこの不可解な日本文化・社会のインフラを支えているに違いない…。日本語から敬語をなくせば，この日本経済の混迷を解決することにつながるのではないか」と。理詰めの議論で畳み掛ける彼女は，ケンブリッジ大学の社会学博士だった。

　「言語と社会の関係は，そんなに短絡的に結びついているものではない。敬語をなくしたら社会が良くなる，というわけにはゆかない」と弁明しつつ，四苦八苦の応答でその場をしのいだが，その後考えさせられた。

　思えば，2001年に出された文化審議会の答申で，「日本語は日本文化の根幹をなす」と述べている。しかし，日本語のどの部分が，どのように日本文化と関わるかという問いに，どうしたら答えることができるのであろうか。

　人間の上下の区別を強いる敬語は日本社会からなくした方がいいのか。その方が日本社会のコミュニケーションがスムーズになり，風通しのよい社会へと改革されるのか。それとも，敬語こそ，日本社会を支えている大事な文化というべきなのか。

　日本の敬語は，私たちの思考や行動様式，ひいては日本文化にどのように関わっているのか。現在の日本社会の維持にどのように関わっているのか。あるいは，社会の発展向上の足かせとなっているのか。

　このようなことを議論するための手がかりは一体どこに求めればよいのであろうか。

　日本文化と日本語のコミュニケーションの両方を包括的に捉え，文化と言語の関わりを明らかにする。地球上のさまざまな文化の共生が課題となっている21世紀の世界には，このような研究が求められているのではないだろうか。

　今から30年ほど前，フェミニズム興隆の真只中，女性語研究の導火線となった論文「言語と女性の地位」の冒頭で著者ロビン・レイコフは述べ

た。「ことばが私たちを使っている。私たちがことばを使っていると同じ位に」と。この文が意味することは，私たちが日常何気なく使っていることばの仕組みそのものが，私たちの考え方や行動を支配していることになる，ということである。性差別というイデオロギーを容認する社会では，ことばのシステムに性差別が内在している。たとえば，男性につける称号にMrがある一方で，女性には既婚か未婚を区別するMissとMrsがある。そのシステムに従ってことばを使えば，人々は性差別のイデオロギーに支配されて生きていることになる。そこで，性差別を内包することばを探し出し，それを差別のないように変えれば，人々は性差別から解放されることになる。このようにことばを変え，その中で生きる人間の生き方を変えると，その人間たちが作る社会を変えることができる。

　ことばを変えることで社会を変える，とロビン・レイコフは説いたのである。レイコフの指摘した性差別を表わすことばの不平等は，次々と改められ，それによって女性の地位も改められることになった。彼女の考えがひとつの原動力となって，アメリカをはじめ多くの国々で女性の生き方が変わり，社会も変わった。女性たちが多く活躍する社会へと変化したのである。ことばは，社会のありさまを映し出している。ことばを変えることで，社会で生きる人々の生き方を変えることが出来る。この仮説を見事に実証しているのが30年前には考えられない程多くの女性たちが世界で活躍する姿である。

　『ファイナンシャル・タイムズ』紙の記者が私に投げかけた議論は，言語にみられる性差別廃止がもたらした女性の地位の改革のように，日本社会も改革できないかという問いであった。ことばの性差別の廃止が女性の地位の向上に功を奏したように，敬語の人為的廃止は，人と人の間を隔て情報開示が十分でなく，閉鎖的な日本社会の経済システムの改革に役立つ，というものである。彼女の議論の前提 ── ことばは社会のインフラを支えている ── によれば，日本社会の閉鎖性・非民主制を支えることばのしくみの要として，上下を隔てる敬語が問題となっているようである。

　日本語の言語現象の中で，西欧語と比較して目立って異なっているのは敬語であろう。そこで，西欧語には存在しない厄介な敬語をなくせば，日

本の経済社会の不祥事がなくなり混迷の解決につながるのではないか，というファイナンシャル・タイムズ記者の議論の背景には，グローバル化イコール西欧化という図式が見える。西欧語にない敬語の存在は，近代化の邪魔物とでも考えられているようだ。

　私たち日本人は，一般に「遅れている」という時，その尺度は西欧にあるようだ。だが，西欧化することがグローバル化だと考えてしまっていいのだろうか。グローバル化という抗しがたい趨勢の中で，日本社会は，何をどこまで変えるべきなのか，それとも，変えずにおきたいのか。いずれにしても，日本人は日本のやり方を世界の人々に理解してもらえるように説明しなければならない。

　日本における社会システムの改革，あるいは維持，あるいは古いものと新しいものとのすり合わせに向けて，システムのインフラを支えていることばはどうあるべきなのだろうか。ことばをどうすべきかについてどのようなガイドラインがあり得るのであろうか。

　この問題は，男女平等を正義とする性差別ほどには単純な問題でない。それだけに難解な問題である。

　「日本文化は，次々に外国文化をそのまま採り入れて自分がまた変わっていくところに特徴をもち，種々な文化を綜合してゆく，そこに日本文化の優秀なゆえんがある。」（西田幾多郎，引用・上山春平 1970: 79）このようなことはかなり前から言われている。そして，そのような性質をもつ日本文化の深層は縄文文化以来変わらない，とも言われる（上山 1970）。日本文化の根源をなす日本語もそのような特徴を持っているのではないだろうか。漢字とひらがな，そしてカタカナという文字の混在を良しとしている書きことばのシステムをみても種々の文化を綜合していく日本文化の特徴がみえる。

　「ことばが私たちを使っている」というロビン・レイコフの仮説に戻ってみよう。私たちが日常使うことばが，どのように私たちを使っているのだろうか。日本語の仕組みが他言語，とりわけ西欧語と異なる部分に光を当ててみると，それが日本文化の根幹となっている日本語の特徴となっている可能性があるかも知れない。

ふだん当たり前と思って使っている日本語が，外国語を基準に考えてみると，どうしてこのような仕組みになっているのか疑問に思えてくるものが少なくない。明治以来，日本の多くの言語研究者たちは，西欧語を下敷きにした研究の枠組みで言語現象をみることが多かったので，西欧語と異なる部分に関してあまり問題にしてこなかった。そこで未だに未解決となっている日本語に関する疑問が目の前にいくつも浮かび上ってくる。

日本語の「なぜ」
　英文学科の教員として長年英語と付き合っていると，英語と異なる日本語の文法的，語用論的な言語現象が気になる。それを拾い出してみると，そこには日本語という言語に使われている日本語話者の人々の姿が浮かび上がってくる。

　　なぜ，日本人は主語を落として話すのか。「いらっしゃいますか」「参りましょうか」と言えば，「あなたが」とか「私が」とか言わないでも済む。もし主語を入れて，「あなたがいらっしゃいますか」「私が参りましょうか」とすると，日本語としてどこかおかしい。語用論的にみて，容認不可ということになろう。
　　なぜ自分を指すことば，相手を指すことばがいくつもあるのか。英語では，"I" と "you" とひとつずつで済まされるのに。
　　留学生が「先生が私の作文を直しましたから，よくなりました」というのでは，「ました」と敬語を使っているにもかかわらず，なぜ失礼な発話になるのか。
　　なぜ，数がはっきりしている時でも「ほど」「ばかり」「くらい」などのぼかし表現を使って「りんご5つほどください」と言うのか。
　　「太郎が病気」という時，もし太郎が自分の子供でない時は，なぜ，「太郎が病気だ」とは言えず，「太郎ちゃんが病気だって」あるいは「太郎ちゃんが病気らしい」と言わなければならないのか。英語では "Taro is ill." ですまされるのに。
　　なぜ，聞き手が知らない人のことを言う時は「山田が」と言うので

なく,「山田さんという人が」と言わなければならないか。英語では,"Mr. Yamada."ですまされるのに。

　終助詞なしで日本語で会話を続けることができないのはなぜか。
　あいづちをうってくれない相手と話すと,なぜ不安になるのか。
　相手のお陰でもないのになぜ「お陰さまで,お天気に恵まれて」というのか。
　外国で暮らしていた人が日本に戻ると,日本語で話すことがオブラートで包んだような言い方に感じられるのはなぜか。
　日本人は雄弁,説得を美徳とせず,訥弁でも人を納得させる言い方が良いとして評価するのはなぜか。
　英語では,書いた論文を学会発表でそのまま読めるのに,日本語ではおかしくなるのはなぜか。
　英語から日本語に翻訳すると分量がどうして長くなるのか。

　これらの言語現象は,日本語のみをみていると当たり前と思えるが,西欧語との比較でみると「なぜ」と思われるものである。西欧語を分析するために作られた言語研究の枠組みでは,はみ出してしまう問題であるため,「なぜ」という疑問があっても,それについての研究の方法が見つからない問題である。

　西欧にないものは,余分なので無視するのが良い,という極論はないであろうが,輸入した西欧の枠組みで言語現象を科学的に解き明かすことを主たる目的としてきたこれまでの言語研究において,以上のような疑問は視野の外におかれてきたようである。

　そこで,次のように考える。これらの「なぜ」を包括的に説明できる枠組みを見つけることができれば,それこそ,日本文化の根幹をなす日本語の姿を見つける手がかりとなるのではないか。

　グローバル化に向けて日本社会が新しく進む方向を模索し,日本を正しく認識し,世界に向かって理解可能な形でアピールするためにも,日本文化のインフラを支えている日本語の「なぜ」に答えねばならない。それには,日本語をありのままに捉え,日本文化,つまり日本人の自己の捉え

方，ものの見方，日本人の行動様式，社会の仕組みなどとの関わりで考察する必要があろう。

文法は民族文化

言語と文化の関りについて，金田一京助，服部四郎，梅棹忠夫らが次のように述べている（下線部は筆者による）。

「今までの記述文法の我と人と等しく遺憾に思うことは，『廣日本文典』以後，目を開いて貰った西洋文法に捉われて，国語法の真相が歪められる傾向のなおあることである…。（中略）文法は普遍的事実すなわち法則であるが，同時に文法は民族文化であるから，民族の個性によって成立するのである。文化の認識は，その個性を見落としては無意味であるのに，今までの文法は，しばしば過度の普遍化の下に個性がみおとされていた観がある。」（金田一京助　1976: 113-114）

「人類の脳髄は，諸民族・諸人類を通じて，ほぼ同様の働きをなし得，従って人間の考える能力には民族的あるいは人種的差異はほとんどないが，人の思考は言語に著しく支配されているので，各民族は著しく異なった考え方をするように習慣づけられている。」（服部四郎　1960: 373）

「…文化というのは一応言語の体系として押さえることができると考えています。文化の分析は言語の分析を手がかりにしてできる。」（湯川秀樹・梅棹忠夫　1967: 61）

日本文化のインフラを支えるものとして，日本語の仕組みと言語使用の側面としての語用論現象を新たな目でみてみよう。それは，「文法が民族の文化」であり，「人の思考は言語に著しく支配されている」ので，「文化の分析を言語の分析の手がかり」によって行う，という大きな課題に挑むことになる。

ここで断っておかなければならないことがある。これは，日本語，日本文化のユニークさを求める特殊論を志向するものではない，ということである。日本について何か特徴的なことを指摘すると，それはあたかも日本のみにあって他にはないという主張にとられがちである。しかし，ここで論じることは，そのような主張からかけ離れたものである。ここで問題と

したいのは，西欧語で作られた枠組みからはみ出していようとも，日本語として当たり前の言語現象を漏らさず大切に取り上げようとすることである。そういう現象は，西洋語をはじめ他の言語にもあるかも知れない。あるのに，目立たないから気付かれない，というだけではないか。日本語に見られる現象は，他の言語にも見られるはずだ，というスタンスで日本語を考えてゆきたい。

日本語は「あいまい」か

　日本語はあいまいだ，とよく言われる。英語においては単数・複数の区別をすることなく表現することはできないのに，日本語では，その点をあいまいのまま表現することが普通である。英語では，

　　（1）I bought a book/some books yesterday.

と，買った本が一冊なのか否かを区別して言わなければならない。ところが日本語では，

　　#(2) きのう本買った。

となり，本の数には言及しないでも文が成り立つ。（#は語用論的には不適格文）しかし，可算名詞のbookの数に言及しない英文

　　（3）*I bought book yesterday.

は非文である。このように英語という言語を使う時は，数に対して敏感な認識が要求される。そして英語では数えられる物と，数えられない物との区別をし，その上で数えられる物，つまり可算名詞には数が単数か複数かを明示することが必須である。しかし，日本語では可算・不可算の区別や数に関してあいまいで済まされる。

　英語には「あいまい」に相当する語は少なくとも二つある。ひとつは'vague'，もうひとつは'ambiguous'である。前者は，ぼんやりとしてはっきりしない意で，後者は，どちらにもとれてまぎらわしい意である。ここで問題にするあいまいは，後者のあいまい，つまりまぎらわしいことの

方である。

　買った本が，一冊かも二冊以上かもしれない，というようにどちらともとれることをあいまいという。一般的に英語では「あいまい（ambiguous）」というと，ネガティブなニュアンスがつきまとう。だが，大江健三郎のノーベル賞受賞講演のタイトルが，『あいまいな日本の私』であることを思い起こしてみよう。この大江氏の「あいまい」は英訳では 'ambiguous' となっていたが，全くネガティブな意味で使われたとは思えない。文化ごとのあいまいさの価値については，ここでは深入りしないでおくが，少なくとも日本語を分析する上であいまいということばは，ひとつのキーワードと言っても良いだろう。

　ところで，視点を変えてみると，英語の方があいまいではないか，と指摘したくなる言語現象がある。

　　（４）　きのう本買ったの。
　　（５）　きのう本買ったんだ。
　　（６）　きのう本買いました。

（４）（５）（６）はいずれも，「きのう」「本」「買う」という命題情報の他に，話し手がどのような話し手か，どのような発話態度で話しているのかという語用論上の意味，つまり命題以外の意味が「の」「んだ」「ました」などの文末表現で示されている。

　このような文末表現をモダリティ表現という。モダリティ表現は話し手の発話に対するさまざまな態度を示すものであり，日本語の話しことばにおいてはなくてはならないものである。（２）は，「買う」の過去を表わす「買った」となっている。だが何かが欠けているというニュアンスが残る。非文ではないが，どこかおかしい。話しことばとしては，話し手が実際に話しているようには聞こえない。それは，モダリティ表現が欠けているからである。実際の発話の場ではあり得ない文を不適格として＃印が（２）の文頭にある。このように，日本語では話しことばが自然に聞こえるためには，モダリティ表現を発話の終りにつけることが必須の要素となっている。

英語では，イントネーションやジェスチャーなどノンバーバルの表現や副詞で話し手の態度，つまりモダリティを示すことがあるとしても，日本語のように明示的な言語形態で表わすことはあまりない。英語には，モダリティ表現がなく，話し手の態度がはっきりしない。つまりあいまいである。日本語の発話の終りにくる「の」「んだ」や「ました」などで読み取れる話し手の態度は，英語の（１）からは読み取ることが不可能である。

　一般に，日本語を英語に照らして，あいまいであると言われることが多い。しかしそれは，英語で区別している網目を通して見る場合に言える現象に過ぎないのではないか。日本語では英語にはない区別をしている。要は，区別をするところが異なるのだけなのではないか。

　西欧の枠組みを日本語に当てはめる限り，日本語にないものには「省略」や「あいまい」というラベルがつけられ，ネガティブなイメージが付与される。一方，日本語にあって英語にないものについては，日本語だけにある「特殊な」言語現象とされてしまう傾向がある。このようなことが，問題にされなくて良いのだろうか。

日本語を包む枠組み

　日本語にあって英語にない区別をみてきた。それらは本当に英語にはないのだろうか。多くの場合，それらは，これまでの言語研究が前提とする枠組みからこぼれていただけであり，英語やその他の西欧語や世界の諸言語にも潜在的に存在しているかも知れない。その意味で，日本語を包み込む枠組み探しは，これまで見落とされてきた諸言語の言語現象をも広く包み込む枠組みの模索となる。

　そこで，西欧の枠組みからはみ出すものを包み込み，日本語を歪めない枠組みを探すことをはじめよう。言語構造や言語使用について，普遍的とされてきたこれまでの諸理論は，人類の諸言語のかなりの部分にあてはまるものであるかも知れないが，しょせん西欧の言語，文化の土壌の中で生まれたものであるという限界がある。西欧語と西欧文化を背景として発達してきた科学的言語研究に十分敬意を払った上で，これまでの普遍理論の欠陥を敢えて指摘し，より広範囲の言語現象を視野に入れる枠組みを模索

することによって，西欧の枠組みの限界を補完することができよう。

　この問題に挑む道を模索するには，前提として二つの新しい見方を取り入れなければならない，と思う。ひとつは，話すということ（書くということ）に対する話し手（書き手）のスタンスというものが，少くとも日本語では西欧とは根本的に異なっていることの認識である。つまり話し手（書き手）の視点が異なることである。もうひとつは，日本語を捉える範囲として，言語研究の対象とする単位を命題の指示的意味という範囲に限らず，話しの場，つまりコンテクストの諸要素を考慮に入れて考える。言いかえれば「言うという行為」（ハイムズのいうスピーチ・アクト）の成り立ちというものを研究の単位として設定する必要があるということである。この二つを出発点とすることで，日本文化と関わりが明らかになることを志して日本語を考えてゆきたい。この考えは全章の考察の基盤となっているが，前者については，最終章において，後者については次章で特に詳しく述べることにする。

第 1 章

「言うという行為」とモダリティ

1.1. 「言うという行為」という単位

　先に述べたような日本語についての素朴な疑問に応えるにはどうしたら良いのだろう。日本語文法に関する立派な研究はあまたある。一方，日本語と日本文化について書かれたエッセイも多い。しかし，言語を科学的に研究することと，ことばを使ってコミュニケーションを行うことに関する研究との狭間に落ちている現象が沢山ある。それらについての素朴な疑問に答えていく道はどこにあるのだろうか。

　そのような問題を解決する道の一つとして，これまでの言語研究がとってきた，言語を話の場から切り離して捉えるという言語研究のやり方から解放されてみよう。すべての発話を話し手，相手，場面にまつわる諸々の要素をひっくるめた場の中でダイナミックに捉えることにより，金田一（1976：114）の言う「文法は民族文化であるから，民族の個性によって成立する」という立場からの言語研究の道が拓けるのではないかと考える。

　そこで「文」「談話」などという単位でみてきたこれまでの言語研究を，発話の場に内包するコンテクスト要素を含めた「言うという行為」という単位でみてみよう。

　「言うという行為」とはどのようなことを指しているのだろうか。

　「言うという行為」というのは，ハイムズが中心となって提唱したことばと文化の研究「ことばの民族誌」で使われる用語である。これは世界でさまざまな人間が話すことを観察・記述する研究で使われる用語，スピーチ・アクト（speech act）の和訳である。スピーチ・アクトといえば，オースチン，サールといった哲学者たちの提示した「発話行為」又は「発語行為」という和訳を思い起こす人が多いことであろう。後者のスピーチ・アクトは，話し手の意志により「依頼する」，「約束する」などの発話行為をすることを指すものだが，なぜかスピーチ・アクトと言えばこちらの方がよく知られている。

　しかし，ここでいうスピーチ・アクトは，それぞれのスピーチ・コミュニティ（言語共同体）におけるスピーチ・イベント（言語事象）の下位概念として存在するもので，言語を，それを話す人々の生活の中で記述する際の単位である。

たとえば，あるスピーチ・コミュニティでパーティーが行われたとしよう。そのパーティーをスピーチ・イベントということができる。ある場面でだれかがだれかに，冗談を言ったとすると，その冗談という行為がスピーチ・アクトということになる。

　このスピーチ・アクトの和訳が「言うという行為」である。科学研究費を受けて平成2～3年度に行われた「言語学における専門用語の規定と整理」の成果として出された『言語学用語集』に載せる際，ことばの民族誌におけるスピーチ・アクトの訳として「言うという行為」が当てはめられた。スピーチ・アクトの相当語として言語哲学の「発話行為」とことばの民族誌の「言うという行為」が並列されている。この和訳は，日本の社会言語学の創始者ともいうべき柴田武氏の案である。柴田氏は，学術用語にはなるべく和語を当てはめるべきという考えの下，たとえば"インターアクション"を「やりとり」とした。そのような訳し方に倣うと"スピーチ・アクト"は「言うという行為」となる。この訳語について氏は，「韻を踏んでいる」ので覚えやすいという。学術用語によく見られる漢字を組み合わせた造語より日本語として馴染んでいるではないか。

　「言うという行為」は発話の単位であるが，文法，または語用論で例文として使われてきた文や談話に相当する単位である。文を越えることばの単位としては「談話」という単位が定着しているが，ここであえて「言うという行為」という単位を導入するのは，ことばを，だれがだれに話すか，その人間関係はどうか，場面はあらたまったものであるかどうか，などという要素を含めた，話すという行為を，トータルに捉えた単位とするためである。一般に談話とかディスコースと言うと，話し手がコンテクストの諸要素を配慮しながら話しているということを必ずしも意味しないが，「言うという行為」ではコンテクスト要素と言語形式とを合わせた発話を単位として考えてゆく。つまり，言語の単位からコミュニケーションの単位へと視点を広げるということである。

　ところで私たちはものを言う時，どのような状況にいて，何をどのように言っているのであろうか。言いたいと思ったことをその通りにことばにして言っているのであろうか。

小説家，大庭みな子氏は，サラリーマンの夫にある時言われたという。「自分の言いたいことが言えると思っているのか，この世の中で！」と。そこで，彼女は言いたいことを言ってのけるために，物書きとなったとエッセイで述べている。言いたいことをそのまま言うことが許されない。そのような制約の中で生きてゆかねばならない息苦しさは，だれもが日常多かれ少なかれ感じていることだろう。話しはじめた頃の子供が可愛いのは，彼等は，言って良いこといけないことを区別することを大人ほどには意識していないからではないだろうか。人間社会の複雑な制約を知らない幼児の素直さに，大人たちは心和む。大庭氏は思うことを書くことによって，人々の心を解放するエッセイを書くことに意義を感じていると思われる。エッセイで慰められるのは，もやもやしていることを思いきり言ってくれることが，読む者に清涼感を与えてくれるからであろう。

　自分の思うことがそのままは言えない。それが少なくとも大人の社会での前提である。黙っているべきか，言っていいのか，また何を言ったらいいのか，いけないのか，そしていつ，どこで言ったらいいのか，だれに言ったらいいのか，また，どのように言ったらいいのか。聞き手が複数の場合は，その場にいる人すべての考えや立場，能力を見極め，そのような場の要素を正しく解釈し，つまり場をわきまえてはじめて言いたいことの一部を言うことができる。それが私たちの「言うという行為」についての常識でないだろうか。つまり，何がどうした，という命題内容を言うためには，「言うという行為」にまつわるいくつもの語用論的制約に照らして，言いたいと思うこととコンテクスト要素が適合するように配慮して，はじめて「言うという行為」ができるものであろう。

1.2. 「言うという行為」の構造

1.2.1. 命題のレベル

　「言うという行為」を行うためには，話の場において関わりのあるすべてのものを総合的に配慮し，自分の立場を見極めてはじめて言おうとすることが言える。それは，図1-1のような階層性のある構造を持っていると考えられる。

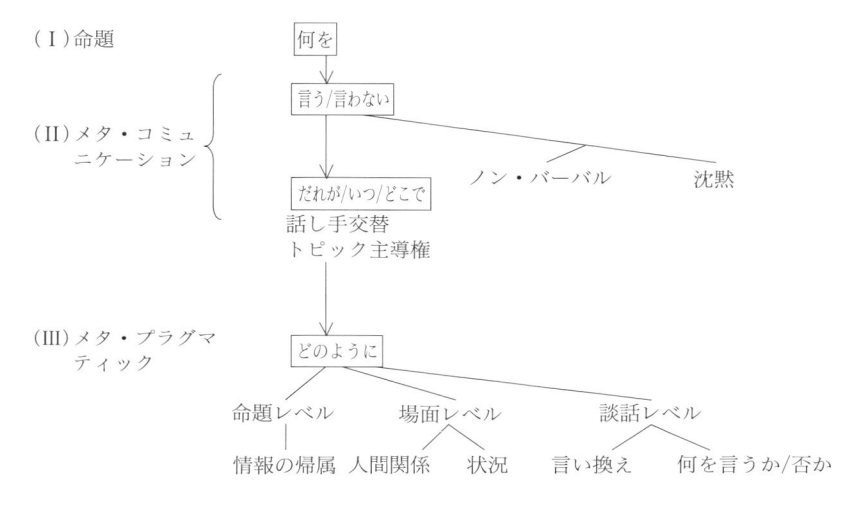

```
（Ⅰ）命題           ┌─ 何を ─┐
                    │         │
（Ⅱ）メタ・コミュ ─┤ 言う/言わない ─── ノン・バーバル   沈黙
      ニケーション  │         │
                    │  だれが/いつ/どこで
                    └─ 話し手交替
                       トピック主導権
                          │
（Ⅲ）メタ・プラグマ ──── どのように
      ティック        ┌──────┼──────┐
                   命題レベル  場面レベル   談話レベル
                      │      ┌──┴──┐    ┌──┴──┐
                   情報の帰属 人間関係 状況  言い換え 何を言うか/否か
```

図1-1　言うという行為の構造

　何か言いたいことがある。それがレベル（Ⅰ）で示した命題である。命題をそのままに言うことが許されるわけでなく、メタ・コミュニケーションとメタ・プラグマティックレベルの制約を受けてはじめてコミュニケーションとしての発話ができる。

1.2.2. メタ・コミュニケーションのレベル

　何か言おうとする時、まず、言うか言わないかの選択をする。言わない時には沈黙、つまり何も言わないか、悲しそうな顔、嬉しそうな顔、うなづき、首かしげなどのノン・バーバルの表現方法を取る。日本語でのコミュニケーションには、沈黙も会話の中によく見られるが、それは、コミュニケーションをしていないことではない。発話がなくても沈黙の間に、つまりわずかな発話の空間に、注視、微笑みなどのノンバーバルのやりとりがおこなわれていることがある。ちなみに、一般的に言って言語で伝えるコミュニケーションの量よりも、ノン・バーバルで伝える量の方がはるかに多い、ということはよく知られているところである。

　沈黙についてはこれまでもいろいろと研究されているが、黙っていることで伝える意味は、文化毎に、また、場によって異なるものである。数人の集まりで、皆が何も言わないでも和やかに時が流れる時もあれば、沈黙

という音の空白が不安を駆り立て，だれかが何か言わずにいられないようなこともある。その区別は，その文化に埋め込まれた人々の振る舞いの慣習によって知ることができる。言わないということは，何も伝えていないということではない。文化的慣習をわきまえて言わないこともあるが，わきまえていない時もある。黙っていることがわきまえと分かっていても，それを話し手の意志でわきまえをあえて無視して話してしまうこともある。意外性の効果を使い話し手の個性を創造的に演出することもある。

　ここでは，沈黙やノン・バーバルを選択するというメタ・コミュニケーションはさておき，言うという選択肢をみてゆきたい。

　言うという選択をした場合，次に何を考えなければいけないのだろう。この段階では，「だれが，いつ，どこで」言うかについての選択をしなくてはならない。あることをある人に言う場合を考えてみよう。同じことを言うにもだれが言うかによって相手に伝わる効果が異なる。「これは，先生に言ってもらいましょう」と言ったりする。先生とは，学校の先生だったり，かかりつけの医者だったりすることもあるだろう。いずれにしても，親が言うよりも先生が言った方がより良い効果がある時に聞かれることば遣いである。このように，話し手は，自分の口で言わずに，他人の口を介して自分の言いたいことを言ってもらうことがある。だれが言うのがその場にとって一番ふさわしいか，一番効果的かの選択をしているということである。

　同じ意味の発話でも，だれが言ったかでその発話の意味が異なることもある。会議の場を考えてみよう。いつもは黙っていて，人の話をよく聞くタイプの人が，「それは止めた方が良い」と言ったとする。いつも発言している人が言う一言とは，その重みが異なる。「あの人が言うのだから……」ということで，その意見は重要なものとして受容される。これはその人の存在感が会議の参加者の共通認識となっている場合に見られるものである。だれが話すかにより異なってくる意味もメタ・コミュニケーションレベルの意味である。

　また，同じことを言うのであっても，いつ，どこで言うのが適当であるか，ということも心得ていなければならない。依頼は相手が忙しそうにし

ている時を避けて，また，相手に注意する時は第三者のいないところで，といった配慮は，メタ・コミュニケーションレベルの問題となっている。

このことをもっと細かく見ていくと，話し手交替とトピックの主導権に関するきまりが気になってくる。話し手交替には，会話の中でだれが発言権を持っていて，次にだれに発言権を譲るかということに関して，微妙なルールがあるそうである。会話分析の先駆的研究者たち，サックス，シェグロフ，ジェファーソン（1974）による今や古典的となった論文「会話における話し手交替を組み立てる簡単な仕組み」（"A simplest systematics for the organization of turn-taking for conversation"）によると，発言権の交替に注目して沢山の会話を分析してみると，一人の人が発言権を持ち，それを次の発言者に譲るという交替に関する仕組みがあり，それは暗黙の了解として普遍的な会話のルールであるそうである。

ここで問題にしたいのは，話し手交替，つまりだれの次にはだれが話をするというようなルールは，社会毎に，また場面毎で異なっているのではないか，ということである。仲の良い友達同士が，くだけた雰囲気で話している時などは，同時に発話することが多い。相手の言うことを聞くというより，話し手と聞き手の両方が一つの話題について同時に言い合って盛り上がっている。そのような会話は，情報の交換というより，共に存在することを楽しんでいると言えよう。おしゃべりが趣味だとか，ストレス解消とよく言われるが，そのように言えるということ自体，話すことで場を分かち合い，お互いを認め合うポジティブな（人に認められたい，愛されたいという）欲求が満たされている。このようなことばのやりとりはポーランド生まれの人類学者マリノフスキーによる phatic communion，つまり「ことばの単なるやりとりで人間の絆が創られる」言うという行為（Haberland 1996）であり，日本語では会話の交感的機能として知られている。

アメリカの大学のセミナーなどで，東洋人の学生，とりわけ日本の学生たちが発言権を取るのが上手くないのはよく指摘されることである。これは，日本の大学の教室では，発言権は教授に促されてはじめて得られる習慣を引きずっていて，どのようにして授業中の話の流れの中で口を挟むチ

ャンスを勝ち取るかを知らないためであろう．発言権を取るためには，日本人留学生は会話の場の傍観者とならず，発言権奪取のアメリカ社会での会話の習慣を身につけなければならない．日本人が英会話を学ぶ時に，発言権奪取の訓練も必要である，ということであろう．英語を話す時の口の挟み方，つまり話し手交替のルールは日本語のそれとかなり異なる．そのことを調査で明らかにしたものがあるのでそれをみてみよう．

　話し手交替には，暗黙のルールがあり，それがメタ・メッセージということになる．日本語と英語のたくさんの会話を詳しく分析した井出・内田（2001）は，テレビとラジオの一対一のインタヴュー番組の録音を日本語と英語で約 30 分間ずつを分析し，話し手交替は日本語と英語では異なる意味を持っていることを明らかにしている．発話の途中で相手をさえぎって話し手交替が行われる時と，発話の終了時に交替が行われる時があるが，それを別々に比べてみた．

　途中で交替する場合，日本語で圧倒的に多かったのは話し手の言うことに聞き手が同意する時であり，一番少なかったのは，話し手の話に反対する時であった．日本人は話し手の意見に同意する時は，話の途中でさえぎってでも「そう，そう，そうなのよね」などと言う．聞き手が話し手の話を途中でさえぎる時は他に，確認する，質問する，話題転換などの時があるが，話し手に反対する時や訂正する時には途中で口をはさむことはきわめて少ない．

　一方，英語の場合は，話し手をさえぎって話し手交替が一番多く起こるのは話の内容を聞き手が訂正する時である．話し終わってから話し手が交替するのが一番多いのは，聞き手が話し手の話に同意する時である．英語では，話の途中であっても話の内容が違うと思えば，その時にさえぎって口をはさみ訂正し，話し手交替が起こる．そして話し手の話に同意する時は，話を最後まで聞いてから"Absolutely."などと言って同意する．

　話の途中で同意する日本人の会話と，話し終わってから同意する英語話者の会話があり，一方では，話が終わってから訂正する日本人の会話と，話の途中で訂正をする英語話者の会話がある．これは日本語と英語での会話の経験のある人であれば多かれ少なかれ直感的に感じていることであろ

う。

　この大きな違いは一体どこから来るのであろうか。

　日本語会話と英語会話では聞き手の態度が異なっているようだ。日本語では聞き手が会話の場に融合することを求めているので，同意するところを探し求め，同意できる時は話し手が話している最中でも即刻同意を表現する。しかし，訂正する時は，融合することが求められている話の場の暗黙の了解に反するので，会話の終わりまで待ち，話し手の言うことを一応認めてから，訂正を始める。「そうね。あなたの言うことは分かるのよ，でもね……こんな風にも考えられないかしら……」というように。日本語では，会話をすることの意義の大きな部分を占めるのが会話参加者の和であることが表われている。つまり，情報内容の交換より話し手聞き手の融合・調和が優先されるといえよう。

　英語の場合は，聞き手は話し手の言う内容を明確に知ろうとしているように見える。自分の持っている知識や意見と比較しながら話し手の言うことを分析的に聞いている。それゆえに，訂正があれば途中でもさえぎり，命題の正確さを期しながら聞いている。しかし，同意できるか否かは最後まで聞かなければ分からない。話し手と聞き手にとって会話の目的は，情報や意見の交換であり，その結果，話し手・聞き手が各々自分の意見を提示してその反応を試し，その反応をもとに各々の考えを発展させる。会話を通じて自分の考えが論理的に発展し，次第に異なる考えにたどりつく。英語では会話とは，こういうものであろう。

　このように話し手交替に関するメタの意味は，日本語と英語で異なっている。日本人が英語を母語とする人と英語で話す時，日本語の話し手交替の慣習で，話し手の間違いを訂正することもなく同意の合図を話の途中ではさんだとしよう。すると，英語母語話者は途中で口をはさむ日本人のことを誠実に聞いていない，あるいは，邪魔されていると思うだろう。反対に，英語を母語とする人が日本人と日本語で話している場合，英語の話し手交替の慣習に従い途中で訂正を入れ，同意は話し終わった時だけにしか行われないとしよう。すると日本人は，英語の母語話者が自分に敵対心があり，温かい人間関係を築こうとしていない，と不満に思うであろう。

このような誤解が起きるのは，話し手交替に関する異なるメタ・メッセージが各々の文化に慣習的に備わっていて，私たちは自分の文化慣習に則って会話をしたり，解釈したりしているからである。その異なりに対する認識がない限り，コミュニケーションは円滑とはなりにくい。
　また，会話の話題の主導権をだれが持つかは，各々の場によって異なる暗黙のルールがあり，それを知ってこそ，話に参加できる。大きな家族の会話では，その構成員の力関係，役割関係がものを言うであろう。会社の中では，その組織での役割や利害関係などによっても異なるであろう。だれが一番その場の経験が豊かか，まただれが当該トピックに関係が深いかなどが話の主導権に関わってくることであろう。
　会議の場で言うか言わないかの選択は，大変重要なものである。会議の目的，総メンバーの構成，役割などをよく知り，その相対的位置をわきまえて，いつ，何をどの位の長さで，どの位の回数発言をするのがふさわしいか，その読みと判断が求められている。このような場に関する諸要素をふまえてはじめて，一人一人の発言が行われる。このようなメタ・レベルのコミュニケーションの知識は，場に応じて異なるものであり，場の構成要素が複雑で多岐にわたっているので，簡単にルール化できるものではない。しかし，これを熟知していなければ，同じ命題内容のことを話しても有効な発言とならないばかりか，顰蹙を買うことにもなりかねないものである。
　話し手は，言うと選択した場合は，次の段階として，だれが，いつ，どこで言うのか，ということに関して何が適切かを知っていなければならない。「言うという行為」は，個人の意志を個人の望むままに発言するのではなく，こういった配慮をすべて心得た行為なのである。
　いつ，どこで言うかを間違うと，良かれと思って言ったことでも，相手には悪く取られたりすることもある。たとえば，話し手が相手のためを思ってその人の良いことについて言ったとする。言われたことが話題にしてほしくないタイミングで言われると，迷惑になることもある。言ったことの内容が相手への誉めことばであったとしても，場に当てはめて解釈するとメタ・コミュニケーションとして伝わる情報が，相手を傷つける結果に

なってしまうこともある。たとえば，相手がよくできたと思ってそのことを褒めたとする。そのことだけを見ると褒めるにふさわしいことだとしても，それを言われると，それにまつわる過去の苦い経験を連想させる場合もあろう。話し手は，それに気付き「ああ言わなきゃ良かった……」とか「あの時，その事に気づかずに，つい言ってしまったけど，あの人にはその事を言ってはいけなかったんだ……」などという後悔のつぶやきが聞かれることもある。ということは，「言うという行為」は場に照らし合わせてその的確性がわかるものだということである。

　言って良いのか悪いのか，また，だれが，いつ，どこで言うのがふさわしいのかについて，その場にまつわる人間関係，場の性質等々の諸要素を考慮して話すことで，伝えたい情報が話し手の意図するように伝わるものである。こういうことを心得ているということが，コミュニカティブ・コンペテンス（伝達能力）を持っているということである。

　話をする時にその場の諸条件を配慮しながら話すことが強く求められている社会，つまり高コンテクスト文化といわれる社会では，このようなメタ・コミュニケーションに関わるルールが厳密に存在している。高コンテクストとは，話の場に関わる要素が沢山あり，複雑であるだけでなく，その要素が人々の行為に影響を与える，あるいは制約をかける度合いが高いことをいう。そのように複雑な仕組みがよく分からないために，「言うという行為」を苦手とする人も少なくない。いわゆる新人や組織の中で若い層に属する人たちが，沈黙していた方が無難と心得ることがよくみられる。日本在住の外国人たち，あるいは外国育ちのいわゆる帰国子女たちが日本社会で話すことに苦労することはよく知られている。それは，文法的に話すのが難しいのではなく，この種のコミュニカティブ・コンペテンスの習得が困難であるということであろう。

　言いたい内容を日本語で文法的には正しく組み立てることは出来ても，それをだれが，いつ，どこで言うのがふさわしいのかというメタ・コミュニケーションに関わる場の要素の的確な読みは難しい。この「場の要素」は，どの社会にも通用するような他人への思いやりに関わるものもあるが，その文化・社会の慣習的な常識によるものが多い。

個々の場をどのように解釈するかは，その文化・社会での経験を積み重ねることによって知ることが出来るものが多い。多くの場合，場に参加している人たちの役割，上下，親疎からはじまり，その場に特有の価値観なども場の構成要素として重要である。場の制約が簡単でないため，初心者，新参者はしばらくは黙って様子を見る。そして，場の読みができるようになって初めて発言を始めるというのがよくみられる「言うという行為」のあり方のようだ。

　大学の授業というスピーチ・イベントの例で考えても同様なことが言える。日本の大学生は，授業で口を挟むことは滅多にしないが，する時には授業の内容に限った適切なものしか発言しない。それに比べてアメリカの学生は日本の基準からみると天真爛漫とも言える発想からくる発言が少なくない。日本の教室では「こんなことを言ったら，自分は馬鹿に思われないか」とか「笑われないか」といった判断をするという場に対するわきまえの配慮があってであろうか，発言は常識の範囲を越えないものが多い。また，質問が教室の全員に関わるものであるか否かを判断し，自分だけで聞きたい質問やコメントがある場合は，授業が終わってから，個人的に教授に話しに行く。このように場を的確に解釈して，場に則した「言うという行為」をしているのが一般的な日本での授業風景であろう。そうしなければならないという義務性の大きさが日本の方がアメリカより大きいということであろう。

　場の読みの深い人，的確な人の「言うという行為」は，相手や場にいるすべての人々に受け入れられやすい。このようなことは日本語を話す人は空気のように当たり前と思っているが，アメリカのようなわきまえの制約の少ない社会で英語で話す生活をしたことのある人は，場をわきまえつつ話さなければならない日本語での「言うという行為」が苦労として意識される。アメリカでしばらく生活していた日本人が，英語で話しはじめると途端に生き生きとしてくることがよくあるが，これはアメリカのような低コンテクスト文化における「言うという行為」の気楽さを物語っているのではないだろうか。

　場を的確に配慮して話が出来る人は，社会生活の基本であるコミュニケ

ーションが上手くゆき，そのような人は周りに好ましい人，あるいは出来た人という評価を受けることになる。そのような人は自分で言いたいことが何であるかだけでなく，場の要素の全てについて正確にバランスよく瞬時に分析し，あるいは解釈し，その上でこれからみていくような，メタ・プラグマティック・レベルでのメタの意味も慎重に考慮しながら「言うという行為」をする。こうして「言うという行為」は，社会人として生きていく上で必要な条件を満たす行動なのである。

1.2.3. メタ・プラグマティックのレベル

　メタ・コミュニケーションレベルは，言うか言わないか，だれが，いつ，どこで言うかの問題であった。これからみていくメタ・プラグマティックレベルは，どのように言うかの問題である。「言うという行為」をする時，図1-1の(Ⅲ)のように，メタ・プラグマティックのレベルの配慮が必要だが，それには三つの下位レベルがある。

　大きいレベルから見ると，第一に談話のレベル，つまり何を言うために何を言うのか，それを言わないでおくのか，またどのように言い換えて言うのか，というレベルである。これは，言う前に「私ばかりが発言して申し訳ありませんが……」という前置きをする，といったことを問題とする。第二には場面のレベル，これは主として人間関係や話の場の状況に応じた言い方をするというレベルである。そして三つ目は命題のレベル，つまり命題の情報内容がだれに属するか，あるいはそれを聞き手も知っているかなどに応じてどのように言うかのレベルである。私たちはこの三つのレベルでことばを挿入したり，言い換えたり，さまざまな種類のモダリティ表現を選択して使ったりして，その発話のコンテクストに適した言い方をしている。これらは，話し手の心的態度を表す「言うという行為」である。

1.3. 「言うという行為」と話し手の視点

1.3.1. 命題をくるむモダリティとコンテクスト

　何かを言おうとする。その内容つまり命題をただそのまま言って実際の発話が成り立つことは，まずないであろう。もしあったとしても危険を知

らせる時の発話「危ない！」とか「火事だ！」といった限られたものだけだろう。

　これまで発話を取り巻く要素の総合を表わすものを「場」という用語を用いてきたが，これからは，日本語以外にも適用できるより汎用性の高い用語「コンテクスト」も同様の意味で用いることにする。

　コンテクストという用語は，言語研究者たちによってさまざまに使われている。ここでは，「言うという行為」の発話の場の情報として存在するもので，その情報が話し手の認識となって，発話の際，形態素，語彙，文法，談話等の選択をどうするかの制約として働くものを考える。具体的には，伝達情報内容が話し手に属するか，聞き手に属するか，などの区別のように小さいものから，話し手，聞き手，登場人物の人間関係，場のあらたまりの程度，話のジャンルなどに関するものも含む。その他に，メタ・コミュニケーションレベルの「何を言うか・言わないか」「いつ言うか」などに関する情報もコンテクストに含まれる。これらの要素が，話の場において何を言うのが適切かを支配しているのである。

　コンテクストに応じて言いたい内容，つまり命題内容をどのように言うかを考えねばならない。命題に話し手の判断や配慮で色付けをする言語的要素をここではまとめてモダリティ表現ということにする。「言うという行為」は，コンテクストに合致するようにモダリティ表現で包んで命題を言う，という構造で成り立っている。この原理は，どの言語の「言うという行為」においても程度の差こそあれ同じようにあると言えよう。

　しかし，命題，モダリティ，コンテクストの関係は，言語・文化・社会毎に異なっている。ちなみに日本語と英語を比べて，そのプロトタイプともいえるものを図で示すと図1-2のようになる。

　この図で示す日英語での「言うという行為」の捉え方の異なりは，日本語の「言うという行為」がいかに命題だけでは済まないかを示している。

　「言うという行為」は，（1）命題　（2）モダリティ　（3）コンテクストの三段階の構成要素からなっているが，ここで注目して欲しいのは三層の重要度の異なりである。英語では，相対的にみて命題が大きく，モダリティとコンテクストの領域は小さい。それに反して日本語ではモダリティと

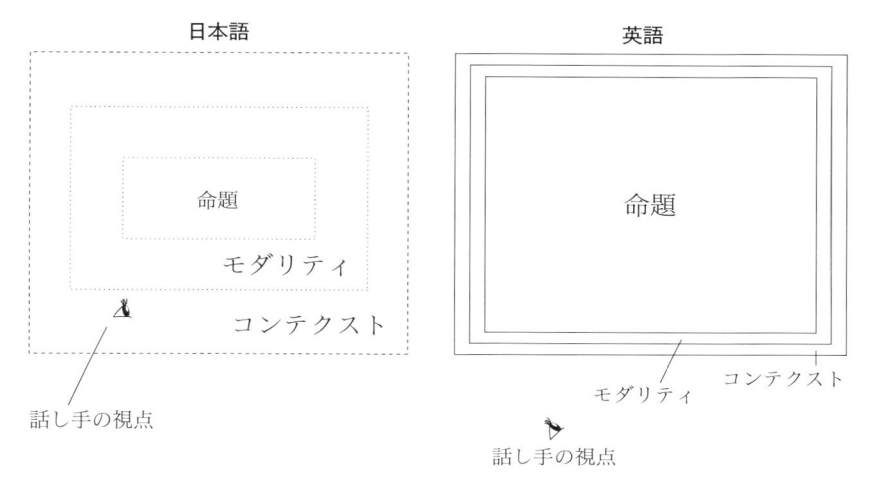

図1-2　日本語と英語の話し手の視点

コンテクストの比重が大きい。

　次に命題，モダリティ，コンテクストの境界線を日本語の場合は点線で示したことに注目してもらいたい。渡辺（1988）は日本語の文法は「文の内容作り」と，内容と話し手自身との関係をのべる「文作り」の二つから成り立つと述べているが，命題内容だけでなく，話し手がその命題内容をどう捉えているか，態度を表明するモダリティが必要不可欠である。そのことを，命題とモダリティの境界が弱いということを表わすという意味で点線で表してある。渡辺（1988）による「文作り」とは，コンテクストの状況に応じて，モダリティ表現を選択して，話し手の発話に対する態度表明をすることである。このように，モダリティは独立しているのではなくコンテクストに密着している。モダリティとコンテクストの密接な関係を示すため，ここの境界も点線で表わしてある。さらに，コンテクストとその外側の境界線も，点線となっている。これは，手紙のはじめに季節の移り変わりを適切に述べる時候の挨拶や俳句の季語にみられるように，コンテクストが自然にまで広がって外界とつながっていて，それがモダリティ表現となっていることを表わすためである。

　話し手の視点がコンテクストの中にあることにより，話し手がコンテク

ストの一部となっていることにも注目してもらいたい。つまり，話し手がコンテクストの中で自分がどのような存在であるかを自ら認識して，それにふさわしいモダリティを使い分けている。個人は，一生のうちでさまざまな世代を経験するし，役割を演じるのも，会社でのグループリーダーであったり，家庭での母親等々の役であったりする。世代，役割あるいはジェンダーをどのように認識するか，そのアイデンティティーに応じた言語形式の選択をしている。話し手はこうしてコンテクストの一部として話しているということをこの図に示してある。

　一方，英語の場合，三層の境界はいずれも実線で描かれている。それは，命題が発話として表わされる際，相対的にみるとコンテクスト要素が日本語ほどには影響を与えることがない，従ってモダリティ表現が付加されることが必ずしも必要ではないことを示す。言い換えれば，命題がコンテクストにあまり関わることなく独立している傾向が強いことを表わしている。英語では「言うという行為」をコンテクストも含めて外の視点からながめ，客観的な認識に基づいて話す傾向が強いことを示している。

　ここでもう一度，日本語と英語での話し手の視点の位置の異なりに注目してみよう。日本語では三層の内側にあり，しかもコンテクストの一部として視点が存在しているのに対し，英語では，三層を成す命題・モダリティ・コンテクストの外側にある。この異なりが，冒頭に述べた日本語の日常言語に関する素朴な質問のいくつかに答える鍵となっているが，それについては，あらためて論じることにする。

1.3.2. モダリティ——命題とコンテクストを結ぶもの

　図1-2では，日本語と英語におけるモダリティの範囲と重要度の違いが見られる。日本語はいわゆる高コンテクスト文化であるため，話す時には話し手はコンテクストに支配されることが多い。自分自身がコンテクストの一部であるのでコンテクストに埋もれた視点で場の情報を読み取る。この読み取りが，話し手の場の捉え方や解釈ということになる。話し手は，場をどのように捉えているかについて命題の付加情報として表現することで話を成り立たせている。その付加情報がモダリティ表現ということになる。命題内容をコンテクストに適応させて話すために必要なのがモダリテ

ィ表現である。言い換えれば，それはコンテクストを視野に入れた言語表現と場との呼応現象である。この種のモダリティは，話の場に応じて使われるものであるので，語用論上のモダリティという意味でプラグマティック・モダリティという。

　高コンテクスト文化においては必然的にプラグマティック・モダリティが豊かになる。一方低コンテクスト文化の文化・社会での「言うという行為」には，プラグマティック・モダリティは比較的少なくてすむ。

　プラグマティック・モダリティとは，「言うという行為」をする時に，話し手の判断，物事の捉え方，気持などといった心的態度を発話の場に応じて示す表現のことである。それは，話し手が命題内容を表現する時に，相手，場面，命題の内容をコンテクストに照らしてどのような表現を付加するか，それとも言わないでおくか，あるいは，言い換えをするかなどの選択肢の中から選んでコンテクストに応じた表現をするものである。プラグマティック・モダリティで考えられる表現レベルは，形態素，語彙，句，節，文，ディスコース，メタ・コミュニケーションまで広げて捉えることが出来る。

　このように，モダリティの範囲を広げて考えるのは，日本語では話す時にコンテクストを気遣うことが義務的であるためである。このような枠組みで日本語の「言うという行為」を捉えることが，金田一氏のいう「文法は民族文化である」という考えに沿うものであろう。

1.4.　発話のための判断 ── 発話とコンテクストを結ぶもの

　「言うという行為」においてコンテクストは欠くことのできない要素であることをみてきたが，そのコンテクストを構成する文化社会的知識，あるいは一般的知識が発話とどのように関わっているかを示す図1-3を見てみよう。

　図1-3は，話す時，話し手が一般的知識，文化・社会的知識や発話のコンテクストの影響を受け，話したり，聞いたことをどのように理解するかを明らかにするためにⅠ「話し手の外にあるもの」Ⅱ「話し手，聞き手の認知」Ⅲ「言語」の三層に分けて描いたものである。発話のコンテクスト

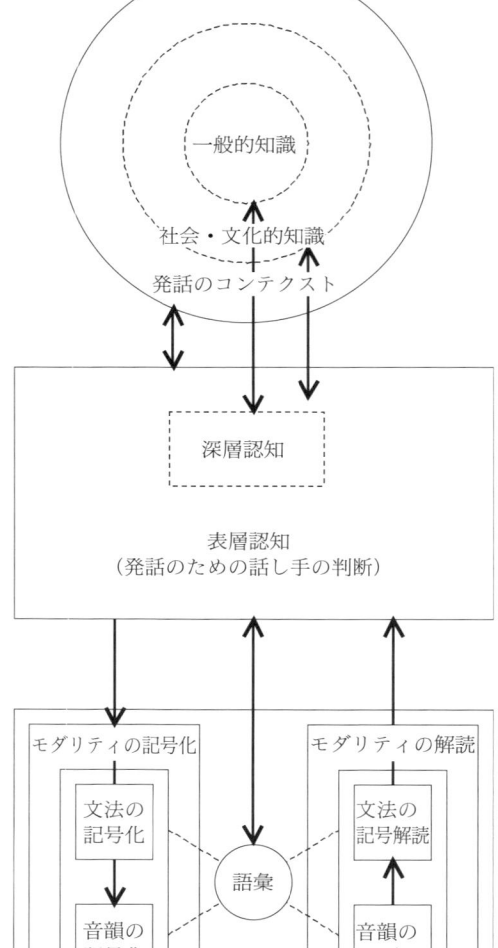

Ⅰ. 話し手の外にあるもの
- 一般的知識
- 社会・文化的知識
- 発話のコンテクスト

Ⅱ. 話し手聞き手の認知
- 深層認知
- 表層認知（発話のための話し手の判断）

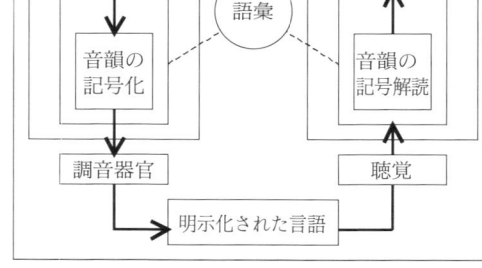

Ⅲ. 言語
- モダリティの記号化
  - 文法の記号化
  - 音韻の記号化
- 語彙
- モダリティの解読
  - 文法の記号解読
  - 音韻の記号解読
- 調音器官
- 聴覚
- 明示化された言語

図1-3　コンテクストはいかに発話と関わるか

がどのように話し手の認知に影響を与え，その認知がどのように言語の記号化につながり，調音器官を通じて発話され，聴覚を通じて聞き手の頭の中に入り，聞き手の頭の中で記号が解読され，聞き手に理解されるのかについての大まかなモデルである。

深層の認知では，どのようなことばを話す人であっても一般的な知識は同じように認知される。バーリン＆ケイ（1969）は色彩基本語彙と色彩認知の研究で，言語は異なっても色彩認知の仕方には一定の方向があるとする，普遍性を実証した。この普遍性が明らかにされて以来，人々の認知の普遍性が信じられるようになってきている。

しかし，表層の認知では，言語によってそれぞれの言語の語彙の種類に応じて認知のされ方が異なるものである。表層の認知とは，スロービン（1996）の唱える「発話のための判断」（"thinking for speaking"）のレベルの認知である。色彩語彙に限ってみても，世界の言語には基本語彙の数がたった2つしかない言語もあれば，英語のように6つある言語もある。つまり，表層レベルでは異なる認識をしていることになる。

発話のための判断について，「りんご」を例にとって考えてみる。深層の認知では，どのような言語においても，りんごはりんごとして認知される。しかし，話す時には，表層の認知レベルで発話時の判断をする。英語で話す時は，りんごがひとつであれば単数の an apple，二つ以上であれば apples と複数で認知される。しかし，日本語でりんごを表層で認知する時には，英語のような単数・複数の区別を必要としない。つまり，日本語では表層の認知において，数に関する認知抜きで「りんご」と記号化して発話することが出来る。とは言っても，数が全く認知されない，あるいはできないということではない。「一つのりんご」あるいは「たくさんのりんご」ということも可能であるが，「一つの」や「たくさんの」をつけることが語用論上義務的ではないということである。日本語では発話時の判断として，英語のように数の区別をしなくても良い，ということが肝心である。

また，「今日は土曜日」という命題内容を話し手の頭で考える時，深層の認知において，「今日」という日が「土曜日」という曜日であるという

ことを認知する。これは日本語においても英語においても同じである。しかし，それを言語化する時の表層の認知では，英語においては，今日という意味を表わす'today'と，土曜日という意味を表わす'Saturday'を結ぶ繋辞（copula）である be 動詞を使って，今日と土曜日をイコールで結ぶだけで済まされる。"Today is Saturday."となる。

　それに対し，日本語の場合「今日は土曜日」という命題を記号化する時に，英語の be 動詞のように「今日」と「土曜日」を結ぶ中立的な繋辞がない（Matsumoto 1989）。コンテクストにまつわるさまざまな情報に適応させるために，話し手は発話のコンテクストを的確に読みとる判断をしなければならない。コンテクストがくだけた場である時には，「今日は土曜日だ」で済まされるであろうし，あらたまった場である時は「今日は土曜日です」と言うであろう。また，公の場で大勢の人を前にあらたまった言い方をしなければならない時には「今日は土曜日でございます」と言うだろう。この三つの中でどの表現を選択するかの判断は，コンテクスト，つまり場が要求する丁寧度，あらたまり度に関する知識による。この例でみる限りでは，話し手は少なくも三つ以上の言語形式の選択肢の中からどれか一つを選ぶという発話のための判断をし，その判断に基づいて話す時「だ」「です」「でございます」のいずれかを選択するのである。

　英語では，物の数の単複に関する区別を，日本語では，コンテクストのあらたまりの度合いに関する区別を，各々に話し手が判断して認知しそれを言語形式で表現している。図 1-3 で，発話のコンテクストと話し手の認知と語彙が双方向の矢印で結ばれているのは，これらが双方向に関係していることを示している。この図のポイントは，発話のための判断という表層の認知レベルがあるということである。人間の言語と文化の関わりについて，歴史的にみても古くからそれこそさまざまな議論がなされてきているが，深層で認知される普遍的な側面と，「発話のための判断」でみられるように，文化や言語特有の語彙のシステムに支配される表層の側面がある。この表層の側面においてことばと認知が文化相対的に捉えられるのである。

1.5. モダリティ再考
1.5.1. 英語のモダリティとの異なり

ここで，「言うという行為」という単位で捉えた時の命題とモダリティとコンテクストの関係について述べておこう。モダリティは，話し手が話をする時，命題をコンテクストと結びつける接着剤のような存在である。

ここではことばを「言うという行為」という社会言語学的単位で扱うため，モダリティもその枠の中で考える。言語学や日本語学で捉えるモダリティは，研究者によってさまざまな定義の下に扱われているが，いずれも文の単位の中でみているので，ここで扱うものとは異なる。近藤（2000：440）によれば「モダリティ（法性）（modality）は，……話者の心的態度を示す全ての表現に該当する。最も広くモダリティを定義したものとしては，フィルモアの『格文法』における，文を「命題」（proposition）と「モダリティ」（modality）に分ける分析が挙げられる。」ということである。

日本の文法研究者たち中右（1979），仁田（1991），益岡（1991）がそれぞれに，文を成り立たせる大きな要素として命題とモダリティを考えてきた。また，メイナードは *Discourse Modality*（1993）において談話という単位でみたモダリティを扱っている。遡って国語学者たち，山田（1908），時枝（1941），渡辺（1971）が，かねてより「陳述」や「詞辞論」における「辞」などの用語で指した概念が，モダリティと後に呼ばれるようになったものと重なる。こうしてみると，モダリティは日本語に特徴的なものなのであろうか。

当然のこととして英語その他の言語においても「話し手の心的態度」を表わす方法はある。英語で書かれた研究書で見る限り，どの言語表現がモダリティとして機能しているかの問題となると，モダリティの言語形式はさまざまである。

英語世界でのモダリティはもともと言語哲学で扱う論理と関係しているようだ。英語のモダリティはとりわけ「認識に関する」（epistemic）と「義務に関する」（deontic）モダリティの区別を問題にしている。つまり，命題の真理の「可能性や必然性」を話し手がどう認識しているか，あるい

は「許可や義務」に関する人間の道徳性に関する話し手の心的態度の区別が問題である。具体的に言えば，命題の真理に関する話し手の心的態度として，may や might を使って「……かも知れない」と表現するもの，must を使って「……に違いない」と表現するものなどを認識のモダリティという。一方，may を使って「……しても良い」という許可を表わすものや，must を使って「……しなければならない」，should を使って「……すべきだ」と表わすものを義務のモダリティという。

　繰り返して強調すると，英語のモダリティの中心的な概念は「真理の判断」を話し手がどう認識するか（epistemic modality）と「人々の行為について道徳的判断」を話し手がどのようにするか（deontic modality）に関するもので，それは，主として may, might, must, should などの法助動詞で表わされるものである。それに関連して述べておかなければならないのは英語のムードである。ムードとは仮定法などで知られるように「話し手が文の内容に対して持つ心的態度の表現」であり，それは動詞の形態で明示される直説法，仮定法などで知られるものである。

　日本語ではこのような話し手の態度は文末表現として複雑に表現されている。英語では，主語が必ず存在し，たいてい文頭にきて，その直後に助動詞と動詞がくる。動詞の直前には助動詞がおかれ，その助動詞の中に話し手の心的態度を表わす種類の may などの法助動詞がある。英語では統語的，形態的な制約のため，日本語のようにいくつものモダリティ表現を重ねるといった複合のモダリティ表現を作ることはない。

　大きな異なりがあるにも関わらず，英語のモダリティに相当する概念を含むことを示唆する日本語での「モダリティ」という用語は，かなりの齟齬を含んでいるということを指摘しないわけにはゆかない。こんなにも異なるものに同じモダリティという用語を使うことの無神経さは，西欧語を型紙としてそれに日本語を当てはめて日本の文法研究がなされてきてしまったことを表わしている。

1.5.2. 日本語の「言うという行為」のモダリティ

　さて，本書で扱うモダリティとは，次のようなものである。まず，これまでのモダリティの定義「話し手の心的態度を示す全ての表現に該当する

もの」は，おさえておきたい。

　これまでの研究者で暗黙の了解となっている研究対象は，データとして紙の上に書かれている文または談話だけである。しかし，「言うという行為」という単位でことばを見る時には，研究対象の視野は広くなる。コンテクストあるいは場も含めるからである。話し手，聞き手，第三者，話が行われている場面，話のジャンル，トピック等々，発話が発せられる時にまつわる全てのコンテクスト要素を的確に把握して解釈し，それに基づいてモダリティ表現を選択して，「言うという行為」がなされるのである。

　英語を下敷きにした範囲でのモダリティ表現は，話の内容についての確実性，可能性，義務性について「ちがいない」「かもしれない」「なければならない」といった，話し手の心というよりどちらかというと頭の中でなされる判断を示すものをその焦点としている。英語でマインドと言うと脳の働きを指す傾向にある。心というより頭脳で判断するものである。それに対し，「言うという行為」で考えるモダリティは，相手や場面を気遣い，敬語を使ったり使わなかったり，疑問形にしてみたり，前置き表現を入れたり，助動詞，助詞などさまざまな選択肢の中からいくつかを選択したり，というようにいろいろな表現のバラエティーがある。「心的態度を示す全ての表現」という機能面からの定義から考えると，モダリティ表現は数限りなくといっても良いほどである。

　ここで身近な例を見てみよう。メールで連絡をする時，伝える中味はひとことで済むほど簡単であっても，たくさんのモダリティ表現が使われることが少なくない。たとえば「こちらで代わりに書類を作成しておきましょうか」という問いに答えて「はい，そうして下さい」と答えれば良いところ，「すみません，これからフィールドワークに出かけます。そちらで作成いただければ有り難いです。よろしくお願いします。」といった表現で「そうしてくれ」という命題内容を伝えている。

　「すみません」や「よろしくお願いします」は，談話レベルのモダリティ表現である。相手に依頼する時に，はじめのことばと締めくくりのことばとして日本語の会話では特に慣習的に使われている頻度の高い「挨拶」という社会的潤滑油の表現である。

「今日，これからフィールドワークに出かけます」はそれ自体，命題内容を含んでいるが，その情報を相手に知らせる意味は二次的なものでしかなく，実際には，今日までに約束の書類が書けていないのは，フィールドワークに出かける準備が大変だったからで，という言い訳という情報の方が勝っている。相手に伝えたいのは，すみませんに続く依頼をしないわけにはゆかない理由である。
　また，この文体が「すまん」でなく「すみません」という丁寧なことばを選択している。「ません」を使うことは相手に対して丁寧に接して距離を置いていることを指標するモダリティ表現である。その後の文も「ます」体を使っている。これも話し手の相手に対する丁寧な心的態度の表明である。
　日本語の敬語，中でも丁寧語は，普通の文に敬意を加えるために付加する，という性質のものではなく，使うか使わないかのいずれにもモダリティの意味がある。「フィールドワークに出かけるんだ」「フィールドワークに出かけるよ」と言えば，話し手の相手に対する心的態度は親しみのある，くだけたものである。「フィールドワークに出かけます」と言えば話し手の相手への心的態度はあらたまったものになり，あまり親しくない，という，人間関係が親しいか否かに関するわきまえを指標していることになる。このように，丁寧語というモダリティは，話し手と相手との人間関係に関する話し手の判断を表わしているものである。命題内容に関する話し手の判断としてのモダリティとは性質を異にするが，「言うという行為」の範囲で考える時，これもモダリティとして正当に扱ってよいものであろう。
　こうしてみると英語でのモダリティを下敷にしている文レベルのモダリティは，「言うという行為」でみる日本語でのモダリティとは大きく異なっていることに気付く。先に述べたように「認識的」「義務的」なことに関する話し手の心的態度を表現する英語における主なモダリティは，命題内容について話し手がどのように判断するかについて，弱いものとしてmay, might（かもしれない）や強いものとしてmust（違いない）などや，話し手の判断で可能性を示すcan（できる），義務があることを示す

must（しなければならない）などである。

　それに対応するものとして日本語でも認識的な判断のモダリティがある。概言の「う，よう，だろう，まい」，伝聞の「そうだ」，推量の「かも知れない，違いない」，推定の「らしい，ようだ，（連用形につく）そうだ」などである。これらを英語の認識的判断のモダリティと比べてみると推量のモダリティのみに一致が見られる。伝聞とされているものは，だれか他の人の判断であることを言う証拠性（evidential）についてのモダリティであり，英語では"I hear that ..."などの節を挿入し複文にすることは出来ても，モダリティ表現としては存在しない。概言と推定のモダリティについても，英語でそのまま相当するモダリティ表現はないようだ。未来形を使ったり，"It seems that ..."などと複文にすることによって相当する意味を出すことができるだけである。英語のモダリティと日本語のモダリティのこの齟齬は何を意味しているのであろうか。

　それは日本人と英語を話す人との言動行動習慣にまででも関係していると言えないだろうか。たとえば，「表現はない」という代わりに「表現はないようだ」と言うことにより断定を避けることができる。日本語にはモダリティ表現「ようだ」があることにより，文を複雑にしなくてもそのような言い方ができるようになっている。

　「言うという行為」をする時，話し手がだれで，聞き手との関係がどういうもので，話の場がどういう性質のもので，話の内容がどういうものであるかなどのコンテクストの要素が発話における表現の選択に大きく響く日本語では，話し手の心的態度はコンテクストに合致させる表現の選択をすることによって表わされる。情報内容の伝達の際，話し手の判断は相手などの場に対しても向けられるということである。命題内容をどのように判断するかも大事であるが，コンテクストを構成する社会言語学的要素に対する的確な判断，つまり，話し手が話の場において瞬間毎に，全ての要素の中から考慮に入れなければならないコンテクスト要素を選び出し，それに関する判断をモダリティの選択で表現する。

　たとえば，くだけた場において，相手が気安く付き合える仲であり，他に気遣う人がいない場合，「いつ，行く↑」と言って済まされるものが，

あらたまった場では，相手が疎の関係の人で，話の内容が個人的なことでなく，公の立場の人間として話している場合には「いつ，お出かけになりますか↑」と言うことになろう。この二つの表現の他に，方言も加えれば選択肢は数限りなくといって良い程あるであろう。その中で的確なものを選ぶためには，コンテクストの読みが的確でなければならない。ひとことでいうと，コンテクストをわきまえて話さなければならないということである。

　わきまえている発話は，聞き手とその場にいる全ての人を和ませ，その結果話し手の人格が良いと評価されることになる。そのようなことになるのは，各々の場において，各人が上下親疎関係に加えて，何が目的の場であるか，その場においてだれが一番知識を持っているかなどのコンテクスト情報を共有しているからである。もし，その中に一人でも異なるコンテクストの読みをする人がいれば，あまり良い雰囲気のものとはならない。また，よく言われるように「疲れる」話となってしまう。場の諸要素がマッチしていれば，そこに居合わせている人々は安心して和む。これは，ポライトネスの原理に照らして考えてみると，相手と適切な距離をわきまえているという点ではネガティブ・ポライトネスであり，それと同時に相手と融合したいというポジティブ・ポライトネスでもある。

　ところで，わきまえとは，コンテクストがこれこれであるからこの表現を選択しなければならない，と言うものではない。たとえば，あらたまった場で親しくない相手と話す場合，常識的な語用論ルールに従えば「です・ます」体で話をする。しかし，そのルールを逸脱して，「そうです」と言う代わりに「そうだよね」と言ったとする。そのようにことばを自由に選択する権利はだれもが持っている。「そうだよね」と言うことは，「そうです」と言うべきという前提的な語用論的制約があるために，それからの逸脱となる。しかし，それは間違いというのではなく，創造的意味を持つことになりうる。創造的意味は，話し手が前提を越えて自分の意志で作り出し，聞き手によってその場における諸要素との関わりでさまざまに解釈されるものである。この例の場合，相手の話に感情移入して，わざと距離を縮めて相手に温かい応答をしているのかも知れない。あるいは，話し

手が「そうだよね」というくだけた言い方に切り換えることで，自分が気さくな人間であることを吐露しているということも考えられる。この解釈の可能性のうち，どれが実際のものであるかはコンテクストの総合的判断をもって決められるものである。このようにして，コンテクストの複雑な要素に呼応して言語記号が選択される。すなわち，コンテクストによって言葉が使い分けられる。

　このような言語記号の使い分けも「話し手の心的態度を示す全ての表現」の枠の中に入れてよいであろう。

　そもそも「話し手の心的態度を示す」ことは，話し手だけの判断で決められるものであろうか。「言うという行為」という単位で考える時，話し手の心的態度は英語のモダリティが問題とする話の内容に関するものもあるが，話の場における諸要素について話し手が常識に照らしてその時その場にふさわしいものを選んで決めるものもあろう。話し手が確信していることを言う時でも相手が話し手との関係において相対的にみてどのような人であるか，場はあらたまったものか，話し手がそのことに関して一番知っているか否かなどのコンテクスト情報に応じて言い方を変えるものである。相手が目下の場合「……だよ」，あらたまった場では「……です」，話し手がそのことを一番良く知っている状況では，「……であります」，そうでない時は，「……だろう/らしい」などと言うように言い方は異なる。

　つまり，モダリティ表現は，コンテクストをわきまえてはじめて話し手の心的態度が決まり，その上で選ばれるものである。しかし，英語はそうではない。もちろん，英語での可能性を表わす may や might の表現においても，話し手の判断がコンテクストに応じて変化するものであろう。話し手が他のだれより知っている時は must，そうでない時は may などと，周りに左右された選択もありうる。しかし，日本語においてほどには相手や場面のあらたまりの程度などに応じたモダリティの選択を必要としていない。

　序章に挙げた日本語の「なぜ」は，このようなコンテクストの制約，つまり発話の場を支配している語用論の問題として説明しなければならないのである。

1.6. プラグマティック・モダリティ

　発話するということ，つまり「言うという行為」を行うことは，図1-1に示したように，まず言いたい命題を言うか言わないかを決め，だれがいつどこで言うかを決め，そしてどのように言うかを決め，はじめて発話となるものだということをみてきた。

　「どのように言うか」は，コミュニケーションにおいて伝えたい内容がうまく相手に伝わるためには大変重要なことである。どのように言うかに関するさまざまな工夫は，プラグマティック・レベルのモダリティ表現によってなされる。そのモダリティには次の三つのレベルがある。

・命題に関するモダリティ
・場面に関するモダリティ
・談話レベルのモダリティ

　この三種のプラグマティック・モダリティの内容を順にみていこう。

1.6.1. 命題に関するモダリティ

　話の情報内容が話し手と聞き手のどちらに所属するか，その帰属領域に応じた言語形式の選択のルールを明らかにした研究でよく知られるものに次のようなものがある。

　まず，神尾（1990）は「太郎は病気だ」と言えるのは，太郎が病気という命題の情報が話し手のなわばり内にある場合だけであり，そうでない場合，たとえば隣家の太郎君のことを言うならば，「病気だ」の代わりに「病気だって/だそうだ/らしい」などという言い方をしなければならない，ということに注目した。

　これは，世界的に知られるところとなった「情報のなわ張り理論」といわれるもので，英語では，隣家の太郎の場合でも自分の子供の太郎の場合と同じように"Taro is ill."と言えるのに，日本語では区別しなければならないということである。

　日本語では，命題内容を言うにも，その情報内容が自分の領域の内に属するか外にあるのかを区別しないと，正しい日本語の発話ができないのである。また，隣家の太郎のことを話すとすると「太郎は病気だって/だそうだ/らしい」ではどこかおかしい。神尾（1990）ではふれていないが，

自分の子供の場合は「太郎」と呼び捨てにできるが，隣家の子供には「ちゃん」「君」「さん」などを付けなければならない。これも英語には必要ないが日本語では注意しなければならない区別である。

　日本語で話すということは，同じ命題内容を言うにも先ずその命題内容の帰属，また，話題の登場人物の帰属について，内か外かを図1-3でみた「話す時の判断」のレベルで区別して，その区別が明示的になる表現をしなければならない。つまり，話す時にはコンテクストをわきまえて的確に区別していることを，異なる言語表現で指し示さなければならない。日本語にはこのような言語使用の際に必ずしなければならない語用論上の制約がある。このような区別を言語表現で表わすことを「わきまえを指標する」と言う。

　次に，大江（1975）をはじめ，神尾（1990）田窪・金水（1996）等少なからずの言語学者によって日本語にみられる不可解な言語現象として議論されてきたものに，主観述語，感情述語あるいは心理文と言われる問題がある。たとえば，寂しい時，英語では主語が自分でも第三者でも"I am lonely." "She is lonely."と言えるが，日本語ではそうはゆかない。日本語では自分が寂しい時には，ただ「寂しい」とか「私は寂しい」と言えるが，相手や第三者について「あなたは寂しい。」「彼女は寂しい。」とは言えない。代わりに「彼女は寂しそうだ/寂しいらしい」などと言わなくてはならない。ここでも英語では言えても，日本語では言えないという問題がある。それはなぜであろうか。

　これも情報のなわ張り理論と同様に解釈することが可能である。つまり，個人の心の状態，たとえば寂しい，うれしい，悲しいなどは個人に属する情報なのでその人でないとわからないものである。それゆえ話し手からみて寂しいように思われても，それを"She is lonely."というように主語と感情の形容詞をイコールで繋ぐbe動詞で表現することができる英語ほどには日本語の「言うという行為」は，相手に対して無神経ではいられない。相手の領域に関わることを客観的に捉えて，事実だからとして英語ではそのまま言えることが，日本語ではそうはいかない。太郎の病気が自分の領域の情報かどうかの区別をして異なる表現で明示するというのと同

様の気遣いが，相手や第三者の心の状態についての表現についてもなされなければならないのが日本語である。田窪・金水（1996）のことばを借りれば，「日本語では，話し手が直接得ることのできる情報と間接的にしかアクセスできない情報とを言語形式で区別する」という語用論上の制約がある。

　このように日本語を話すには，文の内容作りが出来ただけでは不十分で，その命題内容の帰属に関するコンテクスト情報についての区別が正しくなされ，その区別を明示する表現の使い分けをしなければならない。つまり，コンテクスト情報を指標しなければならないという語用論上の制約である。命題内容を正しく捉えてことばにすることも大切であるが，それをどのように表現するのかを間違えないようにしなければ命題内容は伝わったとしても，コミュニケーションにおいて人間関係が気まずくなりかねない。そのような語用論上の制約が日本語には少なくない。

　もし，隣のお子さんのことを「太郎は病気だ」と言ったり，「彼女は寂しい」と言ったりする人がいたらどうであろう。そのような「言うという行為」をする人は，無神経な人として社会人としての適格性を疑われかねない。命題内容は正しくてもどのように言うかの制約のため言ってはいけない発話があるのである。文法的に間違っているのではないが，語用論的に間違っているのである。語用論的に間違っている発話は，情報は伝わったとしても，話の場で浮いてしまうことになってしまうものである。

　この他にも，日本語には文法的には正しいが，語用論的にみると言えない文がある。田窪・金水（1996）によれば，次の＃印の文は談話語用論的に容認不可能である。

　　A：山田君にあったよ。
　　Ｂａ：山田君ってだれ。
　　　ｂ：＃山田君はだれ。

　Ｂが山田さんを知らない場合，「山田君はだれ」とは言えない。「山田君ってだれ」のように，あるいは「山田君という人はだれ」と言わなければならない。田窪・金水（1996）は，このような談話語用論上の制約を「談

話管理」と名づけ，日本語の語用論にみられるひとつの原理であるとした。これも，情報のなわばり理論と同様に英語にはない語用論上の制約である。英語では"Who is Mr. Yamada?"と言えるのに，日本語ではなぜ「山田君って」とか「山田君という人」とかいう言い方でなぜ「山田」をくるんで言わなければならないのだろうか。

　日本語では，山田という人物についての情報を話し手と聞き手が共有していない場合，そのことを明示的に表現しなければならないという語用論的制約がある。談話に新しく導入された知識は既知の知識と区別され，それを言語表現で明示する。「〜って」「という」というようなメタ表現を付加することで，話し手にとってその情報は新しいものでまだ受容していない，仮の状態にあることを示すのである。

　また田窪・金水（1996）によれば，コ・ソ・アという指示詞の使い分けにも語用論的制約があるということである。彼らの例文をみてみよう。

　　A：昨日，三藤さんに会ったよ。
　　Ｂａ：えっ，三藤さん？　だれ，その人。
　　　ｂ：#えっ，三藤さん？　だれ，あの人。

「その人」とは言えるのに「あの人」とは言えない。英語では"Who is that person?"と'that'を使うことができるのに，日本語では「あの人」は使えない。ここでも日本語では，指示している命題内容の中味について何らかの区別をしていて，それに応じて「その人」と「あの人」の使い分けがある。なぜそのような区別があるのだろうか。

　英語の指示詞'this''that'に対して，日本語には「これ」「それ」「あれ」の三つの区別がある。「これ」は話し手の近くのもの，「あれ」と「それ」は話し手から遠くのものを指す。そして「それ」は聞き手の領域にあるものを指す。「三藤さん？だれ，その人」とＢがＡに聞くことができるのは，聞き手（Ｂ）は三藤さんに会った人，つまり三藤さんは聞き手の領域の人だからであり，「あの人」と言えないのは，聞き手が三藤さんを遠くの人と認識していないからである。日本語の「あの」と「その」の使い分けには聞き手の知識の領域に関する認識の区別があり，そのことを明示的に

指し示す，つまり指標しなければならないのである。

このような語用論現象について，田窪（1990）は，「日本語は，対話に際し，ある事態に関する知識が話し手，聞き手のどちらの領域に属するのか，それに対してどれほど直接の知識を持っているのかを非常に明確に意識して，これを言語化している……これに対して，英語や韓国語では，談話構造は比較的言語場から独立したものとして存在している」と述べている。

他の例をみてみよう。益岡（1992）は，先にみた「寂しい」というような心的状態は，相手や第三者を主語にして言うことができないことに加えて，「……になりたい」というような人の内的思考を表す表現でも同じことが言えることを論じている。

日本語では「（私は）芸術家になりたい」とは言えるが，「#妹は芸術家になりたい」とは言えない。英語では"I want to be an artist."も"My sister wants to be an artist."も言えるのに。

では，日本語では，どのように言ったら良いのだろう。「妹は芸術家になりたがっている」とか「妹はなりたいと言っている」と言うのが良いのであろう。

このことについて益岡（1992）は，次のように説明している。私的領域に関することの真偽の判断は当該人物に専属するため，他者の私的領域に属することの判断をすることはその人の権利を侵害することになるので，それは回避されるべきである，と。では，日本語で話す時には他者の私的領域を侵害する言動を回避するべきであるという語用論の制約があるのに，なぜ英語では無くて済まされるのであろうか。英語社会は，日本社会よりもプライバシーが尊重される個人主義社会であるという一般的常識に反していないだろうか。なぜ日本語の方が私的領域の判断に敏感なのであろうか。

これまでみてきたいくつかの例から，一般的に言えることは，英語では命題内容を客観的に捉え，ストレートに言えることが，日本語では言えないということである。日本語では命題内容を話し手，聞き手をはじめさまざまなコンテクスト情報に照らして何らかの区別をし，その区別を明示的

に言語表現で表わさなければならない。つまり、コンテクストを指し示さなければ発話としておかしいものになる。つまり、コンテクストを指標することなくして日本語の「言うという行為」は成り立たないのである。言語学の例文に出てくる文、あるいは、学校で学習する英語教科書の日本語訳が日本語として、コンテクストから遊離したものであって、ことばとして生きていないことを思い浮かべると、日本語はコンテクストが与えられてはじめて活き活きとした文になることが自ずと分かってくる。日本語では、これまでみてきたように、命題内容をそのまま伝えれば良いのではなく、命題内容が話し手や聞き手にとってどのようなものであるか、コンテクストに照らして判断し、その区別を言語表現で指標することで、日本語らしい表現となるのである。

　片桐（1997）によれば、

　　a．会議は6時からですよ。
　　b．会議は6時からですね。

「よ」と「ね」の使い分けは、話し手だけがその情報を受容している場合は「よ」を、話し手が、聞き手も受容していることを認識している場合は「ね」を使うという。聞き手も情報を受容しているか否かの区別をしてそれを言語表現で指標するということである。日本語の話しことばで使用頻度の最も高いこの二つの終助詞には、はっきり使い分けのルールがあり、それに基づいて使われている。

　日本語と文法が似ていることで知られる韓国語では、日本語の終助詞「よ/ね」の使い分けに相当する言語形式はないらしい。「～でしょう」「～ね」などに相当する文末形式があるそうだが、韓国人はこのような表現を避け、はっきり言い切る表現をより好んでいるようである（任・井出 2004）。

　相手がその情報を持っているか否かを判断して、はじめて「よ」か「ね」が選択される。こう考えてみると、日本語で話すことは、相手がその情報を知っているかについて判断することを強いられることになる。韓国語でも英語でも、そのような使い分けはしなくてよいのにどうして日本

語はこのような区別が必要なのだろうか。「その人」と「あの人」の区別をする時，相手が知っている場合は「そ」，そうでない時は「あ」を使うが，それと同様な配慮が「ね」と「よ」の使い分けにおいてもなされているといえよう。

　相手がその情報を知っているのに，うっかり「会議は6号室です<u>よ</u>」と言ってしまったとする。そのように言われた相手は「ああ，わかってますよ」とでも応答するかも知れない。そこに生まれる人間関係は，「会議は6号室です<u>ね</u>」「ああ，そうです<u>ね</u>」と「ね」で確認し合う仲ほどは好ましいものとはならないかも知れない。

　終助詞は大変短い語彙であり，あまり意味を持たないと考えられがちだが，頻繁に使われ，話し手と聞き手のお互いを思いやる間柄をとりもっている。この使い分けを間違えると，円滑なコミュニケーションに障害をもたらしかねない。だが私たち日本人は終助詞の使い分けを瞬間的に判断してほぼ正確に使い分けている。こんな難しいことをやってのけることができるのは，話し手が話の場において使い分けを支配する区別の認識習慣を持っているから，としか考えられない。

　日本語では自分の言いたいことだけを考え，それをことばにするだけでは不十分である。命題内容に加えてその内容に関する話し手と聞き手にまつわる情報の帰属の区別を明らかにして指標しなければならない。英語や他の言語ではこのような区別は義務的な制約ではない。そこでこれまでみてきたような命題レベルでのモダリティ表現による区別が注目され議論されてきたのであろう。

　ただし，ここで言っていることは，英語では日本語のような区別を表現できないということではない。英語でも日本語の区別と同様の表現をすることはできるが，そのような表現は従属節を伴ったり，挿入句をはさんだりする複雑な構文となる。たとえば，次のようになる。

　　　「太郎は病気だって」　　"I hear that Taro is ill."
　　　「彼女は寂しいらしい」　　"It seems that she is lonely."
　　　「三藤さんってだれ？」　　"Who is the person called Mr. Mito?"

「妹は芸術家になりたいらしい」 "It seems that my sister wants to be an artist."

「会議は6時からですね」 "The conference is from 6 o'clock, isn't it?"

問題は，日本語では，命題情報に加えてコンテクスト情報を明示的に表現することが語用論上の義務的制約であるということである。どうして，日本語ではこのような制約があるのだろうか。その理由を言語そのものの仕組みに求めることはできそうにない。では，どこにその理由の説明を求めるべきなのであろうか。

1.6.2. 場面に関するモダリティ

「言うという行為」は，話し手や聞き手も視野に入れた場の中での発話を扱うので，発話の場面における話し手，聞き手の人間関係がどうであるかもモダリティで表現する。

また，発話の場面があらたまったものか否かという場面の特徴に応じて話し手の場面に関する判断を表明する。「言うという行為」という単位で言語の使用を考える時，単に命題内容とその帰属領域だけでなく，話の場面を構成するさまざまな要素に適応するように表現する。このような表現は，現実にコミュニケーションが行われる場で選択されるので，プラグマティック・レベルでのモダリティということができる。

もし，場面への配慮のない発話があるとすれば，その発話は話の場から浮いてしまう。そして，そのような発話は現実のコミュニケーションで使われる言語使用とはなりにくい。

ここでは，場面における人間関係と状況に応じたプラグマティック・モダリティをみてみよう。

1.6.2.1. 人間関係

日本語のモダリティのなかで何よりも話し手の心的態度を表わすものは，敬語である。丁寧語は相手との人間関係あるいは場面のあらたまりによって使ったり使わなかったりするものであり，その判断は話し手の持つ場面への心的態度によるものであるので，プラグマティック・モダリティといえる。

日本語では，相手がソトに属するかウチに属するかを区別して，ソトに属する相手には原則として，丁寧語である「です・ます」を使用する。そしてウチに属する相手には，丁寧語を使わない。たとえば，ペンを借りる表現として「ペン貸してくれませんか」をソトの人に，「ペン貸してくれない」をウチの人に使うというように。
　人間関係といってもいろいろあるが，人間の本能的欲求として，相手に邪魔されたくない，という欲求と，相手に好かれたいという欲求がある。その二つの欲求を両極として相手との間柄の尺度として話し手が持つ心的距離として大きいものと小さいものがある。それは実際には連続的なものであるが，それを表現する道具としての日本語の言語記号は不連続である。
　「です・ます」という丁寧語を使用するか否かの区別で，人間関係がソトという心的距離が大きいことを示すものとウチという心的距離が小さいことを示すものとに二分される。
　井出他（1986）で行った日本人とアメリカ人の大学生対象の調査結果で明らかになった一番大きなことは，日本語では，人間関係がソトの人，つまり，目上で疎の関係の人に対してはペンを借りる表現はすべて丁寧語が使われ，ウチの人，つまり，同等あるいは目下で親しい関係の人に対しては，丁寧語の使用が全くないということである。言い換えれば，「です・ます」が使われているか否かで，人間関係がソトの人かウチの人かの区別が指標されるということである。
　また，自然談話データでみても，親しい間柄では「です・ます」が使われず，疎の間柄（上下関係があり初対面）では「です・ます」が使われるという傾向は確かである。
　日本語では，どのような場面か，相手がだれか，どのように自分を演出したいかによって，自分を指すことばを選択している。
　人間関係によって選択されるモダリティ表現として自分を指すことばが挙げられよう。西洋語の鋳型に当てはめて文法を考えている限り，人称詞は人称詞であり，モダリティではないと考えられるであろうが，ここでは「文法は民族文化であり……英語には英語の文法，日本語には日本語の文

法，中国語には中国語の文法……がありそれぞれの個性によって成り立つ……」（金田一1976：114）という観点に立ち，日本語の「言うという行為」を成り立たせるための歪められることのない文法体系を求めている。そこで機能的にみて，話し手の心的態度表明のためのことばの使い分けとなっているものをモダリティとする。日本語で場におけるいろいろな要素によって使い分けている「わたくし」「わたし」「ぼく」「おれ」などを，その機能からみてモダリティの一種と考えることができよう。日本語だけでなく一般に東アジアの諸言語には，人称詞の数が多い。このことは，西欧の言語学者たちにもよく知られていることであり，その理由を知りたがっていることでもある。

　高校三年の時，筆者がアメリカ人のパーティーに招かれた時の話である。話せた英語は"Yes."と"Thank you."だけだった。相手が言ってくれることはある程度わかったが，自分の頭の中で作る英文が発話できなかった。パーティーの後，情けない思いで自問した。「なぜ，英語が話せなかったのか……」と。その答えは，'I'と'you'であるらしいことに気付いた。当時高校生の私にとって周りにいた人はすべて大人だった。目上の人に「あなた」とは言えない。ゆえに'you'が使えない。すると，"Do you …?"という簡単なことを言おうと思っても，'you'を口にすることが憚られる。そして，周りの大人に対して'I'を使うと自己主張が強すぎて，高校生の女の子としての控え目な態度にそぐわない。そんな思いで，パーティー会場で，ニコニコするだけで，心の中ではフラストレーションが溜まっていったことは苦い思い出となっている。

　目上の人に，あるいはあらたまった時には「～さま」を，そうでない時には「～さん」「～くん」などと敬称を付ける。また，「～先生」と言うか言わないかの使い分けがある。公の文書では，「各位」を使ったり職階名に「殿」を付けたりする。英語でも，ファーストネームで呼ぶか，姓にMr Msなどの敬称を付けることで相手や場に応じた使い分けがあることはある。しかし，日本語の呼称のように複雑なことはない。人間関係に応じて，話し手が心的態度を表明するモダリティとして，日本語では自分を指すことばと相手を指すことばがあるといえよう。

1.6.2.2． 状況

　場面を構成する要素として，話し手や聞き手や第三者の他に，その場面の状況がある。

　どんな親しい間柄の人のやりとりの場合でも公の場面や儀式の場面では，あらたまった状況としての言語表現の選択が求められる。

　大学のセミナーの状況を思い浮かべてみよう。親しい友人同士のディスカッションにおいても「これは違うのではないかと思い<u>ます</u>」などと言って丁寧語を使い，その状況があらたまったものであることを指標する。

　ビジネスで他の組織の人とのやりとりの状況ではどうであろうか。丁寧語を駆使した「言うという行為」で，話し手が場面の状況を公のものとしてわきまえていることを示すにちがいない。

　また，結婚式，葬式などの儀式においては，人間関係の親疎を越えて一様にあらたまった「言うという行為」をする。これは，儀式であるという言語事象を指標するための言語記号の使用である。儀式という日常性とは異なる状況であることを指し示すために，普段丁寧語抜きで話す相手にも「です・ます」や「ございます」を使う。「このたびは，おめでとうございます」というように。

　ここで一つ断っておかなければならないことがある。親しい間柄で「です・ます」抜きの会話の中に，「です・ます」が現れることがあり，一方，親しくない上下関係の間柄で「です・ます」が基調の会話においても，「です・ます」が落ちることがある。それには，それぞれの理由があって，規範的使用から逸脱しているのである。親しい間柄に使われる「です・ます」は，その発話の舞台をフォーマルにシフトさせることで話の中味を儀式的にしたり，皮肉にしたりする効果を持たせる。また，「です・ます」調の話の途中で，「です・ます」を落とす時は，話し手・聞き手の人間関係のことは意識しないでその話の命題内容の話題にのめり込んで話し合っているという時でもある。

1.6.3． 談話レベルのモダリティ

　これまでみてきたものは，同じことを言うのに命題内容や場の諸条件に応じて，どのように異なるモダリティの表現をするかであった。私たちが

ものを言う時，つまり「言うという行為」をする時，さまざまな配慮の表現をして，話し手の心的態度表明をしている。つまり，言い換え，あいさつ表現，きまり文句，前置きのことばの挿入などを行っている。これらを談話レベルでのモダリティ表現と呼ぶ。

1.6.3.1. 言い換え

言い換えることで気遣いを示すことがあるが，これは談話レベルのモダリティ表現である。同じことを言うのにも，疑問形にしてみる。たとえば「少子化って言います<u>か</u>，私どもの学校では……」というように，「か」を使って疑問形にして断言を避け，判断をあいまいにすることもある。

文を否定文にして，断言を弱めることも少なくないが，これも一種のモダリティ表現である。たとえば，「くい止められないんじゃ<u>ない</u>かという気がしているんです」という例を考えてみよう。「くい止められないという気がしている」と言う代わりに「<u>んじゃない</u>」を付加している。否定することにより「変わらない」という好ましくない命題内容の断定を和らげている。その上で「<u>か</u>」を付加して疑問にし，さらに断定を避けているのである。

次に「ないんじゃ」の「ん」を考えてみよう。「ん」は「の」がつまった言い方で，「の」はその前に言ったことを物のように捉えてくるんで名詞化するものである。「ないのでは」がつまって「ない<u>んじゃ</u>」になっている。ここではなぜ「ん（の）」が入っているのであろうか。これは，「くい止められない」という命題をまず「<u>ん</u>」で名詞化している。その後に「では」の縮約形「じゃ」が続き，「ん（の）」でくるまれた内容を主題化している。次に「くい止められないんじゃ<u>ない</u>　か」と否定の「ない」を付加し，次に疑問の「か」が続く。その次に，「<u>という</u>」という前のことをくるんで名詞化する表現をし，その後に「<u>気がしている</u>」と言う。「気がする」ということは気持ちの上で感じていることで，認識しているわけではないことを暗示する。そして「気がします」の代わりに「気がしている」と「ている」形を使い，その気持ちの状態の持続を示し，話し手の責任において判断した，と言うことを避けている。そしてさらに「ん」で言ったことをさらに名詞化してくるみ，その上ではじめて話の場面を意識し

て，丁寧語「です」を付けて締めくくり，話し手の場面へのあらたまった心的態度を示している。

「(少子化は) くい止められ<u>ない</u> <u>ん</u> じゃ <u>ない</u> <u>か</u> <u>という</u> 気が<u>している</u> <u>ん</u>です」は，「ない」否定＋「ん」名詞化＋「ない」否定＋「か」疑問＋「という」前言まとめて名詞化する＋「思う」でなく「気がする」と婉曲に言う＋「ている」を使い動作でなく状態の維持を表現＋「ん」名詞化というように何重にもくるんで，この発話の命題「(少子化は) くい止められない」を修飾する構造となっている。日本語の文が入れ子構造のようになっていることは，時枝（1941）によって「入子型構造形式」として知られているところだが，これは膠着語という言語の類型的特徴を持っているからこそ，いくつもの層を成すモダリティ表現が可能になっていると言えよう。「(少子化は) くい止められないと思う」という命題をかくも幾重にも重ねたモダリティを駆使して言う。このような「言うという行為」が日本語ではよくみられる。

また，ぼかし表現（hedge）を差しはさむことで話し手は自身の心的態度を示すこともある。「それは<u>ちょっと</u>ひどいんじゃないですか」の「<u>ちょっと</u>」はよくみられる例である。私たちはふつう「それはひどいと思います」とは言わない。たとえば凶悪犯罪に関して街頭でマイクをつきつけられて意見を聞かれたような時であっても，必ずと言っていいほど「ちょっと」という緩和表現が付加される。他には，「旅行<u>とか</u>行くのが好きで……」「お菓子を買っ<u>たり</u>……」「バッグ<u>なんか</u>買っちゃって……」というように「とか」「たり」「なんか」などを付加することにより命題内容の叙述をぼかすことがよくある。これらも話し手がはっきり言うことを避けるという心的態度を表わす談話レベルのモダリティ表現である。

1.6.3.2. 何を言うか何を言わないか

日本語は，場に応じて言うことが決まっているあいさつことばが非常に多いことで知られている。「おはようございます」「いただきます」「行ってきます」「ありがとう」「ただいま」「お疲れさま」からはじまり，謝る時だけでなく，場の潤滑油のような働きをする「すみません」も日本語にとっては重要なあいさつである。

日常生活で「この間はどうもありがとうございました」などという，時間的に前のことに言及するあいさつもある。このようなあいさつは，こういう場ではこう言うものと慣習的に決まっていることである。つまり，場が要求する発話であるので，言わないと何かあるべきものが欠けていると思われ，無礼だという解釈を生みかねない。それほどに，あいさつは，場が要求する談話レベルのモダリティである。場が要求するということは，話し手が自由意志であいさつをするのではなく，こういう場ではこう言うものであるという慣習に従って行わなければならない「言うという行為」である。

　話し手が相手に対して働きかけるあいさつもないわけではないが，ほとんどのあいさつは社会的儀礼として行われるものである。あいさつをすれば人間関係の窓口が開かれることになり，あいさつをしなくなれば，人間関係が壊れたことを暗示したりする。あいさつは，「言うか言わないか」が問題となる談話レベルのモダリティである。

　「よろしくお願いします」という決まり文句は，日本社会においてさまざまな局面で使われ，談話レベルの言うか言わないかに関するモダリティとなっている。この決まり文句そのものの意味は，場に応じて解釈されるものであり，「お付き合いさせて下さい」というものから「頼みますよ」というものや，ただ会話を開始したり閉じたりするサインであるものまである。「お世話になっています」も電話やメール，手紙の冒頭で頻繁に使われる決まり文句である。大した意味を持っているわけではないが，インターアクションの潤滑油として，あるいは交感的機能を作り上げるために日本社会では必要不可欠なものとなっている。それを言わないと話し手と相手のインターアクションはスムーズにならない，といった性質のあいさつである。

　あいづちやうなずきも談話上のモダリティの一種と言えよう。日本語の会話ではあいづちが英語の2倍から3倍という頻度で起こっているようだが，それは，聞き手が話し手の話すことに対して聞いていますよという記号を発しているのであり，そのことが会話者間のインターアクションを好感度のよいものにしていると考えられる。

あいづちを打つことが慣習化されている日本語の会話では，あいづち，うなずきが期待されるところで打ってもらえないということは，話し手の話に興味がないとか，話し手に協調したくないという意志表示にも受けとられ，それが人間関係を崩しかねない。英語では，話し手の話を黙って真剣に聞いて，相手の目を見ているのが慣習的な「言うという行為」のようである。これは，相手の話に調子を合わせて体も揺れ，うなずき，そしてあいづちを打つ日本語話者の会話と対照的である。日本人からみるとアメリカ人の英語の会話は，あいづち，うなずきがなく相手が怒っているのではないかと思ってしまうほどである。特に英語での電話ではその思いが強くなる。相手がいつまでも無言でいると，話している日本人は不安になったりすることがよくある。『ジャパン・アズ・ナンバーワン』の著者として高名なハーバード大学名誉教授エズラ・ボーゲル氏が，かつて，日本で講演すると，アメリカの聴衆と違って日本の聴衆はよくうなずいてくれるので話し易い，と言っていたことが思い出される。

　あいづちを打つか打たないかの問題は，命題内容を伝え合うやりとりにおいて，話し手と聞き手の心的態度の表現であるので，これも談話レベルでのモダリティと言えよう。

　会議の時に「私ばかり発言して恐縮ですが」といった前置きを聞くことがある。この前置きは，話し手が会議の時間と出席者の数を勘案して，自分が発言の回数をわきまえなければならないことを知っているということを明示的に示すものである。「お取り込みのところ申し訳ございませんが」というのは，相手の立場を配慮して今は話すにふさわしい時でないことを承知していることを明らかに示すものである。このような前置き表現はそれを言うことにより話し手の相手の立場に対する配慮を示しているというモダリティ表現と言えよう。

　また，これから言おうとする命題内容を緩和するために「ちょっとことばはきついかもしれませんけど……」と言ったりする。もっとくだけた場面では「はっきり言わせてもらえば……」などと言ってから，言いたい命題内容を伝える。命題内容は伝えたい情報なのではっきり言う方が良いはずなのに，このような言い訳の前置き表現を使う。このようなことばに続

く命題内容は，聞き手にとってあまり面白くないことであると話し手が判断する時に添えるモダリティ表現である。つまり，緩和表現がないと聞き手を傷つけかねないので命題を述べる前にこのような前置き表現が必要となるのである。

　伝えたい命題内容を言うために，相手の考え方などを気遣っていることを明示的に示す談話レベルのモダリティ表現が数多くある。これは，何も日本語に限ったことではなく，このような気遣いはどの言語にもあり得る。しかし，日本語が場における話し手や聞き手の位置などを気にすることを義務的に求める言語であることは特記してよいと思われる。

　このような気遣いの表現が上手にできる人は，話し上手な人であると共に，人間としていわゆる「できた人」と思われることになるのであろう。

1.7. なぜ日本語のモダリティは豊かなのか

　これまで日本語で「言うという行為」をする時，命題の他にいかに言うかに関するモダリティ表現が多くあることをみてきた。言っている内容は正しくても言い方に問題があるとコミュニケーションがうまく達成されないことは，だれでもよく知っているところである。

　では，なぜ日本語にはモダリティが豊富にあるのであろうか。言語的リソースがそうさせるのであろうか。それとも，慣習としての行動がモダリティを多く使うことを求めているのであろうか。いずれにしても，両方が働きかけあっているらしいことが考えられるであろう。その両方の面からいくつかの例をみてみよう。

　金田一（1976）によれば上代の日本語が，アルタイ語族のように動詞が人称区別の語尾を取らなくなり，その代わりに敬語法が人称の区別に役立つように変化したということである。

　「いらっしゃいます↑」「いらっしゃるなら，参ります」という発話では，動作の主体は明らかである。敬語は，「いらっしゃる」の動作主は相手で，「参る」の動作主は自分を指している。つまり，人称詞もあわせて表わしている。したがって敬語とは，本来ことばを丁寧にする修辞のためにあるのではなく，文法の根幹をなすものである。つまり，「（敬語は）修

辞法の段階から，一歩文法の段階へ歩みだしたのである。」（金田一 1976）

　西欧古典語やウラル・アルタイ語族の言語では動詞の語尾を人称形式で表わすところを，日本語では敬語法で表わしているということである。日本語では，主語の人称である二人称を表わす代わりに相手を立てる「いらっしゃる」という尊敬語，一人称の主語には自分を下げる「参る」という謙譲語を使う。これは主語の人称を指標すると同時に，相手を立て自分を卑下するという日本文化にあるポライトネスに関する気遣いも文法の仕組みとなっていることを示している。相手が目下で話し手が目上であっても尊敬語と謙譲語の逆転は起こらない。たとえ話し手が目上でも「参りますか？」「参るなら，いらっしゃいます」ということはあり得ない。つまり相対敬語であることである。

　このようなルールは言語そのもののルールなのだろうか。相手のことを立てて尊敬語で話し，話し手である自分のことは下げて謙譲語でというのは，東洋の世界観と無関係ではなさそうである。世界観とは B. C. 10 世紀頃中国で書かれた『易経』に示され，以後時代を越えて東洋文化の底流として存在していると考えられる陰陽の考えである。この陰陽思想に従えば，相手が陽，自分が陰に立つことになる。敬語の使い方の底流には中国文化の影響を古くから受けている日本の社会でだれもが分け持っている常識的認知習慣があると思われる。

　丁寧語についてみてみよう。「今日　イコール　土曜日」という命題内容を語る時，話し手は相手，場面のあらたまり度，話し手自身の自己表出の態度等に応じて，少なくとも「だ」「です」「でございます」のうちいずれかの言語記号選択をしなければならない。つまり，同じ命題内容を言うにも，場面に応じて丁寧語の使い分けをしなければならない。

　丁寧語も尊敬語・謙譲語も日本語のいわゆる敬語というものは，動作主の人称を決めるためだけに存在するものではない。話し手，聞き手の人間関係あるいは場面状況があらたまったものか否かを話し手が読みとり，それに応じた言語記号を選択して使用し，コンテクストがどのようなものであるかを指標するものとなっている。日本語で話すということは，命題内容を表現するだけでは不十分で，その他に発話の場面における話し手，聞

き手の間柄を読み取って話さなければならない。場面レベルでのモダリティの第一に考えられるのは丁寧語，つまり「です・ます」を使うか使わないかの区別である。丁寧語を使うか使わないかの選択そのものが，場面における人間関係を指し示すものであり，それが日本語では義務的なモダリティ表現である。当たり前の事実を言う時にも，自分のこととなると一概に「○○です」とは言えないのが，日本語の話しことばのルールである。

ギリシャで一年間サバティカルを過ごしたある言語学者が，日本語で「私は言語学者です」と言えないのはなぜか，と私に聞いてきた。アテネでバスの運転手に「お前の職業は何か」と聞かれ「イーメ（私は〜である）グロスロゴス（言語学者）」と言ったら「そうか，だからお前の発音はいいのか」と言われたそうだ。日本語で「私は言語学者です」と言ったとしても日本ではこういう受け取られ方はないのが普通ではないか，ということである。

その理由はAイコールBというAとBを並行的に結びつける表現が日本語にないこととも関係する。「私は言語学者です」とは言えないが「私は言語学をやっています」とは言えるであろう。「です」という助動詞はAをBと措定する。「私」を「言語学者」と措定することは憚られるが，「私」が「言語学」を「為す」ということは言えるであろう。

関係，特に人間関係に細やかな神経を持っていると言われる日本文化には，東洋の陰陽思想をその基底としているのではないかと思われることが少なくない。自分のことを偉そうに言うことは，世界の多くの文化でもおそらくあまり好まれないであろう。しかし，"I am a linguist."（「私は言語学者です」）というように事実なのだから言ってしまっても，別に変だと思われない文化がある中で，「私は言語学者です」とは言えない文化もある。微妙な差であるが，先の言語学者がその理由を探し求めて悩んだほどの問題でもある。

実は，私も似たことで苦い経験を持っている。ある会合で発言する時のことである。そこは弁護士，商社マン，ジャーナリスト，銀行マン達の専門家集団だったので，自分の見解を述べる時，立場を断るつもりで「私は言語学者ですが……」と切り出してしまった。言った途端，サッカー試合

での「レッドカード」のようなものを自覚した。気づいて見ると心臓はドキドキ，顔が赤らんでいた。会合の後の懇親会でそのことを釈明すると「そうだよね。自分は，何々ですって言わないよな。私は〜のようなことをやっておりまして，とは言うけど」と言われてしまった。自分のことを事実だからと言ってそのままを言うような無神経なことはできない。できるとすれば，自分についてネガティブなことを言う場合だろう。「私は音痴ですから…」というように。

　日本語には，韓国語などに比べてもやりもらいの表現が多くあり，その使用頻度が高いことはよく知られている。なぜそんなに種類が多く，使用頻度も高いのであろうか。

　サッカーの国際試合のアナウンサーが「ファウルをもらう……」と表現する。敵が違反のプレーをする，つまりファウルのために，その代償として当然の恩恵としてキックするチャンスを得るわけだが，「もらう」と表現することは，対戦相手があたかもこちら側に好意で渡してくれたような言い方ではないか。また，野球の敢闘選手がインタヴューに答えて「本当にいいとこ，抜けてくれました」と言う。自らが狙って打った球なのに「くれました」と球に恩恵を受けたように表現する。金メダルを獲得した選手が「予選から体がよく動いてくれたんで」という。体は自分が動かすものなのにあたかも他の人にやってもらったように「くれる」を使って表現する。スポーツのように勝ち負けを競う世界では，相手を気にすることば遣いは不要に思えるが，そんなドライにみえる世界でさえ「（敵から）ファウルをもらう」，「（球が）抜けてくれた」，「（体が）動いてくれた」といった授受表現を使っている。

　「ゲットする」という言い方が流行っているが'get'に相当する授受の中立的な表現「得る」が日本語に馴染んでいないため，わざわざカタカナことばを使うのだろうか。

　日本語には授受表現というモダリティ表現の一種といえるものが多い。しかも，動詞の補助として付加することにより，人間関係の恩恵がどちらに向いているかを明示的に指標するようになっている。授受動詞が豊富にある分だけ，日本語でそのような心遣いがしやすくなっていると同時に，

頻繁に使われることにより，そのような考え方が慣習となっている。授受表現の普通の言い方と丁寧な言い方をリストすると次のようになる。

　　……（して）もらう　　……（して）いただく
　　……（して）くれる　　……（して）下さる
　　……（して）やる　　　……（して）上げる

　これらの授受表現に，使役の「……させて」が前につく言い方も非常に多い。敬語の使用がすたれていると思われている昨今でも，やりもらいの表現と使役の表現は，すたれるどころかその使用は益々盛んである。
　日本人は，なぜこのような表現を好むのであろうか。「……させていただく」を例にとって考えてみよう。何かの会である役割を担う人が「私は○○をします」と言っても良い時に必ずと言って良い程「私は○○をさせていただきます」と言う。これは，○○という役割は自分が自由意志で決めたのではなく，しかるべき合意で決められ，そうするようにさせられたのであるということを明らかにする。加えて，役割を指名されたことに対して，皆からの恩恵を受けていることを示す「いただく」を使う。聞き手との間柄や場面によっては「もらう」を使うこともある。英語では"I'm…"などという言い方で役割について言えそうなところである。英語とはどこが異なるのであろうか。「させて」「いただく」という表現は，「○○をする」という命題内容に対して，話し手をとりかこむ場の諸条件を配慮の視野に入れていることを明示的に表わしている。それは話し手をコンテクストの中に位置づけていることを示している。
　コンテクストの諸要素とは，話し手と聞き手の上下親疎関係，話の内容に関わる登場人物と話し手との利害，恩恵の関係，命題情報の帰属場面のあらたまりの具合などである。また，それに加えて，話し手自身が当該コンテクストにおいて自分をどのように表したいかという自己表現意識がどういうものかというものもある。
　政治家で「……させていただく」を多用するために良い印象を持たれなくなっている人もいる。本人にしてみれば，国民の皆様に選挙で当選させていただき，国のため，選挙民のために仕事をするので自分は公僕になっ

ているという意味で「……させていただく」と言って，自分の立場を表わしたつもりであろう。しかし，丁寧すぎて，違和感を感じると非難するむきもある。その人は自己表現として「俺」の使用など不似合いな人であるので，「……させていただく」は自己表現という観点からは，的確であるつもりでいるのであろう。ことば遣いは，相手や場面に合わせなければならないと同時に，自分自身に対しても素直に自分らしさを表現しなければならない。聞く側と話す側の丁寧さの尺度にずれが生じているために好ましく受け取られないという効果が出てしまうのである。そのずれまでも予測してことば遣いの選択をしなければならないのである。

　どの表現が的確かは，話し手の責任において，好ましく思われる表現をコンテクストの諸条件とかけ合わせて，瞬時に選ばなければならない。話し手の言語表現の選択は，あくまでコンテクストを構成する諸要素に関して話し手がどう解釈するか，そしてそれに基づいた話し手の配慮を現しているものである。

1.8. 「言うという行為」の制約はどこからくるのか

　これまでみてきたように，日本語がモダリティ重視言語である理由を，話し手の視点がコンテクストに埋没していることに求めた。言い換えれば，日本語を話す時，話し手は話の場のさまざまなコンテクスト情報を瞬時に総合的かつ分析的に解釈して読みとり，話し手がそのコンテクストの中で生かされていることを，モダリティ表現で示しながら話すのである。

　では，何がこのようなモダリティ表現を使うようにコントロールしているのか。

　その答えは，日本社会の在り方に求めなければならないであろう。「日本人は長い間世間を基準として生きてきた……」（阿部1995）といわれるように，日本人の日常生活レベルで意識される集団は社会ではなく，世間である。日本人は世間という見えない壁の重圧の下に自己を埋没させ，その中で生かされている。世間とは個人個人を結ぶ関係の環であり，世間の掟の下に生きるには，世間を騒がせず，世間の名誉を傷つけないことが肝心である。

経営破綻をきたした大企業の責任者が「世間をお騒がせした」ことに対して深謝しても、経営の失敗の埋め合わせのために税金を使わせてもらうことには全く言及しない。これこそ論理的には理解し難いことだが、世間が意味することの重さを考えれば納得がいく行動であるといわねばならない。世間の基準、つまりわきまえの道を心得た言動が社会的に期待されている。わきまえに準じた行動とは、世間の慣習的な基準に照らして的確に捉えた場における自分の位置、相手や会話の参加者、場面のあらたまり、場の目的等を正しく読みとり、それを言語表現で的確に指し示すことなのである。

　世間という個人を結ぶ基準の下で車座になって行動すると、個人が環の中で没個人とならないために、細かく自分と他人の区別を行う必要性が出てくる。西欧的な社会では、個人の権利を持って主体性を前面に出しているので、個性を自由にストレートに表出することが求められているが、世間の目を気にして画一的に行動する傾向が強く「出る杭は打たれる」日本社会では、世間が決めるわきまえの区別に従って行動したり表現することが期待されている。

　そのために、情報の帰属の区別を意識したり、相手のことを思いやるあまり、相手が情報を受容しているか否か、相手にとって近いものかどうかまでも区別して認識することが慣習になっている。この慣習が「情報のなわ張り理論」や「談話管理の理論」に代表されるような言語形式の使い分けに関する語用論ルールを生んだと考えられる。

　「言うという行為」という単位でみてきた日本語の話しことばにおけるモダリティ表現の豊かさ、複雑さは、日本社会での人間関係の在り方や複雑な社会構成と深く関わっているといえるであろう。

# 第2章

ポライトネスの普遍理論

2.1. ポライトネス理論のはじまり

どのようにことばを使えば円滑なコミュニケーションができるだろうか。ポライトネスに応じた言語使用の研究は世界中で盛んである。

2.1.1. 生成意味論の発展途上で

ポライトネスに関する語用論理論の発端は，言語学の発展の一つのプロセスの中であたかもペニシリンのように副産物的に生まれたのだった。1960年代後半から1970年代初め頃，生成意味論という生成文法の分派として言語研究を発展させようとするグループがあった。そのグループの一人，ロビン・レイコフが，言語を発話にまつわるコンテクストと切り離して研究してきた構造言語学，生成文法の伝統とは異なるスタンスで言語を捉え始めた。それは言語を発話のコンテクストの中で考えるということである。1972年にアメリカ言語学会誌 *Language* に掲載された彼女の論文 "Language in context"「コンテクストの中の言語」は，発話を実際に話されている文脈の中で意味解釈しようとしたもので，それまでの形式化に向かう言語学の方向とは軌を異にする言語研究のアプローチとして注目された。

この論文で，彼女が問題とした，お客にケーキを勧める言い方として，

（1）"You may have some of this cake."
（2）"You should have some of this cake."
（3）"You must have some of this cake."

の三つのうち，どれが一番相手を思いやった，ポライトな言い方かについての議論はその後もよく引用されるものとなった。may, should, must というモダリティを表わす助動詞のうち，なぜ一番強制力のある must を使った(3)が一番思いやりのある言い方なのだろうか。母語話者として，また，お料理上手で知られているレイコフは(3)が一番思いやりがあり丁寧な言い方であるという直感は持っていた。では，それはどうしてなのかという問題に対して論理的説明をすることを彼女が試みたものが「コンテクストの中の言語」という論文である。この論文で，発話とコンテクストの関わり，とりわけ話し手の意図と言語形式とその効果について考えたの

である。それまでは，言語研究においてコンテクストとの関係において言語形式を云々することが少なかったが，その道を切り拓くことがその後の語用論分野の発展に繋がる一つのきっかけとなったのである。

「しなければならない」という意味の must は相手に対して強い強制力を持つものなのに強制力の弱い「してもよい」という意味の may より，相手に対して思いやりのあるポライトな言い方になる。それはなぜか。一見矛盾するように見受けられるこの疑問を解くには，言語のルールではなく言語使用に関するルールが必要である。

自分の作ったケーキを是非食べて欲しいという気持ちを込めて勧めるには，弱い may より must を使った強い勧め方の方が良い。それは相手が遠慮している心を持っていることを想定して，相手にとって良いことを勧めるには，強い勧めが相手に対しての思いやり，つまりポライトな配慮となる。こうしてレイコフは，言語が実際のコミュニケーションで使われる時には，コンテクスト抜きで考えれば最も相手に押し付けが強いモダリティ表現が，最もポライトな配慮のあるものとなることを明らかにした。それは，コンテクストを発話の意味の解釈に入れて考えることにより，分かってくることである。こうして言語の研究には，言語を生成するルールだけでなく，コンテクストも視野に入れた言語を使用する時のルールもなくてはならないという語用論ルールの必要性を唱えたのだった。

その頃，哲学者グライスは"Logic and conversation"「会話の論理」という論文を書いており，後に出版される 1975 年までは原稿のコピーがまわし読みされていた。その会話のルールとは，カントの公理を基にしたものだが，後にあまりも有名となった「量」「質」「関連性」「方法」の四つの基本的ルールを守ることにより，話が相手に明確に伝わるという会話の公理のことである。このルールに触発されたかのようにレイコフは"The logic of politeness; or minding your p's and q's"「ポライトネスの論理」という論文を書いた。これが，言語学の中でポライトネスという課題が研究分野として確立される第一歩であった。1973 年のことであった。

レイコフはグライスによる会話の公理を「はっきり言いなさい」とする言語使用のルールであるとすると，人間が会話をする時の原理としてもう

一つの持っていなければならないものとして,「ポライトに言いなさい」があると考えた。レイコフによるポライトネス・ルールとは

1. 形式的に言いなさい
2. 選択の余地を与えなさい
3. 仲間であることを示しなさい

という3つのルールからなる。生成文法で文のルールを書くのに倣い, 言語使用のルールもこのようなルールの形式で記述できると考えた。このようなところに, ラテン語の生成文法で博士論文を書いた彼女の言語学のトレーニングの痕跡がうかがえる。

2.1.2. ブラウン＆レビンソンの挑戦

レイコフがこの論文を書いたのはカリフォルニア大学バークレー校で教鞭をとりながらであった。当時「会話の論理」を世に出したグライスもそこの研究者であった。同じキャンパスには, 発話行為理論を出した哲学者サール, 社会学者ゴフマン, 言語人類学のガンパーズ, 言語心理学のアーヴィン・トリップなど大物学者がいた。その中で, 当時大学院生であったブラウンとレビンソンの二人が共同で世に問うことになったのが"Universals in language usage : Politeness phenomena"「言語使用の普遍性―ポライトネス現象について」という論文である。

ブラウンは, 中米マヤ文化のテネハパ族のツェルタル語, レビンソンはインド南部のタミル地方のタミル語のフィールドワークを博士論文のために行っていた。彼等はアメリカ人とイギリス人のカップルでもある。フィールドワークを終えてバークレーに戻った二人は「ポライトネスに応じた言語使用の普遍原理があるはずだ。これこそ世界の人たちに聞いてもらわねば」と考え始めたそうである。彼等が認めるように当時20代という若き二人がこのような大それたことを考えることができた背景には, バークレー校に, 彼等の萌芽的考えを温かくサポートするいわゆるグレイト・マインドと称して良い偉大な学者たちがいたからであることは容易に想像される。1970年代のことである。

私がこの論文の存在を知ったのは, 1977年の夏, ハワイの海岸におい

てであった。その時，アメリカ言語学会主催の夏期言語学講座がハワイ大学で開かれていたが，ワイキキ海岸でピクニックをしていた時，近くにいたガンパーズとアーヴィン・トリップが「私たちの学生で，ポライトネスの普遍理論を考えた人がいる。サチコ，この考えが敬語のある日本語にも当てはめることができるか見てくれないか」と言った。翌日，ガンパーズのオフィスに行って手渡されたその原稿のコピーは百数十ページに及ぶものだった。その原稿は翌年，ケンブリッジ大学出版の社会人類学シリーズの中の一冊の中の一つの論文として出版されたが，一冊の中で83％を占める分量ではあるが，あくまで本の一部を成す論文として世に出たのである。それから9年を経て1987年に同じ出版社から，今度は一冊の本として出版されたのだが，ここ四半世紀間恐らく語用論の分野で最も多く引用され続けているこの論文は，はじめから順風を受けていたものではなかった様子が窺える。

　ところで，私としてはガンパーズ先生やアーヴィン・トリップ先生に依頼されたこと，つまり日本の敬語もこの普遍理論で当てはまるのか否かについて検討しなければならなかった。この宿題は，難題であった。まず，ブラウン＆レビンソンが書いたものが極めて難解であった。マルクス，ウェーバー，ゴフマンなど社会科学の基本を理解していないと，この理論の枠組みの説明を把握するのが困難であることや，理解困難な単語をたくさん使ってあることによるものであった。

　しかし，若き研究者二人が英語とマヤ語とタミル語という三つの遠く離れた系統的に異なる言語の例を挙げながら，人類に普遍的な言語行動のルールがあると構想して出してきた仮説は，彼等の情熱が行間に溢れるものである。言うまでもなく1960年代以降言語学界を席巻してきたチョムスキーによる普遍文法の考えが，意識するしないに関わらず，彼等の「普遍」にこだわる考えに影響していたと思われる。

　では，ブラウン＆レビンソンの考え出した理論はどのようなものだろう。それは概略，次のようなものである。この理論には三つの道具立てと二つの前提がある。

　一つ目の道具立ては，人間がだれでも共通に持っている衝動的欲求つま

り消極的欲求（negative wants）と積極的欲求（positive wants）である。前者は人から邪魔されたくないというものであり，後者は人から認められたいという衝動的欲求である。人間はどんなに文化が違おうとも，愛と憎しみという相対立する根本的な欲求を持っている。このエソロジー（動物行動学）の知見を導入し，それをまず人間の行動の根本に据えた。人間は邪魔されたくない，また認められたいという二つの欲求を共通に持っているとすれば，この欲求を満足させるように行動することがポライトネスにかなった，つまり，摩擦を起こさない円滑な人間のやりとりとなるというのがこの理論の土台となっている。

　二つ目の道具立てはフェイス（顔）である。ここでフェイスということばは，ゴフマンの人間の行動を説明する原理からとったものである。人間をフェイスを持った行為者（actor）であるとみることによって社会を説明しようとした社会学者ゴフマンの理論を採用することでポライトネスに応じた言語行動を捉えている。

　三つ目の道具立ては，人間が生まれながらにして共通に持つ理性である。理性は脳の中に備わったものであり，世界中どこへ行っても $1+1=2$ とだれにも分かるように，普遍的に通じるものである。そのため，理性を持って人が計算したストラテジーに則した言語使用をすることが，普遍的な言語使用の原理となると考えた。

　そこで，第一の前提は，人間はだれでも消極的フェイスと積極的フェイスの両面を持った行為者であるというものである。

　第二の前提は，人がことばを発するということは，相手のフェイスを脅かす行為と考えることである。人が相手に何かを言うと，相手のフェイスを脅かす行為をすることになる。それゆえに話し手は聞き手のフェイスを脅かすことをできるだけ少なくするために，また自分自身のフェイスも傷つけることを少なくするために，さまざまなストラテジーを使ってことばを使う。発話の単位を「フェイスを脅かす行為」として定義づけることにより，ポライトネスに応じた言語使用のストラテジーの体系を提示したのである。

　人が話すことを相手を脅かす行為として捉え，発話の場のさまざまな条

件に応じて，それを緩和するストラテジーとして，5段階のスーパー・ストラテジーを設定した。その主なものとして，積極的フェイスに資するものとしてポジティブ・ポライトネスのストラテジー，消極的な，フェイスを脅かさないストラテジーとしてネガティブ・ポライトネスのストラテジーがあるとして枠組みを設定した。前者には15のストラテジーがあり，その一つとして「ジョークを言う」というものがある。後者には10のストラテジーがあり，その一つとして「質問形にする」というものがある。話し手が何か言おうとする時，それは相手のフェイスを脅かす行為であるので，冗談を言うことで当たりを和らげたり，疑問形にして相手に断るという選択の余地を与えることで依頼による相手へのプレッシャーを緩和したりするというものである。

　人間に基本的な衝動的欲求と行動の元となるフェイスと理性を三つの道具とし，人間がフェイスを元に行動する行為者であり，発話することが相手を脅かす行為だということを前提にしてポライトネスの普遍理論をアプリオリに考えたのである。その実証として英語，タミル語，ツェルタル語からの例文を使ったこの理論は，世界の言語に共通するポライトネスに応じた語用論の理論として，現在では世界中の談話の実証研究などに欠かすことのできないものとなっている。

2.1.3.　非西欧からの反駁

　ハワイのワイキキ海岸で，ポライトネスの理論が日本語にも当てはまるかどうか吟味するように，とブラウン＆レビンソンの先生達に問題を投げかけられたこのポライトネスの理論は，その後さまざまな角度から挑戦を受けることになった。

　まず第一に，マツモト（1988），グー（1990），ウォンエ（1992）によって，ブラウン＆レビンソンで扱われているフェイスという概念は，自国の文化つまり，日本，中国，ナイジェリア文化に照らして疑問が投げかけられた。

　ブラウン＆レビンソンは話すということは発話行為だという前提を持ち，その発話行為は，話し手が個人の意思により，自分と相手のフェイスを脅かさないように工夫することだとしている。しかし，その時に考えら

れるフェイスは西欧あるいはアングロ・サクソン社会で考えられている個人主義社会における話し手個人のフェイスであり，それは日本，中国，ナイジェリアの社会に照らしてみると，このフェイスの考えは普遍とはいえない，という批判である。

　さらにイデ（1989）においては，この理論は2つの面において欠陥があるという指摘をしている。1977年ハワイでの海岸でもらった宿題の解答は，10年余りを経て，その間に，日本語と英語の敬語行動の実証研究をふまえて，ようやく世に提出することになったわけである。敬語が日本社会におけることば遣いの中心的存在であるという認識の下，ブラウン＆レビンソンの理論を吟味すると，敬語が正当に扱われていないことが分かる。この枠組みで見ると，敬語はネガティブ・ポライトネス・ストラテジーの中の5番目のストラテジーとして扱われている。敬語は，日常の言語行動の中の最も基本的なポライトネスの問題としている日本人母語話者にとり，10もあるネガティブ・ポライトネスのうちの一つとしてしか考えないのは，どう考えても直感に合わない。また，敬語は話し手の意志を伝える際のストラテジーという感覚は，敬語本来の使用意識とも合わない。敬語を作為的に使うこともなくはないが，それは例外的であって，普段何気なく「今日は雨だ」と「今日は雨です」を使い分ける敬語使用は，相手や場面に応じて自動的にセットされる。このような敬語，中でも丁寧語の使い分けをストラテジーと考えることは，母語話者には納得がいかない。

　ブラウン＆レビンソンの理論の第一の欠陥は，話すということが話し手の意思により相手に働きかけて話すものに限られている，という点である。実際「今日は雨」のように話し手の意思抜きの命題内容を伝えるものにも，日本語では敬語が関わっている。命題内容を言うにも，言う時にはコンテクストを無視することはできず「です」を使うか否かの選択を義務的に行わなければならないのが日本語の語用論の基本的な決まりである。これは相手に働きかけるのではなく，場をわきまえるためのポライトネスの配慮である。このことは，ブラウン＆レビンソンの枠組みから抜け落ちている。

　抜け落ちているのは，こういう時にはこういうもの，と社会で決めてい

るものに従って使うという言語使用である。このような使い方を「わきまえ」による言語使用と呼ぶ。わきまえとは，自分のフェイス，または相手のフェイスに対してポジティブ・ポライトネスあるいはネガティブ・ポライトネスのストラテジーを使って相手に「働きかけ」て話し手の意志によるポライトネスではなく，こういう場ではこのようにするものだという社会的に共通に認識されているものに従って使わねばならないものである。

　他人の家に入る時,「お邪魔します」と言う。これはこのように言うものだから言うのであって，自分が邪魔をしようとしているという意図を持って言っているのではない。このようにあいさつは，文字通りの意味を伝達する言語行動とは関係なく，こうするものだという行動習慣に則って言うものである。あいさつは，わきまえによる言語使用の良い例だが，敬語の使い分けも話の場をわきまえていれば自ずと決まってくるというものである。「自ずと」ということは母語話者でない人には難しいものであろう。実際敬語の使用は，ルールを覚えて使っているものは，ぎこちなさや堅苦しさが抜けないが，場の読みがきちんとできていると場と言語表現のマッチは自動的に決まるものであり感じがよい。

　社会の中で，学校あるいは大学の教師たち，医者，政治家などを「先生」と呼ぶが，それは，その人たちを尊敬しているから呼ぶのではなく，そのようにするものだから，呼ぶというものであろう。その社会がそのようにすることを期待しているのでそれを使わなければ，わきまえに反する。そこで，慣例に従わないで失礼となることのないようにする。そのような効果のポライトネスがわきまえのポライトネスである。

　こういった言語使用はわきまえの言語使用というものであり，理性によって計算をしてストラテジーとしての表現を作り出すポライトネスの枠組みとは，根本的なところで齟齬をきたしてしまう。

　日本語に照らして明らかになるブラウン&レビンソンの枠組のもう一つの欠陥と思われる側面は，形式的言語形式によるポライトネスの表現に関するものである。敬語は，敬語そのものにポライトの意味があるわけでもなく，ストラテジーとして働くわけでもない。敬語を使うことが期待されているところで，たとえばあらたまった場面やソトの人間関係で「です」

「ます」を使うことで，自分の位置や場面がどういうものかを正しく認識していることを示すつまり指標することになり，それがわきまえているという振る舞いになるのであり，それがポライトネスとなるのである。

ところがブラウン&レビンソンの枠組みで敬語の扱われているネガティブ・ポライトネスの第5番目のストラテジーでは"Sir"や"Mr. President"などの敬語に相当するものの使用を例にとってみると，その形式を使うことそのものがポライトになるものであると解釈されるものについて，異議をはさみたくなる説明をしている。つまり，"Sir"と言って相手を高める働きかけをしたり"Mr. President"と働きかけて，相手にその地位の人間であることを認識させるといったストラテジーとして彼等は考えているのである。しかし，ある言語形式をそれにふさわしいところで使うことそのものがポライトになるということは，私たちが日常生活の中でよく心得ているものである。これは，話し手が，ストラテジーとして意識して相手に働きかけるものとは性質を異にするポライトネスの側面である。

いわゆるあいさつや決まり文句が，このようなわきまえの言語使用の例である。「おはようございます」という朝の出会いのあいさつは，その場が求めていれば，期待されるままに言うものであり，そうすることがポライトネスに資することになる。会議の時に話を始める時に「それでは僭越ですが……」といった決まり文句を言うこともあるが，これも自分の言いたいことを言う時に，周囲の状況を配慮して，自分の置かれた位置がその場において必ずしも優れているものではないことを認識している，というわきまえを示す時に使われるものである。

敬語，あいさつ，決まり文句などは，そのような言語形式を使うことそのものがコンテクストを配慮した言語行動ということになり，それがポライトな言語使用となる。

2.1.4. より普遍性のある理論へ

ポライトネス理論をより普遍的にするためには，ここで指摘した二つの側面，わきまえの言語使用と言語形式を使うことそのものを加えた理論としていくことがまずその第一歩として必要であろう。

先に，ブラウン＆レビンソンの理論の要として人間の行動の核となるものがフェイスだとしたことに対して，日本，中国，ナイジェリアから反論があったことを述べた。フォーリー（1997）にまとめられていることだが，ブラウン＆レビンソンが前提とした個人主義社会のセルフあるいはパーソンの捉え方が，非西欧社会では同じでないことも再考を要する問題である。実は西欧社会でもミード（1995）は，社会的セルフの考えを持っているが，それが西欧の学問の中で主流となっていないため，この考えが語用論理論の基とならなかったまでのことである。

　非西欧社会のいくつかの文化でよく見られるセルフは社会的セルフというものであり，その特徴は，社会の人間関係，すなわち，役割，地位に応じて変化し，その時その時の場の中で自己を位置づけている可変性のあるセルフである。そのようなセルフを想定した社会におけるポライトネスは，ブラウン＆レビンソンの考えるような，しっかりとした個人が同じようにしっかりとしたセルフを持つ相手に対して働きかけるストラテジーには馴染まない。

　中国文化の「関係」の伝統は，古くから日本人の思考や生活のあり方に深く沁みついていて，西欧による近代化が表面的には進んでいっても，西欧社会のような個人主義になるほど人間の芯までは変化するものではない。

　この二つのポライトネス，つまりブラウン＆レビンソンのものとわきまえによるポライトネスは異質で相入れないものだろうか。また，英語の世界では，ブラウン＆レビンソンのやり方が，日本語の世界ではわきまえのやり方だけが行われているのであろうか。答えはいずれも「ノー」である。これら二つのポライトネスに応じた言語使用の原理は，相補的に存在するものである。これまで日本では，ことばの作法といえばまず敬語のことが問題にされ，敬語を誤りなく使うことに過度に神経をとがらせてきた嫌いがある。しかし，実際ことばを使ってコミュニケーションを行い，いろんな人と社会生活を行うにはブラウン＆レビンソンの唱えるストラテジーを日本人も使っている。特にポジティブ・ポライトネスについては，今までポライトネスの問題として意識されてこなかったと言えるが，今後日

本人のポライトネスのレパートリーに大いに加えたいものである。また，ブラウン&レビンソンの中で扱われてこなかった，あいさつ，決まり文句や呼称等，西欧社会においても場のわきまえとして実際に使われているものを，日本からわきまえの枠組みを加えることでより使用に忠実な形で顕在化させることができるであろう。ここでは英語に対峙する形でみてきた日本語について考慮したに過ぎないが，これを相補的に考え，さらに二つを止揚した理論を構築することが求められる。

マックス・ウェーバーが提示した人間の行為類型によれば人間の行為は，（１）目的合理的（２）価値合理的（３）感情的（４）伝統的の４つに分類されると言われる。井出・彭（1994）によれば，ブラウン&レビンソンによるポライトネス理論は（１）目的合理的であり，わきまえのポライトネスは（４）伝統的であり，中国の陰陽思想に基づく敬辞によるポライトネスは（２）価値合理的な行為類型によるものである。こうしてみると，世界の言語，文化の数は数千という数があろうとも，ポライトネスに関する原理が，その数だけあるのではなく人間脳の限られた可能性から考えても私たちの知性をもって認識できる範囲に収まると考えられる。

2.1.5. ヨーロッパのポライトネス研究

ここまで，アメリカの言語学発展の過程で1970年代に生まれた語用論のトピックとしてのポライトネス理論をたどってきた。これは，ブラウン&レビンソンのポライトネスに応じた言語使用に関する普遍理論の魅力の影響が大きく，1980年代以降おびただしい数の研究が言語・コミュニケーション研究分野で生まれている事実に即した扱いをしたまでである。しかし，ポライトネスという概念は，いつの世にも言語学以外の分野でも問題とされているものである。ブラウン&レビンソンはエチケットや礼儀のことはポライトネスの問題意識から外していると明確に断ることにより，個々の文化に固有のことば遣いの慣習を抜きに問題を設定することで，ポライトネス理論の一般化を試みたのである。

礼儀やエチケットの問題をポライトネスでないと言うことに関して，異論を挟みたい人は少なくないことであろう。特にヨーロッパの文化・社会を歴史的にたどれば，それぞれの時代に，それぞれの文化・社会において

の礼儀に基づいた慣習的なポライトネスの問題が存在する。このことに思いを至し，1980年代までのポライトネス研究の枠を広げる試みとして出された論集，ワッツ・イデ・エーリッヒ（1992，2005）では，研究対象としてのポライトネスを第一種と第二種に分けた。第一種とは伝統的に社会において行われてきた社会的規範による礼儀やエチケットなどを扱うものであり，その中に日本のわきまえによる敬語行動も入る。第二種は，グライスにはじまり，レイコフ，ブラウン＆レビンソンにみられる言語使用のルールの一般化を目指す，いわば後発のポライトネスの問題である。ヨーロッパの研究者たちにとってポライトネスの問題として，ごく当たり前の日常的なこととかけ離れた理論的なポライトネスは，あくまで第二種として分類しておきたいという考えが出ている。

この提言をふまえて，イーレン（2001）のポライトネス理論評論においては，第一種を「ポライトネスⅠ」，第二種を「ポライトネスⅡ」として，前者は日常的に行われているいわゆるポライトネスを，後者は，学問のために作られた理論志向のポライトネスに分類している。続くワッツ（2003）においてもこれまでのポライトネス研究を概観する中で，第一種のポライトネスの重視と，これまで扱われてこなかった「失礼」（im-politeness）という概念を研究の舞台にのせている。「失礼」という問題は，ポライトネスに関して社会的に期待されている規準や規範に違反していることによって起こる現象である。つまり，第一種のポライトネスの概念の違反ということである。

かつて，関連性理論の提唱者の一人ウィルソンとロンドン大学の研究室で話し合った時のことを思い出す。彼女が「ブラウン＆レビンソンの枠組みを全然良いとは思わない」と言うので「なぜですか。私は素晴らしいと思いますが」と反論したが，それに答えて彼女が言ったことは「彼等のポライトネス理論はわざと作られた，という感じがする。……ポライトネスに関して言えば，あなたたちの方がずっと私たちより進んでいる」という。夫がオックスフォード大学の歴史学教授で，門から車寄せまで距離のあるような邸宅に住む人の家庭の中には，テーブルマナーをはじめ，ことばの面でもどっしりとした第一種に属するポライトネスが満ちていること

が想像される。

　そのことを思う時，ポライトネスの課題がヨーロッパにおいては，第二種の問題だけで済まされず，第一種の問題としても大きな関心事であることの妥当性が窺える。

2.2.　ポライトネスの概念について
2.2.1.　ポライトネスの普遍性

　円滑なコミュニケーションが今や世界の課題となっている。そのためか「ポライトネス」の研究は世界中でなされている。日本語でも少なくとも研究者の間では，カタカナで「ポライトネス」と書いていて，あたかもこの概念が日本に馴染んでいるように見受けられる。ポライトネスという概念は，はたして世界で共有できるほど普遍的なものなのだろうか。

　そもそもポライトネスというのは，どういうことを指すことばなのだろう。ポライトネスという概念は，ちょうど「高い」という形容詞に対して「高さ」という名詞があるように，「ポライト」に対して，その抽象概念を表わす「ポライトネス」がある。「このビルの高さは高くない」と言えるように，高くないものも「高さ」の中に入る。「広さ」についても同様なことが言える。「うちのマンションの広さといえば，それは狭いのよ」といっても矛盾した文にはならない。広くなくても「広さ」という言葉が使える。「高さ」「広さ」という名詞は，その概念の大きいものにも小さいものにも使える。「ポライトネス」という言葉についても，これと同じように考えることができる。つまり「ポライトネス」は，英語でいえば'polite'も'impolite'も含む概念であるので「ポライトネス」というものさしの両極端を含んでいる。'polite'と'impolite'の中間にある概念は'non-polite'であり，それは「ポライトネス」に関して中立的概念である。

　「ポライトネス」について一般的にはこのように考えることができるが，「ポライトネス」が語用論の分野で論じられる時は，当然のこととして，学者たちがそれぞれにポライトネスを定義して論を始めている。"The logic of politeness"「ポライトネスの論理」(1973)という論文を書いてこの語用論におけるポライトネスの研究の口火を切ったR・レイコフは

1975年の論文で「ポライトネスとは，会話において衝突のリスクを最小限にする方法である」と述べている。フレーザーとノーレン（1981）は「ポライトであるということは，人間関係のルールを我慢して受けることだ」そして，「話し手が契約に違反した時にimpoliteとなる」と述べている。ポライトネスの包括的な普遍理論を打ち出したブラウン＆レビンソンは，1987年に再出版された本のイントロダクションの中でポライトネスについて「ポライトネスとは人々を扱う特別な方法であり，相手の気持ちを取り入れた特別の言い方をすることだ」と述べている。これらの定義の共通部分はコミュニケーションを円滑に行うのに適切な言語使用と言うことができよう。円滑なコミュニケーションとは，話し手が聞き手に自分の言うことを気持ちよく受け取ってもらえるように，言い方についてストラテジーを使うことである。

　このように共通の理解が得られたとしても，ポライトネスという概念がいろいろな文化において等しいものとして考えて良いということにはならない。ポライトネスは異なる文化・社会において同じ概念として考えて良いものだろうか，それとも異なるのだろうか。異なるとしたらどこがどのように異なるのだろうか。

　そのような疑問に答えるためにアメリカ英語における'polite'という形容詞と，日本語におけるそれに相当する概念「丁寧な」という形容詞を実証的に比較することで，ポライトネスの普遍性の可能性を探ってみよう。

2.2.2.　'polite'と「丁寧さ」を比べる実証研究

　翻訳を通じて異なる言語で書かれたことを，自国語に読み替えて理解するということを私たちは日常的に行っている。しかし，単語一つ取り上げてみても，その単語の奥にはそれぞれの言葉がその文化の中で育ってきた歴史的経緯がある。また社会的環境の中で占めている位置や同じカテゴリーに属する他の単語との相関的位置関係もある。こういうことが分からないままに一つの単語がこの単語とまったく同じである，または同じ意味があるということが言えるのだろうか。そのようなことを問題として行われた実証研究に基づく論文イデ他（1992）を紹介しよう。

　二つの言語で相当語と考えられているペアとなる単語がどの位同じなの

か，あるいは異なるのかを知るために，アンケートによる調査結果を多変量解析をするという方法を使った。この方法によるとペアをなす二つの単語がその仲間の単語とどのような相関関係にあるのかを，二次元の座標軸の位置によって視覚的に示すことができる。

　問題とする'polite'という形容詞と「丁寧な」という形容詞は，大きく捉えると「人々の行動に関して評価する」形容詞ということができよう。'polite'と「丁寧な」という形容詞の中味がどう異なるかを探る方法として，この英語と日本語の相当語の仲間と思われる形容詞を英語と日本語でペアになるようにしていくつか拾い出し，それらの単語との相関関係が英語と日本語でどのように異なるのかをみることにする。たとえば，'respectful'とペアになる「敬意のある」という形容詞を選び，そのペアと問題の中心である'polite'と「丁寧な」を比較して，同じような位置関係にあるかをみるのである。多変量解析は何百という数のインフォーマントのアンケートによる回答から，人々が持っている複雑な認識構造の平均的なものを統計的に知ることができる処理方法である。

　実証研究は，アメリカ人の大学生211人と，日本人の大学生282人のアンケートの実施から始まった。このアンケートは，日本とアメリカの言語と文化をよく知っているバイリンガルの研究者5人が，日本とアメリカで同じような発話行為が起こる状況を想定し，日米で比較可能なアンケートを案出した。インフォーマントに与えられた課題は，異なる6つの状況において設定された14の発話行為についてそれぞれを評価することである。

　人間の行動について評価する形容詞は厳選して10組に絞った。選ばれた10組の形容詞は，'polite'と「丁寧な」，'respectful'と「敬意のある」，'considerate'と「思いやりのある」，'friendly'と「親しげな」，'pleasant'と「感じの良い」，'casual'と「気取らない」，'appropriate'と「適切な」，'offensive'と「感情を傷つける」，'conceited'と「うぬぼれている」，'rude'と「無礼な」である。日米で共通に考えられる発話行為として，①拒否，②依頼，③承諾，④異議申し立て，⑤招待，⑥謝罪を選択した。

　想定する発話の状況が多様で片寄りのないものにするために発話行為が行われる状況として次の8種類のものを考えた。

①日本人にもアメリカ人にも polite なもの,
②アメリカ人にとっては polite であるが，日本人にとっては non-polite なもの,
③アメリカ人にとっては polite であるが，日本人にとっては impolite なもの,
④アメリカ人にとって non-polite であるが，日本人にとっては polite であるもの,
⑤アメリカ人にも日本人にも non-polite であるもの
⑥アメリカ人にとっては non-polite であるが，日本人にとっては impolite であるもの
⑦アメリカ人にとっては impolite であるが，日本人にとっては polite であるもの,
⑧アメリカ人にとっても日本人にとっても impolite であるもの

アンケートで提示された発話の状況と発話行為は表3-1のようなものである。

インフォーマントに課せられたことは，まず，それぞれの状況を想像してもらい，次に各々の状況において自分はどう感じるかを答えてもらうことである。答え方は，与えられた10の形容詞に「ハイ」'yes'と「イイエ」'no'，および「？（どちらとも言えない）」'NA (not applicable)'の3つの選択肢の中からどれかを選ぶというものである。

たとえば，「あなたが大学の助教授だと思ってください。あなたは学生のレポートに批判的なコメントをつけて，書き直しをさせました。その学生は次のように言いました。
(A) 『すみません。その通りです。もう一度やってみます。』
(B) 『わかりました。やってみます。』」

インフォーマントには，その場に居合わせた助教授だとしたら，学生の発言についてどう思うかを与えられた10の形容詞に対して，「ハイ」「イイエ」「？」の三つの中から選んでもらうものである。たとえば，「敬意のある」には「ハイ」の丸をつけ，「親しげな」には「イイエ」に丸をつけ，

1. あなたは親友と，ある夕方映画を見に行く約束をしていました。当日の朝，その親友が電話をしてきて，映画の予定をまたの機会にしてほしいと言ってきました。その理由は
   （A）ボーイフレンド/ガールフレンドにデートに誘われたので，というものでした。
   （B）急用ができたので，というものでした。
2. ある日あなたが混んでいるコインランドリーにいたら，学生風の人が使っていた機械の一つが動かなくなりました。
   （A）学生風の人はあなたに，他のお客が使わないようメモを書いておきたいので，ペンを貸してくれるように頼みました。
   （B）学生風の人はあなたに「ペンを持ってる？」と言いました。
   （C）学生風の人はあなたに「すみません。何か書くものを持っていらっしゃいませんか？」と言いました。
3. あなたが大学の助教授だと思ってください。あなたは学生のレポートに批判的なコメントをつけて，書き直しをさせました。その学生は次のように言いました。
   （A）「すみません。その通りです。もう一度やってみます。」
   （B）「わかりました。やってみます。」

	丁寧な	敬意のある	思いやりのある	親しげな	感じよい	気取らない	適切な	感情を傷つける	うぬぼれている	無礼な
1(A)	ハイ イイエ ?	ハイ イイエ ?	ハイ イイエ ?	ハイ イイエ ?	ハイ イイエ ?	ハイ イイエ ?	ハイ イイエ ?	ハイ イイエ ?	ハイ イイエ ?	ハイ イイエ ?
1(B)	ハイ イイエ ?	ハイ イイエ ?	ハイ イイエ ?	ハイ イイエ ?	ハイ イイエ ?	ハイ イイエ ?	ハイ イイエ ?	ハイ イイエ ?	ハイ イイエ ?	ハイ イイエ ?
2(A)	ハイ イイエ ?	ハイ イイエ ?	ハイ イイエ ?	ハイ イイエ ?	ハイ イイエ ?	ハイ イイエ ?	ハイ イイエ ?	ハイ イイエ ?	ハイ イイエ ?	ハイ イイエ ?
2(B)	ハイ イイエ ?	ハイ イイエ ?	ハイ イイエ ?	ハイ イイエ ?	ハイ イイエ ?	ハイ イイエ ?	ハイ イイエ ?	ハイ イイエ ?	ハイ イイエ ?	ハイ イイエ ?
2(C)	ハイ イイエ ?	ハイ イイエ ?	ハイ イイエ ?	ハイ イイエ ?	ハイ イイエ ?	ハイ イイエ ?	ハイ イイエ ?	ハイ イイエ ?	ハイ イイエ ?	ハイ イイエ ?
3(A)	ハイ イイエ ?	ハイ イイエ ?	ハイ イイエ ?	ハイ イイエ ?	ハイ イイエ ?	ハイ イイエ ?	ハイ イイエ ?	ハイ イイエ ?	ハイ イイエ ?	ハイ イイエ ?
3(B)	ハイ イイエ ?	ハイ イイエ ?	ハイ イイエ ?	ハイ イイエ ?	ハイ イイエ ?	ハイ イイエ ?	ハイ イイエ ?	ハイ イイエ ?	ハイ イイエ ?	ハイ イイエ ?

表2-1　発話行為に対する感じ方（アンケート用紙）

4．もう一度あなたが助教授だと思ってください。あなたは学生のレポートにCをつけました。学生はあなたのところにやってきて，
　　（A）学生はあなたに，なぜレポートがCだったのかを聞きました。
　　（B）学生はあなたに「このレポートのどこが悪いんですか？　Cしかもらえなかったんですけど。一生懸命書いたので，Bぐらいは取れると思ったんですけど。」と言いました。
　　（C）学生はあなたに「私のレポートについてお聞きしたいことがあるんです。自分としては，一生懸命よく考えて書いたつもりでしたので，Cはちょっとがっかりです。どこが悪かったのか，よかったら教えていただきたいんですけど。」と言いました。
5．あなたの友達（男性）は結婚したばかりです。
　　（A）彼はあなたを彼の家での夕食に招待しました。
　　（B）彼はあなたに「うちのは料理はへた，掃除もへたで，どうしようもないんだけど，こんどの土曜日夕食でも食べに来ない？」と言いました。
　　（C）彼はあなたに「うちのは料理好きなんだ。こんどの土曜日，夕食でも食べに来てくれたら，うれしんだがなあ。」と言いました。
6．あなたは友達との約束の時間に15分遅れました。着くなり，あなたは遅くなったことをあやまりました。
　　（A）その友達は時間通りに待っていたのですが，「いいんですよ。私も今来たばかりですから。」と言いました。

	丁寧な	敬意のある	思いやりのある	親しげな	感じよい	気取らない	適切な	感情を傷つける	うぬぼれている	無礼な
4(A)	ハイ イイエ ?	ハイ イイエ ?	ハイ イイエ ?	ハイ イイエ ?	ハイ イイエ ?	ハイ イイエ ?	ハイ イイエ ?	ハイ イイエ ?	ハイ イイエ ?	ハイ イイエ ?
4(B)	ハイ イイエ ?	ハイ イイエ ?	ハイ イイエ ?	ハイ イイエ ?	ハイ イイエ ?	ハイ イイエ ?	ハイ イイエ ?	ハイ イイエ ?	ハイ イイエ ?	ハイ イイエ ?
4(C)	ハイ イイエ ?	ハイ イイエ ?	ハイ イイエ ?	ハイ イイエ ?	ハイ イイエ ?	ハイ イイエ ?	ハイ イイエ ?	ハイ イイエ ?	ハイ イイエ ?	ハイ イイエ ?
5(A)	ハイ イイエ ?	ハイ イイエ ?	ハイ イイエ ?	ハイ イイエ ?	ハイ イイエ ?	ハイ イイエ ?	ハイ イイエ ?	ハイ イイエ ?	ハイ イイエ ?	ハイ イイエ ?
5(B)	ハイ イイエ ?	ハイ イイエ ?	ハイ イイエ ?	ハイ イイエ ?	ハイ イイエ ?	ハイ イイエ ?	ハイ イイエ ?	ハイ イイエ ?	ハイ イイエ ?	ハイ イイエ ?
5(C)	ハイ イイエ ?	ハイ イイエ ?	ハイ イイエ ?	ハイ イイエ ?	ハイ イイエ ?	ハイ イイエ ?	ハイ イイエ ?	ハイ イイエ ?	ハイ イイエ ?	ハイ イイエ ?
6(A)	ハイ イイエ ?	ハイ イイエ ?	ハイ イイエ ?	ハイ イイエ ?	ハイ イイエ ?	ハイ イイエ ?	ハイ イイエ ?	ハイ イイエ ?	ハイ イイエ ?	ハイ イイエ ?

「丁寧な」には「？」に丸をつけるというような回答をするのである。

6Aの状況をみてみよう。

「あなたは約束の時間に15分遅れました。その友達は時間通り待っていたのですが『いいんですよ。私も今来たばかりですから』と言いました。」

英語と日本語で書かれたこのアンケートに，アメリカ人大学生と日本人大学生の両方に回答してもらった。それが図2-1と図2-2である。

この状況に対するアメリカ人の評価は，'polite'「丁寧な」に相当，'respectful'「敬意のある」に相当，'considerate'「思いやりのある」に相当，'friendly'「親しげな」に相当，'pleasant'「感じのよい」に相当に関してほとんど「イエス」と反応し，'offensive', 'conceited', 'rude'については「ノー」と反応した。

日本人の評価を見ると，「丁寧な」「敬意のある」という形容詞では，アメリカ人の'polite'や'respectful'ほど「ハイ」の反応が多くなかったが「思いやりのある」については100％「ハイ」の反応があった。

「親しげな」に対する反応はどうだろうか。これは英語の'friendly'に相当するものだが，英語ではほぼ100％「イエス」の反応をしているが，日本語では3分の1強の人が「ハイ」と答えているだけである。「？」が3分の1くらいで残りの人は「イイエ」と答えており，ここに日米での大きな差が表われている。「感情を傷つける」「うぬぼれている」「無礼な」は，英語で'offensive', 'conceited', 'rude'に相当するものだが，少しだけ日本語には「？」があったが，大方「イイエ」がその反応である。英語でほぼ100％「ノー」であったのとは多少異なる点である。

回答者の一般的な反応は，英語は白黒に分ける傾向がみられる一方で，日本語では「どちらとも言えない」を選ぶ傾向が強いことが読みとれる。ここでは6つの状況のみを見てみたわけだが，図2-1と図2-2とを全体的に見て比べてみると英語の方が「イエス」か「ノー」かを分けて評価する傾向のあることが見てとれる。

全回答でみると，「？（どちらとも言えない）」が日本人の場合21.5％あったが，アメリカ人は9.9％にすぎない。アメリカ人が発話行為の評価について判断する時，「イエス」か「ノー」にはっきり分ける傾向があると

いうことが数量的にみて明らかである。統計的に見ても 0.01 レベルの有意差をもって日米の違いがあると言うことができる。

次にアンケート結果を多変量解析にかけた図をみてみよう。アンケートの結果を集計し，多変量解析にかけてできたものが，図 2-3 と図 2-4 である。

ここにみる図は，'polite' と「丁寧な」という単語が，それぞれの言語において人間の行動を評価する形容詞との関連においてどのような位置にあるかをみるために統計分析したものである。'polite' と「丁寧な」は，日米それぞれの表において一番中心となる語なので，①と番号が付けてある。

多変量解析の結果の軸の重みを計算してみると，横軸は日本は 0.755，アメリカは 0.923 であり，縦軸は，日本語は 0.134，アメリカは 0.033 となっている。この数字が 1 に近ければ近いほど，その軸でデータが説明されている割合が大きいということになる。日本語の場合は横軸が 75.5％しかないということは，データが横軸ではそれだけしか説明されていないということを意味する。一方英語の場合は 92.3％も説明されている。

縦の軸をみると，日本語の場合 13.4％説明されているのに対し，英語の場合わずか 3.3％しか説明されていない。これを言い換えると，アメリカ人の場合は，発話行為の評価がほぼ一つの軸でなされている。一方，日本人の場合には，一つの軸だけでは約四分の三の説明しかできず，残りの約四分の一は主として二つ目の軸で説明されるということである。

アメリカ人が他人の言動に対して行う評価の傾向と日本人のそれとの質的な異なりはいったいどういうことを意味しているのであろうか。この図における 1 から 9 番の数字と A から K の文字は，日本語と英語で対応するようになっている。○が付けられているものは「ハイ」と答えた返答で，△は「イイエ」と答えたものである。「丁寧な」に対して「ハイ」の答えの①と「イイエ」の△の答えを結んで線が引かれている。

日本語と英語どちらの場合でも，横軸の左側に位置する形容詞をまとめてみると，人間の行動としておよそ「良いこと」，そして，右側には「悪いこと」と評価される形容詞が集まっている。次に，縦軸の意味を考えて

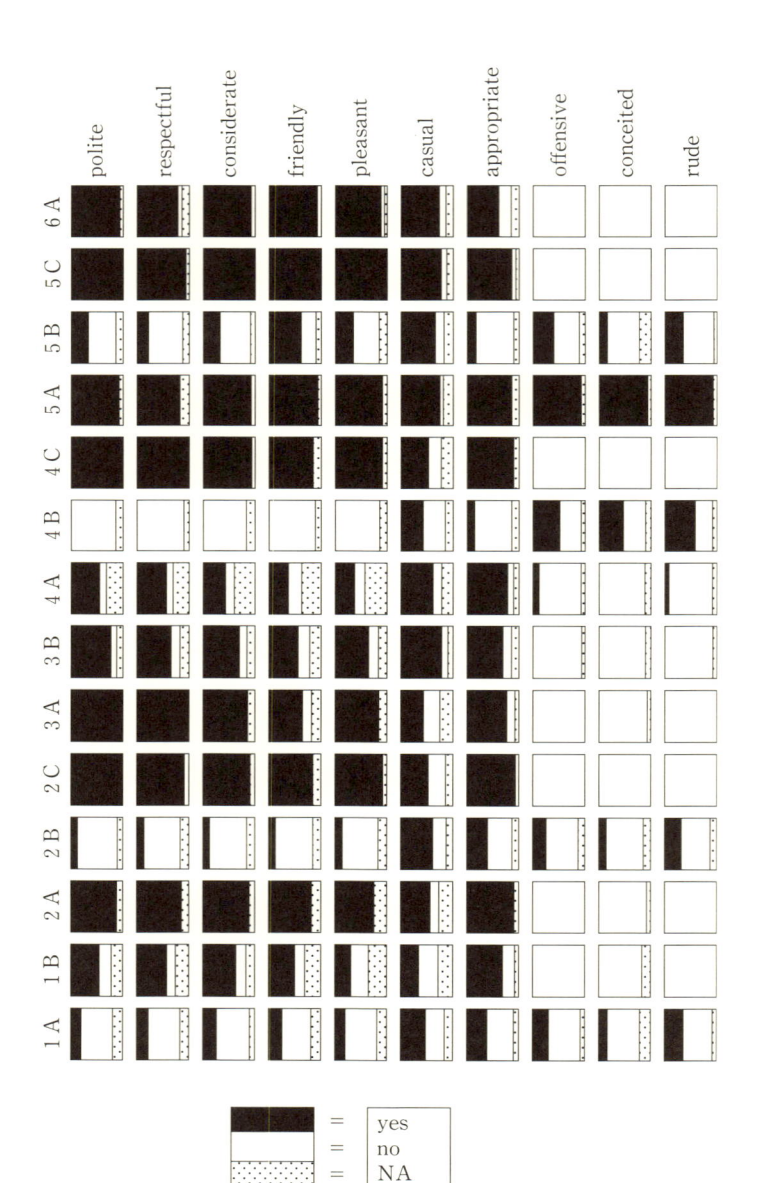

図 2-1　状況と発話行為に対するアメリカ人の反応

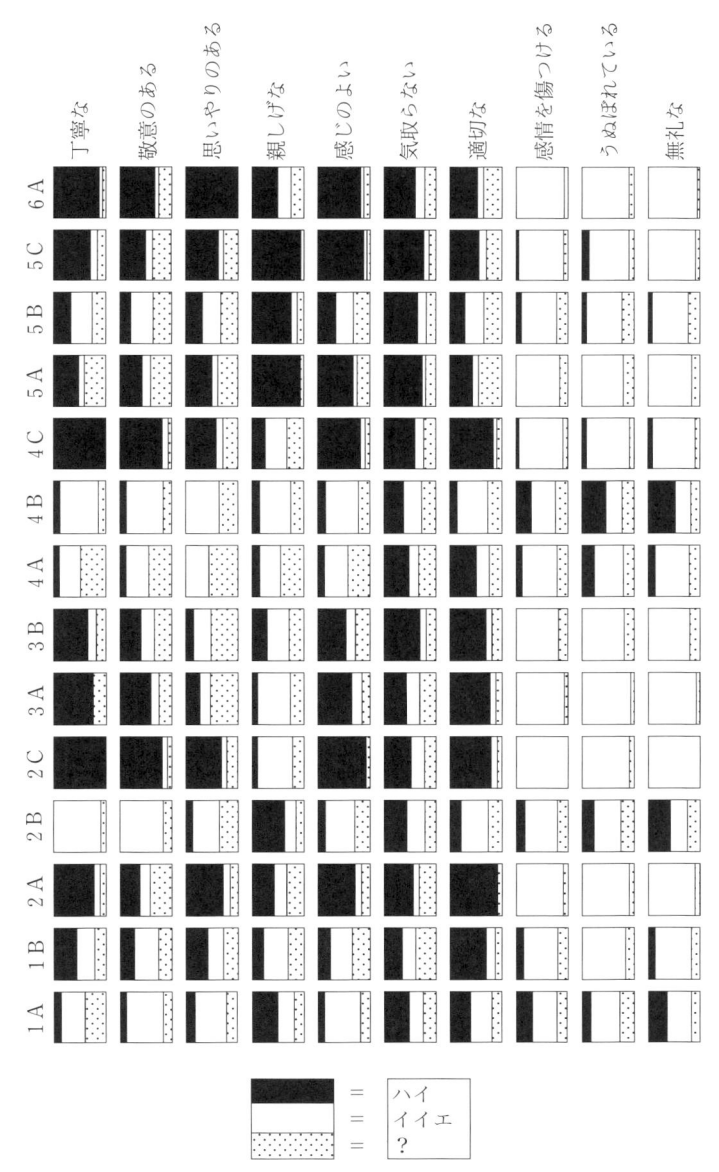

図 2-2　状況と発話行為に対する日本人の反応

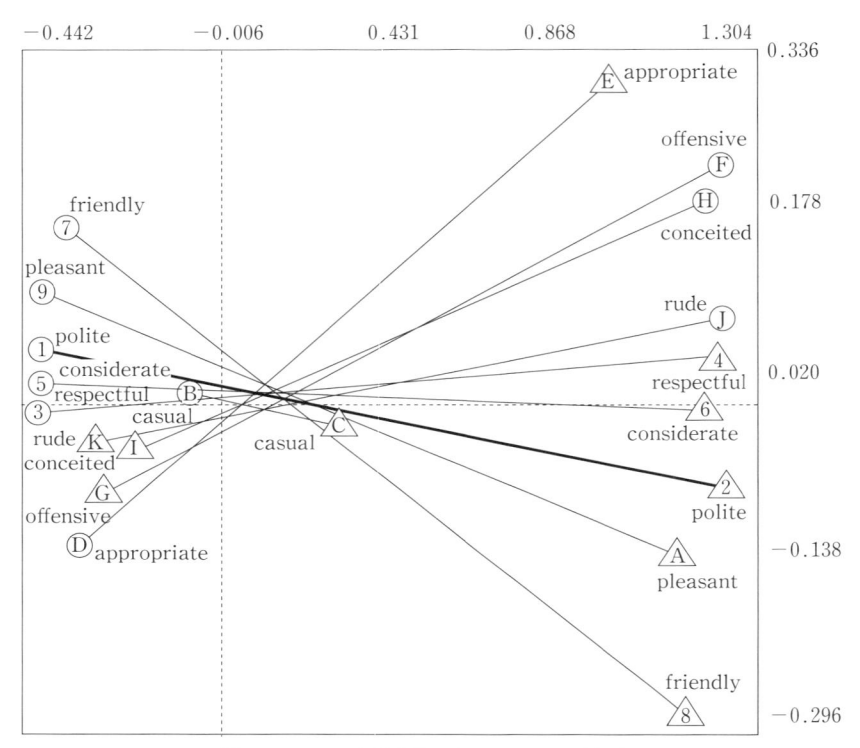

図 2-3 'polite'とはどういうことか（アメリカ）
―多変量解析の結果―

みる。英語には縦軸らしきものが見えないが，日本語の場合は，上の方は「親しげな」，下の方は「親しげでない」という概念を説明する軸だと読みとれる。英語の場合，横軸のみでアンケート結果の内容の92.3％が説明されているということは，英語での形容詞はおよそ「良い」か「悪い」の二極に分かれてインフォーマントに認識されていることを示しているといえそうである。

一方日本語では，横軸の「良い」「悪い」に分かれる概念とは軸を異にする「親しさ」の軸がある。ということは日本人は英語における二極に分かれた認識構造ではなく，同時に存在する異なる種類の概念認識体系を持っていることになる。人間の行動を評価する形容詞の多変量解析で分かっ

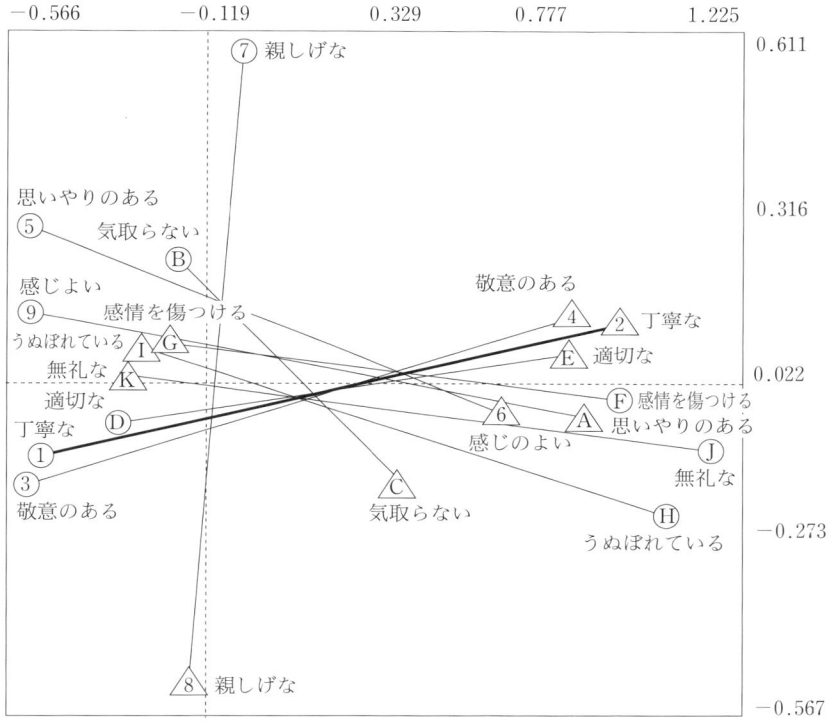

図 2-4 「丁寧な」とはどういうことか（日本）
　　　　―多変量解析の結果―

た英語と日本語の認識の異なりの意味することは何であろうか。

　これからの社会を制するかにみえるコンピューターの世界は、プラスとマイナスで物事を分析して細分化し、それを組み立てるという考えがその根底にあるようだが、そのような方法で考えることの限界も見えはじめている。物事を白黒に分けて分析する思考習慣が席巻する中で、ここでみた他人の行動を評価する形容詞が異なる次元で矛盾なく共存するという認識構造が日本人に備わっているということは注目に値することではないだろうか。

　次に表2-2を見てみよう。

　これは'polite'と「丁寧な」という問題の焦点である単語がそれぞれ英

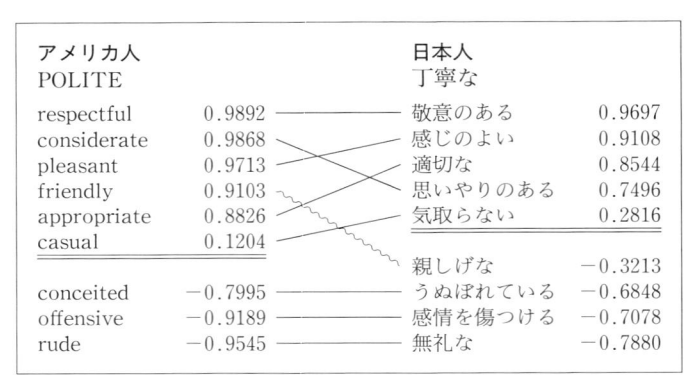

アメリカ人		日本人	
POLITE		丁寧な	
respectful	0.9892	敬意のある	0.9697
considerate	0.9868	感じのよい	0.9108
pleasant	0.9713	適切な	0.8544
friendly	0.9103	思いやりのある	0.7496
appropriate	0.8826	気取らない	0.2816
casual	0.1204	親しげな	−0.3213
conceited	−0.7995	うぬぼれている	−0.6848
offensive	−0.9189	感情を傷つける	−0.7078
rude	−0.9545	無礼な	−0.7880

表2-2 'polite'と「丁寧な」に近い形容詞のランキング日英比較

語と日本語の他の形容詞にどのくらい近いのか，その近さのランキングを数字で出したものである。'polite'や「丁寧な」に最も近いものとして，英語では'respectful'，日本語では「敬意のある」が出ている。両方ともペアとなるべき単語として取り上げたものである。表2-2の見方だが，数字が1にどれほど近いかによって元となっている形容詞'polite'と「丁寧な」に近いかが表わされている。マイナスの数字は元の概念と反対に位置する概念であることを示している。

　次に近い単語が，英語では'considerate'，日本語では「感じのよい」で，3番目はそれぞれ'pleasant'と「適切な」である。問題は，これらの意味の同じものを結ぶ線が平行ではなくて斜めにずれているところである。ここに'polite'と「丁寧な」にまつわる概念の違いがみえる。すなわち，英語では'considerate'と'pleasant'がかなり'polite'に近いのに対し，日本語では「感じのよい」と「適切な」が「丁寧な」に近くなっている。「適切な」について言えば，英語でそれに相当するものは'appropriate'であり，'polite'に近い順番では5番目でかなり遠い概念である。けれども日本語の「適切な」は3番目に置かれる。それと対照的なのは，英語では2番目にくる'considerate'に対応する「思いやりのある」が日本語では4番目にきていることである。

　さらに'polite'と「丁寧な」の違いの傾向を考えてみよう。英語の場合

は，'considerate'（思いやりのある）とか'pleasant'（感じのよい）とか，'friendly'（親しげな）などのように，個人の意思で思いやりの行動を見せたり，感じのよい行動を見せたり，親しさを行動で見せたりするものが'polite'の近くにある。一方，日本語では，「丁寧な」に二番目に近い「感じのよい」は，自分で働きかけるというよりは醸し出す雰囲気で見せるというものではないだろうか。また，その次にランクされている「適切な」は暗示的に何かの基準に合わせてそれで適切かどうかを判断する，つまり，場をわきまえているかどうかという認識の問題である。ということは，英語を中心として考えられたポライトネスの原理が，話し手が行為者として相手に対してどう働きかけるのかを問題としていることがよく理解できる。一方，日本語では敬語をポライトネスの中心として考えてきたことと関係がありそうである。

　敬語は，話し手と相手との距離，また場面があらたまっているかくだけているかを読みとって，要するに，コンテクストの情報を読みとって，そこに合わせている。ということは，敬語の使用には「適切な」ということが肝心なのではないだろうか。その「適切な」が表2-2の数字で示されるように「丁寧な」に近い概念となっている。英語で相当する'polite'と'appropriate'の距離に比べて，「丁寧な」は「適切な」により近い。

　'polite'という単語により近い概念の中に，英語では働きかけによる人間の行動を表わす形容詞がある。日本語では，「思いやりのある」という個人の行動を表わす形容詞は，それに相当する英語の'considerate'ほどには「丁寧な」に近くない。ここにも，'polite'と「丁寧な」の違いがみえる。

　一番大きな違いは，'friendly'と「親しげな」のペアにみられる。'friendly'は，'polite'を1とした時に，0.9103と'polite'に非常に近いところにあるのに対し，「親しげな」は，「丁寧な」との関係は，−0.3213とマイナスの関係になっている。つまり「丁寧な」と「親しげな」の関係は，数字でみられるようにかなりかけ離れており，反対の概念であることを示している。これの意味するところは日本語の「丁寧な」と「親しげな」は似ても似つかない関係にあるということである。もし全く逆の関係である

とすれば－0.9999 などという数字になるところだが，－0.3213 という中途半端な数字で少しだけ反対の概念がある。白黒はっきりさせる思考に慣れている人にとっては，「親しげな」の数字で示す位置は何とも納まり悪い感じを抱くことであろう。

2.2.3． 日米の対人認識の根源的異なり

英語での'friendly'が'polite'にあまり遠くない概念であるのに対し，日本語では「丁寧な」と「親しげな」が全く反対ではなくしかも矛盾しない概念であることを再度考えてみたい。アメリカ人のインフォーマントが英語の形容詞で評価した行為に対する認識は「良い，悪い」という一つの軸の上で分けられているのに，日本語では異なる二つの軸で認識されている。これは，日本人が行為の認識をする時，頭の中で良いと悪いと二極分解して考えるのではなく，もう一つのものさしを持っていてそれが矛盾しないで共存でき，その二つの軸の価値観をもって認識しているということである。

このことの意味について，さらにじっくり考えてみよう。白と黒に分けて考えるということは，科学的な考え方の基本，または，物事を分析的に考える時の基本的常識であるからである。アリストテレスのいう選言的虚偽（disjunctive fallacy）に従い，人間の脳は，「良い，悪い」，「大きい，小さい」というように，実際には中くらいもあるのに，白と黒の二つに分けて考えがちである。この傾向は，あたかも絶対的真理のように頭の奥に敷かれているし，人々はそのように教育されてきている。このような思考習慣を身につけることが近代化のように考えられてきたということもあろう。

西欧の思考傾向を基準にする時，日本人はとかくはっきりしない，分析的に考えないというように言われてしまう。「どちらとも言えない」という答えが多かったことからも分かるように，明言しない，白黒に分けない，そういう複雑系的な考え方が日本人の日常生活の基本的なところにあるということをこの実証研究から垣間見ることができる。

この調査で明らかになったことの一つは，アメリカ人と日本人の思考習慣の中で白黒に分ける考え方の傾向の強さの異なりであろう。図 2-3 と図

2-4をある大学院の授業で示したところ，外国で長く生活していた二人の女性がこれで分かったと言って興奮したのだった。いったいなにが分かったのかと聞いてみると，彼女たちはそれぞれに長い間，解けないでいた疑問があったが，それが解けたというのである。それは，具体的にいえば，バレリーナの森下洋子さんが外国のバレエ批評家たちに，西洋のプリマドンナたちをはるかに超えた上手さで役の人物の気持が表現されている，と高く評価されていることに関してである。西洋のバレリーナに比べて，肉体の美しさという点では残念ながら優れているとはいえない森下さんが，西洋の人たちが絶賛するような苦しみや悲しみの複雑で繊細な心の表現ができるのはどうしてか，という疑問を持っていた。その理由がこの図で分かるというのである。それは，人間の感情は白黒に分けてしまうような簡単なものではなくて，もっともっと複雑に入り組んだものであり，それをみんなが心の中に持っている。複雑ということは愛と憎しみとよく言われるような両極に分けられるものでなく，もっと多次元の感情の軸があるということである。それを，一例にすぎないが端的に表わしているのがこの図ではないか。矛盾しない異なる種類の感情の共存が，森下さんが日本語を操る人であることで，より習慣化された認識として自分の中にある。それだからこそ西洋のバレエ批評家が絶賛するような感情の身体的表現が可能になるのではないか，というのが彼女たちの解釈である。

　この図の表わしていることに関連してもう一つのエピソードを思い出す。ある日本の大手のコンピューター関係の会社に来た外国人研修者たちを相手に，日本語の敬語について講演を依頼された時のことである。講演の後，アメリカ人の参加者が深刻な顔をして質問した。「敬語を使うのはポライトネスのためであると思います。それではどうやって敬語を使ってフレンドリーであることを示すことができるのですか」というのである。彼らにとってはポライトとフレンドリーが同じカテゴリーにあるわけだから，フレンドリーにすることがポライトであるはずだと思うわけだ。この質問はアメリカ人にしてみれば当然のことである。フレンドリーであることを，たとえば目上の人，あまり知らない人に示すのは「なれなれしい」ということになってしまうので，日本人では良いことだとは思わない。だ

が，彼らは自分たちの思考習慣を下敷きにして考え，日本でもそうあるべきだと考えるので，フレンドリーはポライトではないということが理解できない。

　その異なりを説明することは容易ではない。説明ができたとしても，思考習慣として目に見えない文化として彼等の脳裏に焼きついているものを組みかえて考え直すことは非常に難しいことである。形で表わされるものを受容することはできても，頭の中の思考習慣として沁みついている考え方は空気のように当たり前になっているだけに，それと異なるものを受容することは至難のことである。私たち日本人が目上の人，尊敬する人，畏敬の念さえ抱きたいような人に対してフレンドリーな態度を持つことは難しい。それと同じように，ポライトの態度を示しながら，同時にフレンドリーにすることができないという日本の思考習慣がアメリカ人にとって難しいことは容易に想像できる。

　ポライトとフレンドリーが同じグループに属するものであるのに対して，「丁寧な」と「親しげな」は，異なるカテゴリーの単語であるということが，私たちの日常の言語行動にどう反映されているかをみてみよう。

　だれをどう呼ぶかということは，どこの国でもどの文化でも，ポライトネスに関する問題である。日本人とアメリカ人と比べて，大きく違うことは，名前をファースト・ネームだけで呼ぶか姓で呼ぶかの問題であろう。日本人がアメリカ人と直接話し合う時，ファースト・ネームで呼ぶのか，日本人のように姓に敬称をつけるのかという問題はみんなが日常的にあちこちで気になっていることであろう。

　この違いはどこから来ているかを考える上で，ここで見てきた調査結果が参考になる。アメリカ人はポライトであることとフレンドリーであることが一緒に考えられていて，それが良い行動の表現方法となっている。フレンドリーにするということは話し手と聞き手の距離を短くするということであるから，姓に敬称をつける，たとえば Professor Hanks よりはその人のファースト・ネーム Bill で呼んだ方がフレンドリーさを表わし，それがポライトでもある，と考えられる。しかし，日本人留学生にとっては，アメリカ人の先生に対して親しくすることは丁寧であることと別の次

元のことであるから，日本語の認識習慣を組み替えて，アメリカ人のように先生をファースト・ネームで呼ぶことに慣れるには，抵抗があって当然である。先生をファースト・ネームで呼ぶことができたとしても，なれなれしくていけないのではないか，という思いを少なくともはじめは持つことが多いのではないだろうか。

「丁寧な」と「親しげな」が違う，離散的な認識概念であることを明らかにしてきたが，それは二つが同時に存在しないということではない。たとえば，'polite'と'impolite'は，同時に起こることはない。また「丁寧な」と「無礼な」は同時に起こることはない。矛盾となるからである。しかし，「丁寧な」と「親しげな」は異なる概念ではあるが，同時に起こることは可能である。可能というより，共存するのが普通のことである。日本語にはこの共存をサポートする言語装置が備わっている。

敬語は，話し手が聞き手に対して距離をとるために使うものだと言われるが，それと同時に終助詞が使えるのである。終助詞は，話し手と聞き手の距離を短くする機能を持っている。距離を大きくする敬語と小さくする終助詞が同じ発話で共存する。これは矛盾とはなっていない。たとえば「先生，明日テスト<u>です</u> <u>よね</u>」と言える。「<u>です</u>」とまず丁寧語を使って距離のある表現で言い，その後で「<u>よね</u>」という距離を縮める終助詞を使って丁寧語で大きくとった距離を縮めることができる。また「先生，これを<u>お忘れです</u> <u>よ</u>」のように，「お忘れです」と敬語を使った後に終助詞「よ」を使って距離を縮めることも同時にできる。これは「丁寧な」と「親しげな」が異なる次元だが，反対の次元でないからこそ共存できるのである。これらは敬語と終助詞という言語装置のお蔭で可能となる言語表現である。

ここで，再確認したいのは，英語ではポライトとフレンドリーが同一の次元の概念であるので，フレンドリーを示すファースト・ネームでの呼びかけがそのままポライトになる。しかし，日本語の場合，丁寧さを表わす言語装置である敬語と，フレンドリーを表わす終助詞は全く別のものであるということである。日本語で敬語と終助詞を同時に使うということは，丁寧さや敬意という距離をとる態度と共に終助詞で距離を縮め，親しさも

表現できるということである。ということは，私たち日本人は話し手の心の中で相手への敬意はあるが親しさもあるという微妙な心情を日常的に表わしているということになる。日本語では日常の言語行動において相手との距離を大きくとりつつも縮めるという微妙な心の働きを表現することを同時にやっているという複雑さを，あまり意識しないでもやってのけているのである。

　敬語の習得が不十分な人がコチコチになって敬語ばかり使う場面に遭遇することがあるが，そのような人は敬語をたくさん使って丁寧にしようとしているけれども，その人の気持ちが伝わるような話し方ができていないことがある。それは，敬語で距離をとりながらも，終助詞を上手に使うことによって相手との距離を近づけることができるという日本語の使い方が未習熟であるということであろう。日本語を母語としない人が習得する日本語は，敬語の使い方は教えられていても敬語と終助詞「ね」「よ」などを併用することはあまり教えられていないように思われる。

　これまで，調査結果に基づき，ポライトネスという概念のもとで，'polite'と「丁寧な」とがどのくらい似ていて，どのくらい違うのかということをみてきた。ここで分かったことは，「丁寧な」「親しげな」と'polite''friendly'は大きく異なることであった。異言語，異文化の研究をする時，基本となる鍵概念を表わす語がそれぞれの言語の中での位置が同じでないのにも関わらず，あたかもそれが普遍であるかのようなことを前提として普遍的なポライトネスを考えられてきたのではないだろうか。普遍的な語用論は巨視的にみれば人間にとって多くの一般的に言えることを明らかにするが，微視的にみると大事な異なりを見過ごす危険をはらんでいる。

　ポライトネスは，機能という観点からみていく限り，普遍的に通用する概念であると言うことができよう。しかし，各言語においてその言語を長い間かけて歴史的・社会的環境の中で培ってきた一つ一つのことば，とりわけ語彙とその周辺の語彙の体系は，文化毎，言語毎に固有のものである。ポライトネスが表現されるのは，ことばという手段によることが多いという現実に照らして考えると，ことばの持つ社会・文化的背景による異

なりを見逃すことはできない。

　文法論においても語用論においても普遍的な枠組みの設定によって明らかになることは多々ある。しかし，語にまつわる概念は異文化・異言語で等価でないことをここで強く指摘しておかなければならない。

第 3 章

わきまえのポライトネス

3.1. 敬語はなくても良いものか

　敬語表現には，実に多くの種類がある。一方，敬語を使う場に関わる要素も数限りなくある。

　敬語の使用について，これまで多くの研究が行われてきた。ある職場において，どのような敬語の使用が行われているか，ある集落においてはどうか，職場ではどうか等々，アンケートやインタビューを使った敬語の意識調査から，実際に使われた自然発話から敬語使用を選び取りその実態を明らかにするものまで，数多くの研究の積み重ねがある。

　しかし，敬語使用について本当のところはわかっていない感が否めない。『ファイナンシャル・タイムズ』の記者に「日本語から敬語をなくしたら，情報の交流がスムーズになり，経済不況が改善するのではないか」と問いかけられ当惑したことに触れたが，なぜ日本社会には敬語がなくてはならないかについては，だれも納得のいく説明ができないのが実情ではないだろうか。

　敬語が日本語に必要不可欠なものであることは，日本人は何となくわかっている。しかし，それを外国人に論理的に説明できない。「日本はタテ社会だから，敬語が必要」などと言えば，「ではそのタテ社会の弊害をなくすためにも，敬語をやめたら良いではないか」と言われたらどうしよう。

　これまでの敬語研究は，日本語の世界の中だけで調査研究することが多かった。まず敬語の表現がある。そして次に敬語の使用を要求する社会言語学的条件がある。つまり，聞き手との人間関係の距離の大小，場面のあらたまり度，話題の軽重などによって話し手が社会言語学的要因を適切に読み取り，どのような敬語表現がふさわしいかを選んでいるという前提に基づく研究である。このような説明をしている限り，敬語はポライトネスに関わる言葉選びの問題であり，話すことの中核をなすメッセージの付属品にしかすぎないものであるので，ポライトネスのストラテジーがあれば敬語はなくしてもよいものであろうということになってしまう。

　世界に広く目を向けてみると，日本語にあるような文法システムとしての敬語（honorifics）を持つ言語は少なからずある。敬語研究で知られる

言語人類学者アーバイン（1988）はインドネシアのジャワ語，西アフリカのウォロフ語，南アフリカのズールー語，中南部アフリカのバンツー語における敬語の文法システムについて総合的に考察している。それによると，敬語はその言語を話す人々のイデオロギーと深く関係しているものであり，敬語の使用は，話し手の感情を抑えて，相手を立て，慣習的な言い方をするものであると述べている。ここでいうイデオロギーとは，敬語を持つ社会において社会階層があるという人々の明示的な認識である。社会階層に応じた慣習的言語使用の背景には非平等社会のイデオロギーがあり，敬語を使うことで社会のランクの異なりを指標して社会システムを維持するものだと考える。

　このようなアーバインの敬語の解釈と説明は，あくまで敬語使用のシステムを外から見たものである。彼女の解釈は，敬語は社会階層のイデオロギーに基づき，話し手の意思で敬語という言語形式を選び取って使用しているというものである。つまり，言語の使い手が意図を持って行為者として敬語を使用しているという前提である。

　日本語の敬語の実態調査研究の結果で見る限り，敬語使用はアーバインの考えるようなものではない。

　日本語の敬語のシステムは，社会の中で人々が生活する中で人間関係を微妙に結び，複雑なやりとりを彩るためになくてはならないものであり，それをなくしては，言語使用が成り立たないものである。

　そのことを説明するために，ここで，これまでに行われてきた敬語使用の研究成果を確認しておこう。

3.2. 日本人とアメリカ人の敬語行動の研究から

　ここに二つの図，図 3-1，図 3-2 がある（井出他 1986）。

　これは，ある調査結果の図であるが，この丸の分布から，日本のものをクッキリ型，アメリカのものをボンヤリ型と呼んでいるものである。図を眺めた印象が白黒の分布がはっきりしているかぼんやりしているかでその特徴をこのように呼んだものである。なぜクッキリしたり，ボンヤリしたりするのだろうか。

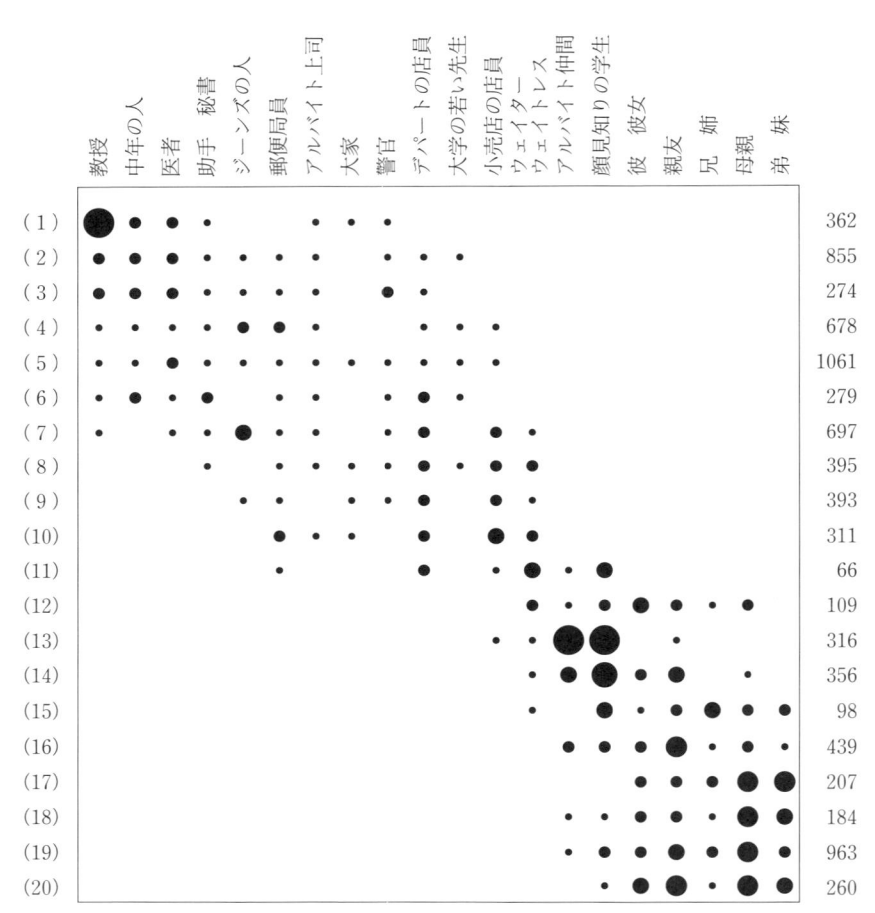

(1)～(20)は次の表現を示す。
(1)お借りしてもよろしいでしょうか　(2)貸していただけませんか　(3)貸していただきたいんですけど　(4)お借りできますか　(5)貸していただけますか　(6)貸してくださいませんか　(7)貸してもらえませんか　(8)貸してください　(9)貸してくれませんか　(10)いいですか　(11)貸してほしんだけど　(12)使っていい　(13)借りていい　(14)貸してくれる　(15)貸してよ　(16)いい　(17)ペン　(18)借りるよ　(19)貸して　(20)ある

図3-1　ペンを借りる表現の使い分け（日本人）

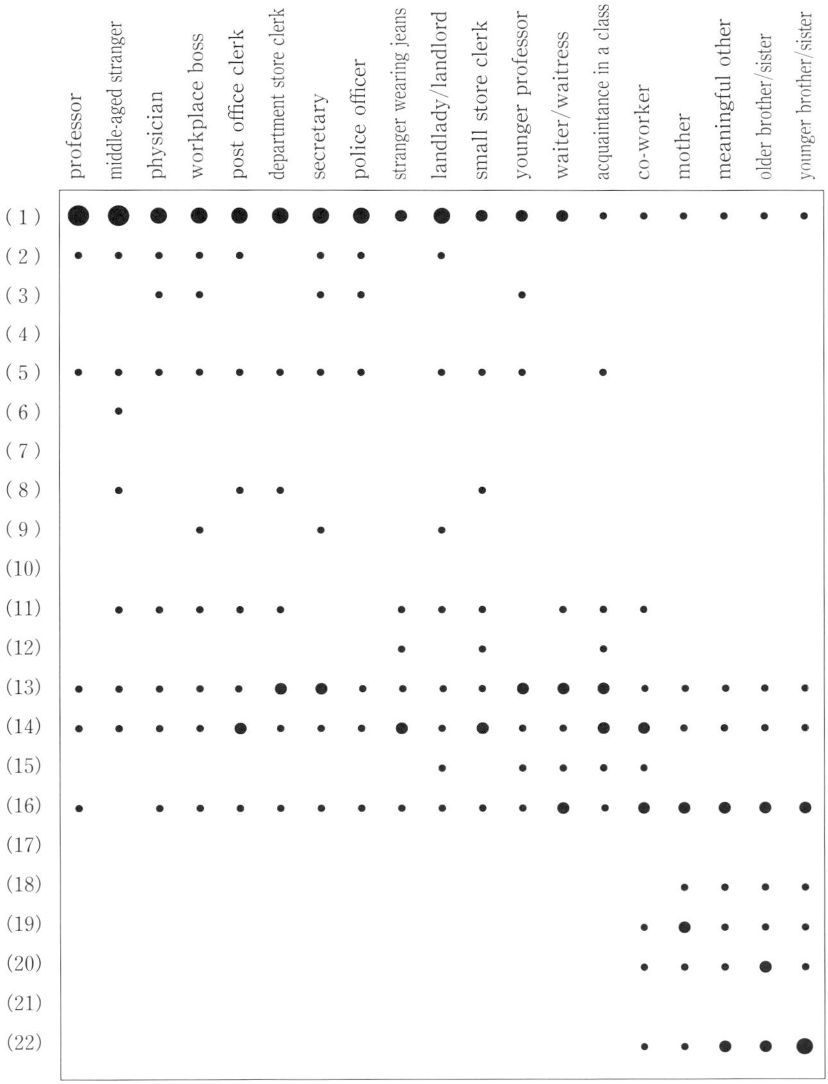

(1)〜(22)は次の表現を示す。
(1) May I borrow (2) Would you mind if I borrowed (3) Would it be all right if I borrowed
(4) I wonder if I could borrow (5) Do you mind if I borrow (6) I was wondering if I could borrow
(7) Do you think I might borrow (8) Do you have a pen I can use (9) Is it all right if I borrow
(10) Can I bother you for a pen (11) Could you lend me (12) Would you lend me (13) Could I borrow
(14) Can I borrow (15) Can you lend me (16) Can I use (17) Got a pen I can use (18) Can I steal
(19) Let me borrow (20) Lend me (21) A pen (22) Gimme

図 3-2 ペンを借りる表現の使い分け（アメリカ人）

これは日本人とアメリカ人の敬語行動の比較研究プロジェクトにおいて，それぞれの国の大学生約500人にアンケート調査を行い，ペンを借りる時に使うと思われる依頼表現を比較した結果を図にしたものである。アンケートで聞いたことは，ペンを借りる表現を約20，そして，大学生が日常接すると思われる約20人の人物カテゴリーをそれぞれ場面付きで与え，どの相手にはどの表現を使うのかを聞いたものである。黒丸の大きさで回答の頻度を示してある。

　アンケート調査の結果をオギノの数量化という敬語の数量分析に使うソフトにかけて得られたものが図3-1，と3-2である。この数量化では相関関係にあるものが順序よく並べられる。つまり，丁寧な表現であるかどうかが上から下に，あらたまった態度で接する人物であるかどうかが左から右へとその程度に応じて並べられるのである。ここでみえてくることは，日本人の場合は使われる表現，人物の相関がはっきりしている，つまり，図の白い部分と黒い部分がはっきり分かれているが，アメリカ人の場合は，黒い点がほぼ全体にばらついているということである。つまり，誰にでも使える表現がかなりあるということである。

　日本語の図をさらに詳しく見ていこう。一番上から縦軸の真ん中ほどまで，つまり(1)から(10)までに並んだ表現は一体どういう人々に使われているであろうか。横軸に並んだ人物をみていくとソトの人物カテゴリーと一般的にいわれる人々である。そして，その人たちに使われる(1)から(10)までの依頼表現には，例外なく「です・ます」がある。

　一方，図の下半分の表現はいわゆるウチの人間として認識するアルバイト仲間，彼・彼女，親友，兄・姉，母親，弟・妹などに対して使われる表現であり，そこで使われる(12)から(20)までの表現には「です・ます」が全くついていない。

　もしそれぞれの依頼表現に丁寧度の差があり，その丁寧度の差が相手に対する心的距離の差，あるいは敬意の差に相関しているとすれば，この図は左上から右下にかけて斜めの対角線上に黒い丸が並ぶはずである。しかし，そのような結果が出なかった。この現象は，なにを意味しているのであろうか。

このアンケートで用意された依頼表現は丁寧度の一線上に均等に並べられる 20 表現であった。また，大学生が日常接すると想定される相手の人物カテゴリーも心的距離のものさし上で均等の間隔で並べられるような 20 カテゴリーであった。最も丁寧な表現たとえば，「お借りしてもよろしいでしょうか」は最も心的距離を大きくとるべき人物カテゴリー「教授」に使う，というような一対一の相関関係が調査の結果得られるのではないかと想定したくなるが，そのような結果は得られなかった。このことは，予期せぬ結果であった。しかし，このことから日本人の敬語行動の本質がみえてくる。

　見えてきた本質とは次のようなものである。日本人は相手をウチに属するかソトに属するか，そしてそれに応じて「です・ます」を使うか使わないか，その境界線をはっきり分けるということだけをはっきりと認識して言葉の使い分けをしている。ちなみに，「使い分ける」という意味は，表現も人物も二つのカテゴリーに分けて使うということである。このように区別した行動をとることを「わきまえる」という。

　ここで，わきまえによる言語使用というものをさらに考えてみたい。そのために，アメリカ人に対して行った調査結果の図 4-2 と比較してみる。

　アメリカ人に聞いたペンを借りる表現の使い分けは図に見られるように，右下の部分を除けば黒い丸が右から左に散らばっている表現がいくつもある。これは一体なにを意味するのであろうか。

　これはアメリカ人の敬語行動においては，同じ表現，たとえば，"Can I borrow your pen?" をだれを相手にしてもほぼ等しく使えるということである。日本語においては，どの表現をとっても使える相手と使えない相手がはっきりと分かれていたのに比べ，アメリカ人は，より丁寧と思われる表現はより心的距離の遠いと思われる人物に使われるという傾向があるとはいうものの，だれにでも使える表現がいくつもある。

　この調査の結果の奥には，どのようなルールが話し手の認識としてあるのだろうか。まず，日本人の言語使用では，相手をソトかウチか分け，それに応じて使われる言語形式は丁寧語「です・ます」がついているか否かのカテゴリーに分けられたものの中から使っている。ソトの相手には「で

す・ます」がついた言語形式をという具合に。ここで重要なことは，ソト・ウチの境界線と表現につく丁寧語の有無だけを気にすれば，言語使用の時の「ゆれ」，「あいまいさ」「不確実さ」は許されるということである。ここにみられるルールは，大枠が決まっていてそれに従っていればよく，表現のひとつひとつに関しては，細かい使い方のルールがあるわけではない。それに比べて，アメリカ人の場合は，全般的に言えることは，だれにでも使える表現がある。そのような表現の使用頻度が高いことを考えると，アメリカ人は相手に応じて使い分けるという日本人の行うような大まかだが，境界線のはっきりした区別，言いかえると，ウチ・ソトのわきまえの認識はない。アメリカ人は自分の意思でひとつひとつの表現を選んでいるからである。

3.3. 越中五箇山郷の調査から

　わきまえの言語行動のひとつの典型と思える真田信治の研究をここで参照させていただきたい。真田（1990）は越中五箇山郷のある集落の全員に，村の道で一対一で会って「どこへ行くか」と相手の行き先を尋ねる時の「行くか」の言い方を村の人々総当たりの組み合わせで聞いた。氏は年を経て調査されたが，1971年に調査された結果をみると，ある人物（家柄が上で84才の男性）に対しては，集落の年齢が10代以上の人は全員が同じ形「イカッ・サル」を使っていた。また二人の人物（家柄が下の方で88才の女性と86才の男性）に対してはほとんどの人が「イキ・ャル」を使っていた。

　この調査で明らかになった実態は，聞き手に応じて使われる言語形式が決まっていることである。これは，世界の言語学や語用論の常識からみると驚くべきことである。日本人にしてみれば格別驚くこともないかも知れないが，言語使用の選択において話し手という主体が全く自分の意思が介入する余地がない。言語使用の実態は，言語を話す主体である話し手の意思なしで話す言葉が選ばれるということは，これまでの語用論の常識からは考えにくいことである。

　ここにみられるものは相手に応じたわきまえの言語行動の典型的な例で

ある。集落の家柄の格と年齢にしたがって，どの人物に対してどの語形を使うのかが決められているのである。

　このような相手による言語形式の使い分けの現象は，人の呼び方や親族名称などをみても一般的に普段世界の多くの人たちが行っているものだということがわかる。ここにみる「行くか」の相手に応じた使い分けは言語使用として決して特殊現象ではない。ところが，このような言語使用現象を説明するための語用論の枠組み，あるいは理論がない。そこが問題である。

　これまでの語用論の理論では，話し手は行為者であり，意思を持って目的合理的に行動するものである，といった前提で会話の公理，ポライトネスの理論，関連性理論などがつくられ，それらが普遍的な言語行動の枠組だとされて私達はそのことを学問の常識としてきた。

　しかし，図3-1や越中五箇山郷の調査でみる言語使用現象は，どちらかというと話し手の自由意思を介入させない言語使用である。場のわきまえが要求するからこの表現を用いなければならない，という場のルールに話し手の意思を隷属させる言語使用という実態がここにある。図3-1でみられるように，日本の大学生がペンを借りる表現がクッキリとしたきれいな使い分けのパターンを見せているということは，なにを意味するのであろうか。

　かつてヨーロッパ言語学会で日本語にも長けているヨーロッパの言語学者が日本語の敬語について発表した時のことである。彼は，日本語には一つのことを言うのにも四十数個の語形変化のある敬語を駆使しなければならないと述べた。それはあたかもヨーロッパの言語の常識である語形変化のようにそれぞれの語形がどのような条件の下で使われるべきかが細かく定められたルールがあるように聞こえた。つまり，一つの語形変化が一つの社会言語学的条件に一致していなければならないという認識のもとに使われているかのように聴衆は受けとった。そのように説明することが，西欧語が主語に一致させる動詞の語尾変化を常識とするヨーロッパの人々には理解し易いことでもあった。聴衆のヨーロッパの言語学者たちは目を丸くして，そこに居合わせた唯一の日本人の私に，それほどにも複雑な言語

を操る人といった奇怪なまなざしを向けたのだった。

　続く発表者であった私は，皆さんこんな面倒な敬語形式を駆使できる私をすごいと思われるかもしれないけど，実はそんなことはないのです，と言って話し始めた。敬語の調査結果に基づく私の研究発表は，前の発表者を結果的に傷つけることをしてしまった。彼らが驚いたのはわきまえの言語使用の実態が分かっていないためであり，敬語使用のルールはヨーロッパの人々の常識である主語に呼応する語形変化のように厳格な文法ルールとは性質が異なるのであるということを知らないからである。彼らにとって語形変化とは主語の後にくる動詞の語形変化である。三人称単数現在の主語の時にはどのような変化をする，といったあの西洋語の主語と動詞の一致であり，それになぞらえて日本語の敬語の語形変化が四十数種もあると想像するからこそ，あのような奇怪な目で日本人の私を眺めたのだった。

　私たちは実際，そのような複雑な語形変化を丸暗記したりする苦労をしなくても敬語を使っている。この敬語のシステムを彼等にどのように説明すれば良いのだろうか。

3.4. わきまえのスーパー・システム

　それに答える道は「わきまえのスーパー・システム」にあると私は考える。「スーパー・システム」という言葉は多田富雄の『生命の意味論』の中にある免疫の生命システムに使われているものを借用したものである。

　敬語を使って私たちは日常話しているわけだが，それは，話し手が聞き手，場面やその他さまざまな要素を瞬間的に読みとり，その瞬間に一番ふさわしい表現をその場に組み合わせて使っているのである。場と言語形式の結びつき，つまりマッチングが行われている。マッチングという言葉を使うのは，話し手が結びつける主体ではあるが，話し手が自分自身を場に埋め込むことで，また表現のレパートリーを持っていることで，自動的に結びつきが行われるということを意味する。そのマッチングには，「ゆらぎ」や「あいまいさ」や「不確実」の余地がある。言いかえれば，この場はこれこれこれこれの要素があると分析し，また多数ある表現の選択肢の

中から，一つずつ丁寧度などを吟味して，その場に合った表現を話し手が選んで使う，というものではない。いわゆる一対一の対応のシステムでなく，それを越えた秩序であるという意味でスーパー・システムと呼ぶものである。このシステムを説明するにはこれまでの語用論の常識である話し手が意思を持って，個人の自由によって選択した言語表現を駆使する，といったものとは異なる考え方が必要である。そのような考え方は第7章「ホロン型社会のポライトネス」で述べるが，ここでは少しわきまえの言語使用を具体例をもって考えてみよう。

　スーパー・システムで言語使用するということはどういうことだろうか。これといった強い意思を持たない話し手は，場において自分を構成する要素，たとえば先輩という役割を認識し，聞き手や第三者との関係をダイナミックに作り出していく。刻々と変化する場において，自分を表わすいくつかの表現のレパートリーの中から，ある時には「オレ」を使い，またある時には「ボク」を使う。そして話し手がどのような嗜みを持っているか，また相手との関係においてどのような距離を取ろうとするかにより，表現を細かく変えて使う。その表現は，使われた瞬間にその場つまりコンテクストの中で意味が解釈される。たとえば「ボク」を使っている談話のコンテクストで，急に「オレ」に切り替え「オレがやる」と言う時があるとする。その時は，話し手が自分を指すだけでなく自分自身の強い意志を強調している。同じ条件の下では，一つの表現しか許されないというのではなく，かなりの自由度を持って，言語形式の選択が許されているのである。

　自由といっても越えてはならない境界線がある。それが社会的に認知されているわきまえのルールというものである。つまり，ソトの人といわれる相手に対しては「です・ます」を使わないでペンを借りるという依頼をすることはできない，というルールである。図3-1の横軸の左半分の人物には縦軸の下半分の表現，つまり「です・ます」のない表現は使われていない。この境界線が示す日本語の使用のルールは，基本的な使い分けルールとしては非常に堅固なものである。そしてそのルールを破るときは，ルールが堅固であるため，新たに創造的な意味が作り出される。

このことを，自然発話のデータでみてみよう。

次の例は，大学の先生Tと大学生Sという上下関係があり初対面のペアが共同で，絵カードの並べかえをしてお話を作っている会話である（『MrOコーパス』より）。上下関係あるいは見知らぬ人には敬語を使う，という社会のわきまえに従って会話は敬語を基調として話されている。しかし，途中でT5からS8まで，「です・ます」が使われていないところが出てくる。これはどのように解釈すべきなのだろうか。

先生（T1）：て，じゃ，これも，どこかに入れましょうか
学生（S1）：はい
先生（T2）：ちょっと顔つきが，違いますけど
学生（S2）：んー
先生（T3）：えーっと，歩いて行って，えーっと，ですね
学生（S3）：あなんか
先生（T4）：うん
学生（S4）：ちょっと思いついたんですけど

> 先生（T5）：うん
> 学生（S5）：最初，棒を見つけて
> 先生（T6）：うん
> 学生（S6）：なんだこれ，使えないなあ，って思ってたら
> 先生（T7）：うんうん
> 学生（S7）：こう崖にさしかかって
> 先生（T8）：うん
> 学生（S8）：あ，あの棒使えるってひらめいたとか

先生（T9）：ああそうですね
学生（S9）：そういうのはどうですか

この四角の線で囲んだところは，このペアが上下関係であるにも関わらず，「です・ます」が使われていない。この敬語の使い方の違反は，どの

ように説明したらよいのであろう。

　最初のＴ１〜Ｓ４と最後のＴ９，Ｓ９では，対話者同士が，年齢的にも経験的にも差があり，初対面でもあるという場にまつわる社会言語学的要素から導き出されるソトの人間関係に従って「です」「ます」という敬語を使っている。しかし，Ｔ５に始まりＴ８まで，先生は「うん」とくだけた言葉を使っている。これは，Ｓ１で「はい」を使って上下関係を指標しているのと対照的である。先生が「うん」を使うのに誘発され学生の方も敬語の使用をしなくなる。かくして四角で囲まれた部分の会話は，ソトの関係であるという会話のコンテクストが何か別のものに変わっている。その変わり方とは，対話者が共同作業者としてソトの関係であることをほんの少しの間忘れて，盛り上がりの雰囲気を作っている。話に夢中になっている時，すなわち，話の内容に焦点がある時は話の舞台が話し手のいる場より一段上がったところのものになり，場面のわきまえを気にする必要がなくなる。年齢差，初対面など心的距離を大きくとらねばならない社会言語学的要素を指標せよ，というルールから解放された談話は，新しい有標の意味を創造する。その意味とは，対話者の連帯感ともいうものであろう。この談話にみられる敬語の使用とその逸脱はそのことを示している。

　一方，普段「です・ます」抜きで会話をしている若い夫婦間で時には「です・ます」を使うことがある（Yoshida and Sakurai 2005）。たとえば「ごはんできましたよ」というような場合である。これは，「です・ます」を入れることで，あらたまりの雰囲気を醸し出し，普通の会話とは異なるある種の儀式の宣告という談話のジャンルを演出するためと考えられる。この場合は，妻が夕食を作るという役割を持っているとき，日常会話の中で，その役割の認識を指標している。「です・ます」抜きの談話が基本である時に「です・ます」を入れたり，逆に「です・ます」が基本である時にそれを落としたりすることで，談話の階層性を創造することができるのである。つまり，場と言語形式とのマッチングがわきまえによって規定されているため，その逸脱が話の舞台を立体的に立ち上げ，刻々と変化する場をダイナミックに創っているのである。

　このようなルールが同じ言語共同体の人々に分け持たれている共通認

識，つまりわきまえになっているからこそ，それに逸脱した時にはそれなりの意味が創りだされる。たとえば大学の教授と一緒に仕事をしている学生が，教授に対して「ペン貸して」とか「ペンある↑」と言ったとする。それは明らかにウチ・ソトの区別，わきまえのルールを逸脱した言い方であり，その結果，いくつかの解釈が生まれる。仕事に非常に夢中になって先生と学生という上下関係がなくなり，仲間意識が強くなっていると解釈することもできる。または，その仕事が非常に佳境に入ってきてそれぞれの立場の違いというものを忘れるほどになっていたと考えることもできる。また，教授が学生との仲間意識を大切にしていて，距離をとらない関係を求めているかも知れない。あるいは，学生が先生に対して使うべき敬語を間違えたのかもしれない。間違ったとすれば，それもその話者の自己表現となっている。

　このように言語形式の選択は，ある場における容認されうるいくつかの語形があり，話し手はそれぞれ場において諸要素を勘案してその瞬間に最も場と組み合わせが良いと思われている，つまり言語共同体で共有されている言語使用の共通認識の範囲から任意の一つの表現を選ぶのである。それがわきまえに応じた敬語使用ということになる。

　また容認されている範囲からはみ出している表現を使うこともある。その場合，主語と動詞の語形変化の文法的不一致のような，非文にはなるとは限らない。これまでみてきたように，逸脱することでなにか新しい意味，解釈を創造することになる。

　それでは，アメリカ人にはわきまえの言語使用はないと言ってしまって良いのだろうか。言葉遣いの気遣いはあるのだろうか。英語において図3-2のようにボンヤリ型の言語使用を示したアメリカの学生たちは，日本人のように相手と自分の関係などに気を遣っていないで，ただ"May I borrow...?"または"Can I use...?"などの表現を覚えて，それをどこでもだれにでも使えばいいと思っているのであろうか。

　いや，そうではない。この図の裏には，アメリカ人なりの気遣いがあった。調査で明らかになったものだがアメリカ人の回答には，あるパターンがあったのである。だれに対してどの表現を使いますか，との質問に対し

て日本人の回答者はほとんど迷わず一つの表現を選んだ。一人の回答者がいくつの表現を選んでいるかについてみてみると，その平均値は日本人は1.01であった。一方，アメリカ人はそれぞれの相手に使うとして選んだ表現の平均が2.55であった。その上，相手毎に使う表現をいろいろに変えていた。

　1.01と2.55という回答表現数の日米の違いは何を意味するのであろうか。アメリカ人は，同じ相手に対しても，個々の場面を想像したり，話し手の気持ちの変化を想定して，異なる表現をあれこれ考え，それを全部回答したので同じ相手に対して2～5というように何個もの表現を回答用紙に書き込んだ。それがアメリカ人の敬語行動にみる気遣いの実態である。日本人は，場のウチ・ソトの区別と表現の「です・ます」の有無さえ間違えなければ，あとは，どの表現を選んでも構わない。また一人の相手に一つの表現を選んだらそれで済ましている。しかし，アメリカ人は話し手の責任において自らの意思で話の場の諸要素を分析的に考えて表現をあれこれ考えて使っているということをこの数値の差が語っているといえよう。このような違いを見るにつけ，日本人のわきまえのスーパー・システムは，アメリカ人の言語使用とは質的にかなり異なるものである，といわねばならない。

　日本語でわきまえの使い方をするということは，前もって場の要素と言語表現がこう結びつくべきだという決まり，つまり慣習があるからである。このわきまえによる決まりというものは，一対一の厳格なルールつまり要素還元的には分析しきれない「ゆらぎ」「あいまい」「不確実」さを含むルールである。それは一定の越えてはならない境界さえ守れば，言語表現と場の間で，即興劇で登場人物がその場と瞬間の意気が投合するようにしてなされる結合の決まりである。このように場に合わせた表現の結合であることが，言語使用のスーパー・システムと呼ぶ由縁である。

3.5. わきまえの源

　ところで，「わきまえ」とはなにかについてここで考えてみよう。人々は社会で生きていくうえで適切な行動をとることを求められているが，

「わきまえ」とはそのための社会の基準ということができる。わきまえという用語は名詞で「あの人はわきまえがある」とか，動詞に用いて「あの人はわきまえている」と言ったりする。「わきまえる」という言葉は「弁える」という漢字で書かれる。

　わきまえのルーツは，江戸時代に遡る。江戸時代の社会ではさまざまな人がどのようにして辻褄を合わせて共存して生きていくかということを考えねばならなかった。四方を海に囲まれ鎖国中の日本には独自のフィロソフィーが求められていた。当時の儒教学者の一人，荻生徂徠が中心となって社会のあり方，人々の生き方として生み出したものがわきまえという考えである。これは江戸時代に確立されたものだが，現在に至るまで日本社会の基底として流れている考え方である（尾藤 1974）。

　この考え方は，当時の中国の朱子学の受け売りではなく，儒教の原典を読み直した江戸期の思想家たちが日本社会に適応させる形で日本独自のフィロソフィーを生んだ時代の産物である。荻生徂徠の主要な著作に，『弁道』がある。わきまえの道という意味のこの著書で言われていることは，人々は各々の分に応じて世の中で必要とされている役割を全うするのがよい。世の中には有能な人もそうでない人もいるが，それぞれが自分の立場を弁えていれば，世の中は丸く治まるものである。世の中が平安でうまくいっていれば，その平安は一人一人のものとして還元される，というような考えである。変化しつつあるとは言え，年功序列のシステムで能力主義を採用しないで行われてきた日本の社会のあり方の源がうかがえる。

　このような日本社会のあり方は，神の下，人は皆平等と考えるキリスト教の考え方とは異なる。中国のように天地の掟に合理的に一律に従うことで世の中が平安となる，という考え方とも異なる。キリスト教文化や中国文化に比べて，わきまえの考え方は，一貫した原理はなく，現場主義で，あいまい，ゆらぎ，不透明，不確実な要素をはらみつつ辻褄を合わせるやり方をよしとするものである。

　相手と場面に応じて相対的に自分の位置を知る，社会での自分の位置を知る，ということがわきまえることとなる。それを敬語を使ったり使わなかったり，また呼称，人称詞などいろいろな言語形式や表現の使い分けに

よってその場に居合わせる人々の位置を指標するということが日本の言語使用の中で求められている。

3.6. わきまえの諸相

ところで，ヒル他（1986）で，この概念を世界に紹介したときには次のように「わきまえ」を定義した。「社会的にこれはこういうものだとして認められているルールにほとんど自動的に従うことを意味し，それは言語行動についても非言語行動についても言えることであって，これをひとことで言い直すと，期待されている基準に従うということである。」

「わきまえ」がポライトネスに応じた言語使用の一つの面だとすると，他のタイプ，つまりブラウン＆レビンソンたちの枠組にも名前をつける必要がでてきた。そこでヒル他の論文に携わった研究仲間は，「わきまえ」に対峙するポライトネスのタイプを「働きかけ」とした。これは英語では'volition'（意志）に相当する言葉で，ストラテジーを使っておこなうポライトネスを指す。「わきまえ」をあえて英語で言えば'discern'（区別する）であるが，この語は「わきまえ」ほどには使われていない。英語の世界ではそのような行動習慣が根付いていないからであろう。「わきまえ」の方が日本語の言語習慣を基にしたものとして分かってもらいやすい。そこで「わきまえ」を日本語からの借用語として使った方がいいと西欧の学者たちに勧められた。「わきまえ」は'wakimae'として今では世界で使われる社会言語学の教科書にも登場する日本語からの英語への借用語となっている。

「わきまえ」と'volition'は相補う概念である。'volition'（意志）は自分の意思でいかに相手に働きかけて，摩擦のない，スムーズなコミュニケーションができるかというものである。一方「わきまえ」は，世の中はこういうものだからと認識して社会の期待に沿うように言語を使うことである。この二つは自分の意思から出てくる使い方と外からの期待に応えて受身的に使うもので相補っているものであり，両方がポライトネスの言語使用に関係しているということになる。

ソトの人間に対しては，ウチの人間とは違った行動をとるということ

が，日本人の社会での行動の規範の一つであるわけだが，それは，言語以外の行動でもなされている。普段ははっきりした境界線をあまり意識していないが，ちょっと思い起こしてみると，私たちは部屋に入るとき靴を脱ぐ，トイレに入るときは専用のスリッパに履き替える，ベランダに出るときはサンダルに履き替えることをほぼ無意識のうちに自動的に行っている。このようにある境界を越えるときに，違う世界に入るという認知をする習慣がある。それと同じように，相手をウチかソトかの境界線で区別することが習慣づけられていてそれにふさわしい言葉遣いをしているので，その区別の慣習を「わきまえ」として日本人の行動を形容するのにふさわしい。

　英語でこれに似た「わきまえ」があるとすれば，初対面の人がお互いに交わす"How do you do?"や，スピーチを始める時にジョークを言うというようなものが挙げられる。「スピーチを始める時には，ジョークを言うものだ」という慣習が期待されていて，それに則ってジョークを言うのも「わきまえ」の一つだと言える。しかし，これは義務的なものではない，ということに注目したい。それに反して，「わきまえ」の典型的なものは場によって決められていて義務的なことが多い。こういう時にはこういうことを言うものだという慣習があり，もしそれに従っていないと，「あの人はあれを言わなかった」と思われ，そのことがネガティブな評価につながることも多い，という傾向がある。たとえば，人の家に入って行く時「お邪魔します」というひとことを言うとか，前に会った時に何か恩恵を受けた時には「先日はありがとうございました」と以前のことに言及して挨拶するということが期待されている。そう言わないと「あの人は言わなかった」というふうな形で非難される。それほどにこの場においてはこの言葉を言うという慣習的決まりがある。

　決まり文句は「わきまえ」によって使われる言語表現であるが，そのほとんどは表現とその使用の場がセットになっている。たとえば役割の上の人が「ご苦労さま」とは言えるが，下の人が上の人には使えないというように。同じように「お久しぶり」は同等の人に言えるが，目上の人には言うのはふさわしくなく「ご無沙汰しています」を使う。これも敬語と同

様，言語形式のわきまえに応じた使い分けの洗練された慣習である。

　日本語を包括的に把握しておられる元イエール大学のマーティン(1964)は次のように述べている。

　「日本語には丁寧な行動をあらわす決まり文句が大変複雑で，たくさんある。決まり文句や言い回しがあって，それらは社会的な場面を滑らかにするように作られているものである。そういう表現を20から30ほど覚えておくと，外国人は日本の社会において，よくある言葉でのやりとりで驚くべきほど成功することができる。もし，他のことをどう言っていいかわからなくとも，それでうまくいくものだ。」これは少し冗談めいた言い方ではあるが，その時その時で頭脳を駆使して言うべきことを創造して話さなければならない英語に比べると，日本語の話し言葉についてこのように言われることも納得できる。

　わきまえの観点から会話のやりとりで行われていることを考えてみよう。会話は話し手が聞き手に対してどういう関係にあるか，話し手が聞き手にどのくらい恩恵を受けている関係にあるか，そういったものを確認するためのやりとりでもある。そういう会話においては，対話者はなにが伝えられたか，という内容を問題にするのではなくて，決まりきった慣習的な言葉を交わすことによって交感的やりとり（'phatic communion'）をしているのである。決まり文句や敬語の形によって社会的な地位関係を表現することで，関係を対話者間で認識する。お互いの地位を認め合うことによって，お互いの地位を脅かすような競争意識を刺激しないようにする。このような機能からみた会話は，情報を交わすというよりも，人間関係をあるがままに認め合い安心の信号を送り合うというものになっている。

　もし，期待されているものと違う言語形式が使われた時には，特に呼称などの場合は，聞く側が傷ついたり，怒ったりすることになり摩擦が起こり，人間関係が崩れることになりかねない。また，期待以上の言語形式が使われたために，聞く側がいい気持ちになったり，良い人間関係をつくることになることもある。この言語使用に流れている原理は，違いを確認，維持することで社会的な秩序を維持することである。会話に参加している人たちのその場における社会的な役割，年齢，地位またはジェンダーなど

によって微妙に違っている関係を異なる言語形式で確認する。このように話し手が場におけるわきまえを，敬語，呼称などで微妙に指標することにより，伝えたい内容と同時に社会的に落ち着いた平衡感覚を維持し強化しているのがわきまえの言語使用である。

3.7. ミクロとマクロのわきまえ

ところで，わきまえはミクロとマクロの二つのレベルで示される。ミクロのレベルのわきまえというのは，話の場においていろいろな要素によって決まる。もう一つはマクロのレベルであり，社会の中において話し手がどういう位置にあるのかということを示す。

まず，ミクロのレベルのわきまえについて。場あるいはコンテクストとの関係におけるわきまえがミクロのわきまえである。話し手が，いつ黙っているか，いつ話すべきかということを知っているのがまずわきまえの第一歩である。

どのように話すかについては，あらたまった場面では，それにふさわしく丁寧語を使う。丁寧語を使うということは，場面があらたまったものであることを指標するものであるが，同時に，対話者間の距離を示すものでもある。あらたまった場面が終われば，対話者は丁寧語を使わないで話す。授業が終わってから，先生が「です・ます」を使わないで学生に対して「これ持ってってくれる？」のような言い方をしたとしても，学生の方は「はい，持っていきます」などということもあっても，「うん，持ってくよ」と丁寧語を使わないで答えることはまずないであろう。やはり，先生と生徒の敬語のレベルは違うように使われ，人間関係が同等でないことを指標する。このように，人間関係，場面に応じてなにをどう使うかに関する期待される共通認知習慣がミクロ・レベルのわきまえである。

これに対してマクロ・レベルのわきまえとはどういうものであろうか。これは社会において自分がどういう場所にいるか，ということを敬語，人称代名詞，呼称などの言語表現や決まり文句の洗練された使い方などで示すものである。話し手は，自分の身分証明としてのアイデンティティを示す。社会的な地位，先生であるとか，学生であるとか，年配であるとか，

若者であるとか，子供であるとか，そういった年齢的なもの，いま医者をしているのか患者になっているのかなどの役割，男か女か，話し手の属性としての地理的な出自，などに応じて言葉を選ぶということをしている。このようなマクロ・レベルのわきまえというのは言語での自己表示であって，ビジネスマンが背広を着るとか，女が化粧をするということが普通に行われているわけであるが，それに似て，自分をどのように装うかによって，自分の社会の中での地位，役割，ジェンダーを指標しているのである。

第 4 章

敬語のダイナミックな動き

狭義の敬語を中心に捉えたポライトネスに関わる言語表現つまり敬意表現は社会においてどのような働きをしているのであろうか。日本人が日本語の敬語や敬意表現を日常生活で使っていることは，どのように日本文化と関わっているのであろうか。ここでは取りあえず，これまでの敬語に関する議論で比較的周辺的にしか扱われてこなかった儀礼形式としての敬語と品位を表わす敬語について考えてみよう。

4.1. グローバル社会での敬語の存在意義

　日本人は相手を，目上の人と認知すると，相手に敬意を表わすために尊敬語を使い，自分をへり下るために謙譲語を使う。そして，相手を「ソト」の人と認知する時に丁寧語を使う。敬語がこのようなものだとすれば，21世紀の日本社会で，日本語のことば遣い，とりわけ敬語使用をどうすればよいか，という問題の答えは明らかであろう。民主的で風通しのよい人間関係，そして，グローバル社会に対応するためには，敬語の使用は無意味である。なぜなら，敬語は人間を上下に差別したり，「ウチ・ソト」に区別し疎外したりするからだ。

　このような議論の根拠になりそうなことを，小森陽一は国語施策懇談会〈平成10年2月〉で次のように述べている。

　「古典の敬語は（中略）差別的な社会序列の中でつくり出された言語使用法である。(中略) 原理的に，身分や家柄や階級による差別的序列のない現代社会で，なお敬語を使用するということは，基本的には異常なことであり，不自然なことであるはずだ。それがあたりまえに感じられるということは，あくまでも歴史的な日本語使用をめぐる生活習慣の問題にすぎない。」

　さて，終戦後の日本は，民主主義という新しい社会体制において，ことば遣い，とりわけ敬語はどうあるべきかを考えねばならなかった。土岐善麿を国語審議会会長とする当時の言語や文学の学界の重鎮たちは，「これからは民主的な社会になるのであるから，敬語の使用をやめるべき」，「日本文化として敬語は残すべき」の両論の間で激論を交わした末，その中庸をとって「これからの敬語」（昭和27年文部省国語審議会建議）として簡素

化した敬語使用のガイドラインを提示した。

「これからの敬語」では，話し手は「わたし」，聞き手は「あなた」を標準として使うことを提唱している。それは，英語の'I'と'you'になぞらえた個人の平等をうたった民主主義国家を指向することば遣いの指針とうかがえる。

では，ガイドラインで示された対等に使用するべき「わたし」と「あなた」は，現代社会では，どれほど使われているであろうか。自分を指すことばとして，男性は普段「わたし」より「ぼく」や「おれ」を使うことの方が多い。それに相手を指すことば「あなた」を使用できる相手は，男性でも女性でも限られている。「これからの敬語」のガイドラインのように対等に自分と相手を指示できない。それが現代社会における日本語使用の現実の姿である。

ここに，言語とは，道具のように人々が勝手に使ったり使わなかったりできる代物でないことがうかがえる。民主主義社会にふさわしい人間関係を平等にするための「わたし」と「あなた」という相互使用のガイドラインが作られても，日本人の日常のことば遣いはそのようにはならなかった。それはなぜであろうか。

このようなことについて考えるには，ことば遣い，とりわけ敬語を使うということが，一体，私たち話し手，聞き手に対して何をしているものかを問い直す必要があろう。

これまでの言語研究には，言語は自律的なシステムであり，言語そのものに意味があるという暗黙の了解があった。人間は言語を自由に操ることができ，自分の意図を思うままに伝えることができるという前提があった。その前提に立てば，戦後の日本社会で，英語の'I'と'you'になぞらえて，自分を指すことばは「わたし」，相手を指すことばは「あなた」だけが使われていてもおかしくないはずである。

しかし，実際には「わたし」，「ぼく」，「おれ」などの人称代名詞ばかりでなく，自分を指す時でも「小母さん」，「先生」など，多様なことばが使われている。英語のように単純な使い方とはなっていない。日本語ではどうしてこんなにも人を指すことばが複雑なのだろうか。それには深い訳が

あるに違いない。

4.2. コンテクストで解釈される意味

具体的に考えてみよう。ある言語形式が選択され，使用されたとする。すると，その意味は言語形式そのものにあるのではなく，そのコンテクストの諸要素，とりわけ話し手と聞き手がどのような人であるか，どのような関係にあるのか，どのような話をしている場面かなどのコンテクスト要素によって解釈されて，はじめて意味が出てくるものである。

たとえば，ふだん愛称で呼び合っている恋人同士の一方が突然「あなたは」と言ったとする。相手を指示する言語形式として，ふだん使っている無標の「愛ちゃん」ではない。同じ相手を指示しているが目立った使い方，すなわち有標の形式を使っている。「愛ちゃん」という相手指示形式が，「あなた」という形式に切り替わったことで何か新しい意味が指し示される。その意味とは何であろうか。「あなた」は相手を指す人称であると同時に，あらたまり，つまり，相手との距離を表わす言語形式である。

「あなた」に切り替えたことで作り出される意味は，話し手が聞き手に対し心的距離を急にとることになり，怒り，疎外，嫌悪などの意味を表わすことになる。そこで，「あなた」と呼ばれた「愛ちゃん」は，「あなた」という言語形式が指し示す意味を，そのコンテクストの中で怒りなどと解釈し，ハッと驚くことになる。

コンテクストに照らして意味が解釈され，それが話し手と聞き手のコミュニケーションとして成り立つ背景には，どのようなからくりがあるのであろうか。ここでいうコンテクストとは，発話の場における諸要素すべてを含む。話し手，聞き手の過去から現在までの人間関係，どのような場面か，会話の場面に居合わせている登場人物の属性や人間関係，どのような話題を話しているかなどを，話し手がなにか言う時，このコンテクストの中で発話に関連のあるものだけがコンテクスト要素として選び出され，それにふさわしい言語形式を記号として選ぶのである。

言語形式の意味の理解は，個々の単語の意味と統語的意味だけで行われるのではない。「愛ちゃん」，「あなた」という言語形式は，各々，話し手

と聞き手がどのようなコンテクストで使われるものかに関する社会言語学的知識を共通に分け持っていることで有効に使われることになる。「愛ちゃん」は恋人同士が自然体でいる時の言語形式であり，「あなた」はあらたまった時あるいはなにかの理由で心的距離をとる時の言語形式である。「愛ちゃん」が無標（ふつう）で「あなた」が有標（目立ち）の形式である。

　このような知識が，伝達能力，つまり話し手と聞き手が共に持っている言語能力とコミュニケーションに必要な知識の総体となっているので，聞き手は切り替えられた「あなた」がどのような意味を持つかを解釈できるのである。このように，選ばれた記号としての言語形式は，そのものに意味があるのではなく，コンテクストに照らしてはじめて意味が解釈されるものである。

　この意味解釈のプロセスには，まずだれがだれに対し，どういうあらたまりの場面ではどの言語形式が相応しいかといった社会言語学的知識を話し手と聞き手が持っていることが前提となっている。またそれに先立ち，話し手と聞き手が各々の社会的属性に応じて，どの言語形式を使うのが相応しいかに関する共通の了解がある。たとえば男の子だったら相手のことを「きみ」と呼び，男の子の世界の話題であれば「おまえ」となるというように。このように，どういう時にはどういう人はどういう言語形式を使うものであるという社会言語学的制約をもって複雑に使われている言語形式は，「これからの敬語」のガイドラインの通りに使うことのできるような単純な代物ではないということである。

4.3. 儀礼形式としての敬語・敬意表現

　敬語とは，ことばで話し手が相手に敬意を表わすものである。このような見方で敬語をなんとなく捉えてきた人が多いのではないだろうか。しかし，これまでみてきたところでは，ことばは，話し手が自由に意のままに好きに使えるものではなさそうである。敬語とはなにかという問題についてこれまでに言及されてきたもののうち，いくつかをここに引用してみよう。

小松英雄（1999）は「敬語の基本的機能は，どういう尊敬表現を使用するかしないかによって，行為の主体がだれであるかを明示し，また，どういう謙（へりくだ）った表現を使用するかしないかによって，行為の主体/対象を明示することであった」と述べ，菊地康人（1994）は「敬意とは必ずしも〈心からの敬意/尊敬の念〉だとは限らない。（中略）話し手は，ただ社会的な上下の関係などの把握に基づいてというだけでなく，実は，究極的には自分の意図によって敬語を使うのである。（中略）敬語を使うことで，敬意を示す意図があることを表現している──少なくともその意味で，一種の敬意の表現として機能するといえるだろう。」と述べ，蒲谷宏他（1998）は「〈『敬語表現』をしようとする気持ちがあること〉と〈『尊敬の気持ち』とか『謙りの気持ち』などを持っている〉ということとは，少し違います。もちろん『敬意』のこもった『敬語表現』もありますが，例えば接客業などにおける『敬語表現』などは『敬意』とはやや異なった意識に基づく『敬語表現』であることが多いと言えるでしょう。」と述べ，国立国語研究所（1990）は「敬語とは何かについて，定義的に述べることはむずかしいが，もっとも簡単に言えば，〈話し手と聞き手との社会的・心理的へだたりの度合いを軸にして，素材的内容や状況に配慮しながら変える，話し手の言語行動と言語形式〉ということになろうか。」と述べている。これらの考えに共通していることはいずれも話し手は敬語という言語形式を使って，なにかを表わすことができるとしていることである。

　しかし，さきに引用した小森陽一（1998）は，敬語が人と人とを差別化することの論理的無根拠性を指摘した後，「生活慣習的〈礼儀〉として敬語を使う方法を習得すべき」と述べている。そして，宮地裕（1983）は「現代敬語は『敬の言葉』というよりは『礼の言葉』というほうが，より適切なように思われる。敬語を使う意識を内省すると『うやまう気持ちから使う』とか『尊敬をあらわすために使う』とかいうよりも，『礼儀として使う』というほうが，よほどぴったりする。」と述べている。

　敬語は，およそ話し手が聞き手との人間関係や場面に応じて話し手の意志で使い分けるものであるとされてきた。そのことと異なる見解を示しているのが宮地（1983），小森（1998）である。彼等による「敬語は礼儀とし

て使うもの」ということは，一体どういうことであろうか。

　礼儀とは，人のふみ行うべき規律のことである。より普遍的に通用する捉え方をすれば，儀礼（ritual）の一形式である。儀礼は，社会慣習として形式を整えて行うもので，具体的には，祭り，結婚式，葬式などの儀式として各々の社会で特有の形式を持っているものである。

　ことばの使い方についても儀礼がある。言語形式とその使い方がパターン化しているものだ。こういう時には，この言語形式を使う，というようなものである。結婚式では，「本日はお日柄もよく…」や雨天に対しては「雨降って地固まる…」と言い，葬式では「ご愁傷さま」と言うように場面にセットされた表現がそれぞれの社会で容認されている。その儀礼を習得していくことが社会化により大人になっていくということである。

　敬語は礼儀として使うものだ，と考える宮地や小森の考えは，敬語も儀礼的なものとして考えていることである。つまり，どういう時にどういう言語形式を使うかということが，おおよそ決まっていて，慣習的にパターン化しているものという見方である。この側面から敬語を検討することで，敬語が人間の生活の中で何をしているものか，その働きを探ってみよう。

　礼儀として敬語使用を捉えることは，言語使用は話し手の意図の下に行われるという言語学や語用論での前提と大きく異なる。礼儀として捉える敬語とは，どのようなものなのであろうか。

　現代社会において，新入社員教育の中に「敬語の使い方」がある。新入社員は，どういう時にはどういう言語形式を使うかというパフォーマンスに関するパターン，つまり「型」を教えられる。「型」，つまり形式の慣習的使用法を覚えることは，儀礼の習得である。このような敬語の習得は，話し手個人の嗜みや，相手をどのように遇するかを話し手が決めて敬語形式を選択するのではなく，xx という相手には yy という敬語形式を使うという「慣習」を学ぶのである。これは，個人がその人の属する言語共同体の人々と同じ形式を覚えて使うというものである。新入社員は，社会の一員となるイニシエーションの一環として，形式とその使い方の「型」を習得する。それは，その社会に必要なパフォーマンスの慣習を覚える通過

儀礼である。

4.4. 儀礼としての敬語とポライトネス

このような慣習としての敬語の使用，つまり儀礼としての敬語使用がどのようなしくみで，ポライトネスにかなう言語使用となるのであろうか。

このことを考えるために，まずブラウン＆レビンソン（1978，1987）のポライトネスの理論に照らして考えてみよう。この理論によれば，コミュニケーションを摩擦のない，円滑なものにするためのストラテジーには，大きく分けて二つある。いずれも人間の本能的欲求を満たすものである。そのひとつがポジティブ・ポライトネスであるが，これは，話し手が相手と共通のものを見つけ，相手と自分が同じである，ということにより，相手に認められたいという人間の根源的欲求を満たすストラテジーである。このストラテジーは，たとえば同じ方言で話す，あるいは意見が間違っていても相手と同じ見方に立って，とりあえず「そうですね」と答えて相手を安心させ，「でも，それは…」と後で訂正する言い方をする，というようなものである。このストラテジーは各々の場面において，話し手が聞き手に，「同じ」であることを表現することで相手に安心感を与え，人間関係を良いものにするものである。

振り返って，敬語形式の慣習的使用は，話し手と聞き手が儀礼としてその社会で認められている形式を期待通りの「型」に則って使うことである。考えてみれば，これは「共通の基盤を求める」ポジティブ・ポライトネスのストラテジーの一つではないか。ある場面でその場面を共有する人々の期待通りの言語形式が使われると，その場に居合わせる人々にとって，彼等の伝達能力として持ち合わせていることばの使い方と同じということで聞き手を何となく安心させる効果がある。強いて言えば，上司に敬語を使うのは，上司を尊敬しているからというより，そのような言語使用がその社会で慣習になっているのでその型に逸脱しない方がその場の和を乱さないためである。そうすることが，その場としての組織の中で話し手自らの位置を相手へ脅威を与えないものとすることができるという効果を与えるのである。これがポライトネスとしての働きをするのは，本来人間

は，ウチの人間関係以外の人と接する時，程度の差はあれ，なんらかの脅威を感じるものがあるからである。

　また敬語を使うという儀礼は，敬語というフォーマルな言語形式の作り出す心的距離を大きくとる間接表現の効果により，相手の領域に侵入しない，相手の邪魔にならないようにというネガティブ・ポライトネスとしても機能していることになる。敬語使用のように儀礼形式をとるポライトネスは，こうしてポジティブ，ネガティブの両方のストラテジーとして機能していることになる。

　ここで，儀礼をあらわす敬意表現の一つとしてあいさつをみてみよう。敬意表現とは，敬語の枠を広げ，敬語以外にもコミュニケーションを円滑にするために使われる表現を含めたものである。たとえば，私たちは朝のあいさつとして「おはようございます」を使っている。「おはようございます」という言語形式は，朝の出会いのあいさつである。この言語形式と朝はじめて会った時という場面が合わさっているときの社会的慣習である。つまり，あいさつは儀礼の一つである。

　同じ言語形式が夕方に使われることもある。それは単なる誤用であろうか。夕方に使われる「おはようございます」は，言語形式と場との整合性がなく慣習に反する。朝に表現されてこそ儀礼としてのあいさつとして意味を成すが，朝でない時に使われたものは，あいさつでなくなる。それでは，それはなにになるのであろうか。

　夕方に目覚めて起きてきた娘に母が「おはようございます」と言ったとしよう。朝というコンテクストと「おはようございます」という言語形式との一致がセットで儀礼になっている朝のあいさつは，夕方に使われたのでは儀礼でなく，なにか他の意味で使われたことになる。その時の「おはようございます」は，それが適切に使われる時のコンテクストの意味，つまり「朝」という意味が言語形式に反射して付加されている。朝という意味は本来そのことばにはないのだが，いつも朝に使われることばと，それが使われる場との関係が密接であるため，場の要素の一つである「朝」の意味がことばに反射されている。このような使用にまつわる現象を「反射性（reflexivity）」といい，その意味を「反射的意味（reflexive meaning）」

という。そこで，夕方に使われた「おはようございます」は，「朝起きるのが当然なのに怠け者ね」という意味をもつ。そこで皮肉表現となる。

　このようにして，言語は，慣習的に使っていることで作り出される場/コンテクストに照らして創り出す意味を持ち，相手に対してそれを巧みに伝えることができるものである。使用された言語形式の表面的な意味の外に，言語使用の際に関わる場/コンテクストから創り出される意味がある。記号としての言語形式とそれをある特定のコンテクストで慣習的に使うことで付随的に生まれる反射的意味があることを言語研究の射程に入れることにより，俳句のような場に依存したことばに関する豊かな言語の研究方法も拓けていくことだろう。

　人間は，だれかとその日はじめて出会う時「怖い」と同時に「うれしい」という感情を抱くであろう。この共通の感情を和らげ，あるいは確認する手段として，朝の出会いのことば交わしが生まれ，それが慣習化して交感的機能をもつあいさつとなったものと思われる。日本の共通語ではそれを「おはようございます」「おはよう」という。朝の出会いのあいさつが世界の多くの文化で存在することは，人間にとって必要な日常的儀礼なのであろう。場/コンテクストに適切にことば使うことが，人間関係を取り持つ礼儀となっているのである。

　さて，敬語の使用は「礼儀」であるという宮地（1983）小森（1998）について考えてみよう。さきに述べた新入社員の敬語教育は，どういう相手にどういうことば遣いをするかを教えるものであり，それは言語行動の規範としての礼儀の教育である。その会社ごとに，客と社員や社員間の人間関係の取り方には一定の規範的なものがある。

　敬語というものについて考える時，目上だから尊敬して使う，あるいは使わねばならないとすると，人間を上下に差別する言語使用という解釈がありうる。もし，敬語が差別的なものであるなら，戦後半世紀以上も経った日本において，敬語などいくらでも廃止することができたはずである。Eメールの普及，英語の普及など，グローバル化の激しい変化の中で敬語がなおも生き続ける理由の一つには，これまでみてきたような儀礼の側面があるということも言えそうである。近代化された社会がどのように合理

化されようとも，人間にとって儀礼というものがなくなることはないという現実がある。人間の知性，理性を超えた広い空間が，儀礼のような型に則った行動の支配の下に置かれている。この事実は，人間社会の長い歴史の中で生き続けてきたものであり，そう簡単には変わるものではないと考えられる。

　新入社員が会社という社会の一員となるための儀礼教育があるように，ゆるやかな形ではあるが，日本社会というより大きな社会においても日本社会の一員となるための儀礼の教育が存在しているのであろう。その一つとして，学校教育の「国語科」において敬語とその使い方を身につけさせている。学習指導要領に敬語が出ていることは，国語の習得の一環として，ことば遣いの礼儀を教えているということにもなる。とすれば，国語教育の目的の一つとして，ことばを通して「心の教育」を行うということの背景には，礼儀をわきまえて，ことばを使うことを教育するということがあると考えられる。

　たとえばアメリカの小・中学校教育の中で，言語の教育を「心」と関連付けることはまずないのではないか。日本の学校教育の中で，言語の教育を「国語」と呼んでいて，日本語の教育と言わないのにはそれだけの意味があると考えられる。目上の人には尊敬語という言語形式を使うということを学校で教えることは，必ずしも目上の人を尊敬しなさい，と強制しているのではない。日本語の敬語には語用論の規則としてことば遣いの儀礼的な面が付随している。日本語の敬語は，他者の認知の仕方，人間関係の取り方，また場に関するTPOを儀礼的に指し示す手段であり，そのことを国語教育の中で行っているのである。

　儀礼というものがなぜ人間社会に有効なものとして存在するのか考えてみよう。人間は理性を持った動物であるため，ある目的のために手段を合理的に考え，それに基づいて行動する。ブラウン＆レビンソンの考えるポライトネスの普遍理論は，このような人間の目的合理的行為理論（ウェーバー）に基づいて考えられたものである。話し手が相手の顔（face）を守り，自分の顔（face）も守るために，ことば遣いのストラテジーを駆使するという理論である。しかし，儀礼としてのことばの慣習的使用は，目的

合理的行為とは全く異質の行為である。こういう場/コンテクストではこういう形式を使うという規範に従うもので，個人が合理的に計算する行為ではないのである。

このような行為で示すポライトネスは，そのコンテクストを共有する社会の人々の共通の型と共通のパフォーマンスを認識することで，同じものを共有しているという一体感からくるハーモニーを確認するといった性格のものである。こうして摩擦のない，円滑なコミュニケーションを可能にするのである。

ブラウン&レビンソン（1987）の序論において，礼儀としてのことば遣いは日常的な典礼（プロトコール）であるから，研究の対象外となると述べられている。また，リーチ（1983）の語用論の原理の中で扱ったポライトネスの原理は，理性で計算することのできるポライトネスのみを扱っている。いずれも，西欧の言語学や語用論が人間の理性の研究の一環として行われていることの延長線上にあるとみることができよう。

このような中にあって，例外的な存在はR・レイコフ（1973, 1975）のポライトネス理論である。レイコフはポライトネスのルールの1として「形式的に言いなさい」をあげている。このルール1としてあげられているものが，ここで扱っている礼儀としてのことば遣いに通じるものである。

人間は，理性で計算するばかりで行動するのでは疲れてしまう。理性を使うことなく，つまり計算をすることなしに，伝統的慣習に則って行動することは人間の合理的計算能力の限界を考えれば，経済的に引き合っていると考えられないだろうか。こちらのやり方は，世の中で認められている基準を探し，それに当てはめた協調的行動をするものである。

理性を使う言語行動は，その場の状況を分析し，あまたあるポライトネスのストラテジーの可能性の中からストラテジーを選択し，そのストラテジーに合った言語表現を創り出す。たとえば，ペンを借りる時に，状況に応じて「なにか書くものある？」と言ったり，「ペンを貸してくださいませんか」と言ったりするように。ところが，伝統的慣習に従うポライトネスは，こういう時にはこういう言語表現を，という組み合わせを覚えてい

て，それを実行すれば良いのである。カトリックのミサにおいて，あるいは茶道のお点前において，場面と言語使用が慣習的に決められている。どのタイミングにどの言い方をするか，その決まりに従う儀礼的言語行動がみられる。

　英語でペンを借りる表現として，"May I borrow a pen?"の使用頻度が非常に高いのは，英語においても，依頼する時には"May I ...?"を使うという場面と表現の一致の慣習があるためであると考えられる。英語でのポライトネスにも，このような儀礼の側面がある，ということがうかがえる。

　理性を使って計算する言語行動がある一方で，伝統遵守による礼儀の言語行動がある。日本語のあいさつ表現の豊かさや敬語の存在は，西欧語に比して，儀礼によるポライトネスのことば遣いが多いと言えることになろう。

　ことば遣いの礼儀とは，xx というコンテクストで yy の言語形式を使うという語用論の規則のことである。西欧の文法では主語の人称，数，性と動詞の形の一致があり，その通りに使わなければならない。このことを正しく教えるのが西欧における言語教育である。それを直輸入した日本の英語教師たちは，3単現の-s の脱落に目くじらを立てて生徒の答案の減点対象としている。しかし，一致が正確にできなくても，命題的意味はほぼ通じるものである。ではなぜ，主語と動詞の文法的一致がそんなに大事なのか。日本語の母語話者ならこのような疑問を持ってもよさそうではないか。主語と動詞の形の一致は西欧語にとっては重要だが，日本語では要求されない文法規則である。その代わりに要求されるのが，コンテクストと述部の一致である。西欧語で主語が動詞の形を決定するように，日本語では敬語などの言語形式は主語によって決められるのもではなく，話の場におけるコンテクストの要素によって決めるものである。

　ただし，西欧語の文法の一致が厳格なのに比べて，日本語の述部の一致には，ゆるやかな幅がある。話し手の世代，社会階層，ジェンダーなどの社会的属性に応じた異なりも許容される。

　日本語においてコンテクストと言語形式の語用論的一致があるのは，敬

語やあいさつのみではない。人称詞の複雑な使い分けや多様なモダリティ表現の使い分けがコンテクストとの一致でなされている。このことは第1章のプラグマティック・モダリティとしてみたとおりである。情報のなわ張り理論（神尾 1990）として知られる言語形式「だ」と「だって/らしい等」の使い分けは，主語の命題内容の情報が話し手のウチにあるか否かを区別して選択する語用論的一致である。もし，太郎が話し手のウチに属する時は，「太郎は病気だ」と言えるが，太郎がたとえば隣の家の子供である時には，「太郎ちゃんは病気だって/らしい」と言わねばならない。このような語用論のルールのために，太郎が話し手のウチに属する人か否かが分かるのである。

このように，日本語はコンテクストにかかわる諸要素と述部の言語形式との一致が大事なのである。そして，その中でも慣習的な語用論的一致が社会の慣習的行為としての礼儀と直接かかわっている。

4.5. 敬語はどのようにして品位を表わすのか

敬語は上下，親疎関係を区別し，場面のあらたまりを示すもの，といわれてきた。上下関係とは，年齢，地位などの上下のことであり，親疎関係とは，知り合ってからの時間の長さ，親しさなどを指し示すとされてきた。これが最近では，上下関係を役割関係に，親疎関係を「ウチ・ソトの関係」というように捉え直されることが多いようである。この他に敬語は，あらたまりの場面を認識しそれを指し示す，あるいは心があらたまっていることを示すこともしている。

ところで，敬語が表わすものにもう一つある。敬語は，話し手の品位を表わすといわれてきた。敬語は一体どのようにして品位を表わすことができるのであろう。敬語という言語形式の選択で上下，親疎，あるいは役割とウチ・ソトを区別していることを表わしたり，場面のあらたまりを表わすことは，よく知られている。しかし，品位を表わすとなると，これは少なからず性質が異なる。

品位とは，話し手自身に関する情報である。「品位」ということばは，あまり聞かれることが多くなくなっているので，ここで改めて辞典の意味

をみてみると「見る人が自然に尊敬したくなるような気高さ，厳かさ」（大辞林），「人に自然にそなわっている人格的価値」（広辞苑）とある。社会的地位の上の人が公の場で話す時のことば遣い，上品といわれる女性のことば遣いなどが品位を示すといわれるものである。

　敬語という言語形式がなぜ品位を表すことになるのか。敬語という言語形式を使うことが人間関係，場面を指し示すだけでなく，話し手の品位をも指し示すことができる。これはどのようなからくりによるものなのだろうか。

　ここに「この度は，xxをご恵贈賜りまして誠にありがとうございました。」と書かれた一枚の葉書がある。この葉書の書き手は受け手より目上であろうか。このような丁寧な文は，目上の人に書くと答える人が多いであろう。辻村敏樹編（1991）によれば，この葉書に書かれている一語「賜る」は「敬うべき人から物などをもらう意」と出ている。ところが，これは大変高い地位の人から，地位の下の人への礼状の中の一文である。大変丁寧なことばを駆使しているこの文は，敬語使用の一般的常識からすれば，目下から目上へのものであるはずだが事実はその反対である。つまり，目上から目下に対し「敬うべき人から物をもらう」ことを意味する「賜る」を使っているということになる。

　この矛盾はどのように説明すればよいのであろうか。

　一見矛盾するこの現象は，現象を表わす敬語というよりは書き手の品位のために使われた敬語という見方によってのみ説明することができる。そのような敬語使用をすることにより，書き手は渡辺実（1971）のいう書き手自身の「嗜み」あるいは社会階層の方言を指標しているのである。

　日本語においては，社会の階層方言を明示的に議論することは，たてまえとしての平等主義の理想の下，避けられてきた。渡辺（1971）の「嗜み」による言語形式の選択というものは，より一般的なことばで言えば社会方言，あるいは位相語ということができる。

　敬語が品位を指標するからくりは，次のように考えることができよう。話をわかりやすくするために，まず女性語を例にとって考えてみよう。女性は自分を指すことばとして「あたし」を使うことがある。「あたしって

馬鹿よね」と聞けば話し手は女性だということはだれもが知っている。どのような人がどのような言語使用をするかに関わる知識が伝達能力として人々の共通知識となっている。伝達能力とは，話し手が駆使できる言語使用能力だけでなく，聞いてわかる言語使用に関する知識も含んでいる。そこで，「あたし」という表現を聞くと，その話し手についての情報として女性だということも聞く人に伝達される。

　女性語がそれを話す人の性を指し示すのと同じように，「賜る」のような丁寧度の高い表現は，社会方言として，そのような社会方言を使う人の集団の社会的属性を持っていると認識される。敬語は，日本語以外にみられる敬語についても言えることだが，元来社会階層方言であった。階層の上の人が使う言語形式がより高いレベルの敬語形式である。レベルの高い敬語の言語形式を使う人々の属性やその属性にまつわる特徴の一つが品位や威厳である。これは，ことばそのものに品位や威厳があるのではなく，高レベルの敬語を使う人々の人間的な属性として品位があることが多い。そのことが，使用されることばに反映され高レベルの敬語に品位が映し出されるのである。

　こうして，「賜る」のような高いレベルの丁寧さを持つ言語形式を使うということは，まず第一に，書き手自身の社会的属性を指し示すことになる。葉書の受け手との人間関係が上か下かというよりも書き手自身のために向けられた自己のアイデンティティを社会のさまざまな位相の中でマクロ的視点で指標しているものである。

　「原理的に，身分や家柄や階級による差別的序列のない現代社会で，なお敬語を使用することは，基本的には異常なことであり，不自然なことであるはずだ」という小森の指摘にもかかわらず，品位ある社会階層を示す敬語形式が使われているという現実があるのである。

　このような敬語使用をだれも止めさせることができない。人はだれでも自分の責任において自由にことばを選択して生きていく。自分の責任においてというのは，もしそれが「異常」な使い方であれば，それを使った人への報いはその人に向けられるものだからである。言語形式のバラエティーは地域，年齢，ジェンダー，階層等社会の複雑な有り様をそのままに映

し出している。同じ命題内容を伝達するのに，さまざまなバラエティーの表現があり，その中の一つが選ばれて使用されると，まずそのバラエティーを使う人の属性を指し示すことになるのである。このようにして，社会において人々が言語表現の選択でアイデンティティを指標しているのである。

それだけではない。バラエティーの選択はその言語に内包されている言語イデオロギーをも示すことになるのである。「はらへった」と「おなかがすいたわ」では，話し手は前者が男性，後者が女性という属性的アイデンティティを指し示している。その属性指標を逆手にとって，女子高生が「はらへった」と言うこともある。それは性差別社会への抵抗のイデオロギーを示すことにもなりうる。

これまで見てきたように，言語を使うということは，無色透明な人間がロボットのように言語形式を道具のように使い分けているのではない。言語と言語を使う人々とその社会の間には切っても切れない関係があるのである。「あたし」という表現は，自分を指すことばの他に，話し手が女性であることを指し示している。その話し手は女性であるという話し手に関するコンテクスト情報が「あたし」という言語形式に反射して付加されている。このような付加的意味を反射的意味という。

同じように，丁寧度の高い敬語をよく使う社会階層の人の使った言葉「賜る」には，そのような敬語を使う人々の社会的属性である品位が，反射的意味として付加されている。「遊ばせ言葉」というものが，現在でも使われているのを見ることがある。美智子皇后の大学時代の友人で，母校聖心女子大学で教えておられた方が書いた葉書に「お気を遣わせてしまってごめんあそばせ」とあった。病気見舞いに贈ったものに対しての礼状の中の言葉である。これも東京の山の手の女性の階層方言と言うことができるであろう。

ここで反射的意味について，言語以外の社会現象でみてみよう。ダイヤモンドは色もなくただ光る石である。数多くある宝石の中で，王者の地位を占めているという事実は，一体どこから来たのであろうか。ダイヤなんかよりオパール，ルビー，あるいはサファイアが美しいと思う人がいても

おかしくない。それなのに，なぜダイヤが宝石の中で最高の地位を確保しているのか。

それは，反射的価値が付加されることによってである。ダイヤは高価である。宝石の中で最も高値で取り引きされるという地位を持っている事実，つまり，ダイヤそのものの美的価値に加えて，高額の価格で売買するというダイヤにまつわる人々の認識が付加価値としてダイヤに備わっているからではないだろうか。このような人間社会の中での共通した価値観の認識が商品価値に反映していることを反射的価値あるいは反射的意味を持つといえよう。

このように「物」とそれを扱う「人間のパフォーマンス」の相関関係が現実の社会現象で新たな意味を生み出している。このようなことは日常的に社会の中で多く見られる。

言語に関しても形式とそれを使う人々のパフォーマンスとの関係で，言語の意味が創造される。このような考え方をとることによってはじめて，言語が人間の生活の中で使われる中で意味が生み出されるという，言語と人間のパフォーマンスとのダイナミックな関係が見えてくる。

これまで，敬語をはじめとする日本語の敬意表現とは，話し手が社会的コンテクストの中で自らをどのように規定しているか，また社会的規律である儀礼に従い，人間関係を摩擦のないように保っているものであることをみてきた。そしてさらにコンテクストによる言語形式の語用論的一致が求められていることを利用して，わざとそれを逸脱する使い方をすることで，怒りや皮肉や反抗を表すことができる，という言語とコンテクストの切っても切れないダイナミックな関係をみてきた。

こうしてみると，ことばとは，人間が道具のように思い通りに使いこなして，それで済むというものではないことがあらためて認識される。

ことば遣いとは，生涯かけて磨くもの，といわれる。それは，「ことば遣いによって，話し手が話し相手や周囲との人間関係をどのように捉えているか，話し手が自分自身をどのような立場や役割の者として捉えているかなどが表わされてしまう」（国語審議会答申「現代社会における敬意表現」）ものだ，ということである。

第 5 章

敬意表現と円滑なコミュニケーション

5.1. 21世紀の日本社会のことばの在り方

21世紀に入った日本は，国際化社会ということばが古く感じられるほどに，国際化のテンポを速めている。そのような新しい時代に即したことば遣いの在り方として，最後の国語審議会となった第22期国語審議会の第一委員会は2000年12月に「現代社会における敬意表現」を答申した。

これは，戦後の占領下から解放され，新憲法の下，新たな出発をしようとしていた日本が昭和27年に文部省建議として出した「これからの敬語」以来，約半世紀を経て初めて出されたことば遣いに関する政府からの提言である。「これからの敬語」は，それまで身分の上下に応じて使い分けられていた敬語が戦後の新しい民主主義社会においては，どのように使われるべきかに関して提言したものである。

「現代社会における敬意表現」は，都市化，国際化，情報化，少子高齢化などの社会変化の結果，価値観や暮らしぶりが多様化してきた21世紀の日本社会でのことば遣いの在り方に関する提言である。

5.2. 「敬意表現」誕生の経緯

この答申は，ことば遣いを検討するために集まった国語審議会の三つの部会のうちの一つである，第一委員会のメンバー14人の話し合いの結晶として生まれたものである。

第一委員会のメンバーには，脚本家，シンガーソングライター，翻訳家・演劇評論家，新聞社論説委員，アナウンサー，出版社役員，放送連盟役員，国語科の中高の校長や言語の研究者達がいた。彼らはそれぞれが，ことばやコミュニケーションに関わる仕事をしている専門家として，新しい社会におけることば遣いの在り方について，それぞれ異なる立場で独自の意見をもっていた。

約2年余りの間，意見を交換していくうちにことば遣いの在り方に対する共通の考えがつくりあげられ，それが新しい時代にふさわしい用語として「敬意表現」という用語がいくつかの候補の中から選ばれ採用された。

第22期第一委員会では，故徳川宗賢主査の下，21世紀の日本人のことば遣いはどうあるべきか，とりわけ敬語をどうするべきかについて，自由

に活発に意見を出し合う時間をたっぷり持たせていだいた。いろいろな角度からさまざまの考え方が持ち出され，まとめることが不可能に思えるほど広がりのある話し合いを重ねた。その背後には，答申のまとめを待たずに急逝された徳川主査のかねてよりのお考えがあった。それは，次のようなものである。「僕は，敬語についてはだれにも負けず絶対間違えずに使う自信はある。だけど，そんなものは何にもならない。正しく使ったからといって，気持ちが伝わるものではない。」

　私たちは多かれ少なかれ，敬語をきちんと使えるか使えないか，ということを気にしながら日常ことばを使っている。そればかりか，敬語を間違えるのではないかという不安を持っている人は少なくないのではないか。そのような敬語について，正しく使うことにどれほどの価値があるのか，という敬語に関する根本的な問題意識を持っておられた主査の下，第一委員会は自由な発想で議論を始めることができたのだった。

　敬語の重要性を否定したがる人は，敬語を正しく使えない人であるという通念がある。それに反して，使える自信のある人が敬語使用の重要性に根本的な疑問を投げかけたところから，ことば遣いの在り方について，審議が始まったのである。敬語について何でも恐れずに根本的なことから話していこうとする雰囲気ができていた。

　敬語は簡素化するのが良い。丁寧語だけにしよう。簡素化すれば，敬語を使いたいが，難しくてうまく使えない人たちも使えるようになる。外国人にとってもわかりやすい，ミニマム敬語をつくることはできないか。敬語の希薄な地域の人たちは，敬語に代わる丁寧さを表わす言語表現をもっていることを考えに入れなくてはならない。敬語がうまく使えない人々が，そのことにより不利な立場に置かれるような社会であってはならない。敬語を簡単にすることによって，日本社会をもっと風通しのよいものにすることができないか。子供は丁寧に話すとよく聞いてくれるので子供に対しても丁寧に話すことが大事であることを考えておかねばならない。

　このような敬語やことば遣いをめぐる意見が，第一委員会のみならず44名からなる国語審議会総会においても活発に出された。日本語のことば遣いをどうするか，とりわけ敬語をどうするかについての諮問に応える

ことを求められていたのである。ことば遣いをどうするかについて答申することは，これからの日本社会をどうするべきかを考え，それについてのある程度具体的な方向性を示すことが求められているということである。これは，ことばの専門家だけに任せておける問題ではないという認識の下，国語審議会委員のだれもが，各々の立場から率直な意見を激しく戦わせた。

徳川宗賢主査急逝の後を受ける運命を担うことになった私は事の重大さに足がすくむ思いを抱えつつ委員会の舵取りを始めた。頼るべきは，ことばのエキスパート揃いの第一委員会のメンバーである。シンガーソングライターの中島みゆきさんのCDを買い求め，その詞を深く味わいながら何度も聴いた。そこには人々を慰め，励ます「ことばの力」があるではないか。私は中島委員に懇願した。「あなたのことばには人を動かす力がある。ことばが活きていると思うの。中島さん，何としてもあなたの才能を私たちが書く答申に生かしたいのでよろしくね」と。委員会に毎回熱心に出席してくれた中島さんは，具体例を一つ出すために何度も何度も書き直しファックスしてくれた。売れっ子脚本家内館牧子氏も鋭い言語感覚を発揮して，委員の出してくる具体例を一通り読んだ後「これは，どれもテレビドラマのシナリオだったらボツですね」と一喝した場面もあったが，その後，青森のロケ先のビジネスホテルからファクスで，ほぼ出来上がった敬意表現の具体例について「これで，すべてが出揃ったと思います」と責任あるコメントを送ってくれたりした。このようにして，委員のだれもが日常の自分たちのことば遣いから具体例を出し，それについて率直な意見を出し合い，言語感覚を確かめ合った。こうしてさまざまな意見のエッセンスを取り込む形で敬意表現の中味が形成されていった。さまざまな意見は，敬語の弊害は取り除き，良いところを残すという方向に収斂していったのだった。

第一委員会の委員たちは，日々のことば遣いを観察し，身近な具体例に則して日本人の謙譲の美徳をどうすべきか，現実に存在する地位の異なりによるコミュニケーションの双方向性の難しさをどのように克服し，役割の異なりというものに変えることができるかなどを検討した。『ファイナ

ンシャル・タイムズ』の記者の指摘を待つまでもなく，日本語に敬語があるために，日本社会では上の地位の人に思うことを言えないものであるという通念をいかに打ち破り，若い人々の意見が会議において生かされる方法を見い出すことができるか，という問題も考えた。

　こうして具体例を持って示したことば遣いの在り方に関する答申は，私達が日常的に聞き慣れたことば遣いのうち，だれもが「良い」と思うものを是認するという方向でまとめたものであった。

　では，「敬意表現」とはどのようなものであろうか，みてみよう。

5.3. 敬意表現の骨子

　敬意表現の定義は，「敬意表現とは，コミュニケーションにおいて，相互尊重の精神に基づき，相手や場面に配慮して使い分けていることば遣いを意味する。それらは話し手が相手の人格や立場を尊重し，敬語や敬語以外の様々な表現から適切なものを自己表現として選択するものである。」というものである。

　この答申の内容は，だれでもが普段行っている当たり前のことば遣いのことを言っているに過ぎないではないか。何が新しいのか，という批判も聞かれないではない。

　しかし，この提言は，これまでのいわゆる敬語の使用に関する常識を越えたものである。何が新しいかを明らかにするために次の7項目に沿ってみていきたい。

　（1）　言語形式から言語使用へ —— ラングからパロールへのシフト

　敬語というと，これまではとかく敬語の言語形式の正しさ，あるいは話し手と聞き手の関係と言語形式の整合性などを問題にすることが多かった。しかし，敬意表現は，相手を配慮したことば遣いかどうかに重きをおくところが敬語と大きく異なる。どの形式が良いか悪いかを問題にするのではなく，使われた表現が相手や場面に適切に適合しているかどうかが問題である。これまで敬語というと，言語形式，つまりラングの方に注目して，「先生が参ります」は誤用であるというようなことを問題にすること

が多かった。敬語がこのような文法の問題であると考えると，正誤がクローズアップされる。

　しかし，敬意表現では，言語形式つまりラングではなくパロールの方に注目する。つまり，言語表現の使用の方に目を向けるのである。日本語話者は，これまで敬語という言語形式とその使い方の正誤問題の呪縛から逃れられないでいたが，そのことから解き放たれて，相手や場面に気を遣うように視点が変わった。敬意表現は，相手や場面を思いやって使い分けることば遣いであるので，丁寧度の高い敬語を使いこなすのが良いとは限らない。その場に応じた，しかも話し手の自己表現としてもふさわしいものが良いということである。本を借りるとき，「貸してくれない」でも「お貸しいただけますでしょうか」でもよい。言い換えれば，どの表現でも敬意表現となり得るものである。話し手自身の自己表現としてもふさわしいかも含めてその場にマッチしているかどうかの判断が適切にされていれば，それだけで良いのである。相手がこのような人で自分との関係がどうで，どういう場面であるかをコンテクスト情報として正しく読み取りそれに適切な表現であれば，どの敬語を使わなければならないというようなことは全くないのである。

　（２）　身分，地位の上下関係から役割関係へ ── 縦社会から相互尊重社会へのシフト

　敬語は，これまではとかく身分や地位の上下関係を指標するものと思われてきた。しかし，これからのあるべき社会の姿をイメージする時，上下関係を固定的に考えるのではなく，その代りに役割関係として臨機応変に捉えるのが妥当であろう。敬意表現が生まれた背景にはこのような考えがあったのである。

　ことばは社会のインフラを支えるものである。ことば遣いの在り方が人間の相互尊重原理に基づいていれば，その社会は，相互尊重をしながら人々がコミュニケーションする社会となると考えた。そこで，敬意表現の中に次の点において相互尊重の精神を表わすことにした。

　まず，敬語というものは，歴史的にみると現代に至るまで一貫して人間

関係を踏まえたことばの使い分けのための言語形式として存在してきたものである。したがって、敬語の使用は、日本社会の人間関係の在り方をことば遣いの上に反映しているものであると言える。敬語は、とりわけ上下関係を明示的に示すものというのがこれまでの人々の敬語に関する常識となっていた。「敬語ってなに？」と聞けば、子供でも目上の人に使うもの、という答えが返ってくる。

　この上下関係に関して敬意表現は次のような提言をしている。つまり立場の異なる人間同士の対話を、役割の違いとして捉える、という考えの提示である。社会の人々は、異なった地位の組織の中で生きている。それが現実であるが、それを固定的なものとしては見ない、という考えである。昔は、身分というものがあり、社会的な身分の上下に応じて敬語が使い分けられてきた。しかし、民主主義社会になって久しい日本の社会においては、身分制度は崩れ、組織ごとに存在する地位の上下関係もあくまで組織の中においての地位の差であるという考えになっている。新しい企画を話し合うような会議では、地位の下の若い人の方が知識の量において格が上ということもあろう。そのような場を想定し、若い人が自分の意見を自由に発言できるような社会のインフラとしてのことば遣いを目指した。

　シリーズものに人気のある『釣りバカ日誌』という映画では、社長が会社では上司であっても、釣りに行った時には部下の方が釣りが上手い。上下関係が逆転するといった、世の中であり得る話が人々の心を捉えている。人間はだれでも上になり得ることを示しているからであろう。この敬意表現という答申の中ではこのように場面によっては上下関係が逆転することを明確に意識した。つまり、その場その場、その時その時の役割において立場の異なりは認めるが、人間としての固定的な地位の異なりはないという考え方である。

（3）　定型表現から非定型も含む表現へ──形式主義から機能主義へのシフト

　ある国立大学で留学生に日本語を教えている言語学者が、留学生の誤りについてどのように説明したら良いのか分からない、と質問しにきた。そ

の誤りとは,「先生,これお土産に買ってきてあげました」という表現である。留学生としては「あげる」という上の人に対して使うやりもらいの敬語を使っているので,丁寧に言っているつもりである。しかし,先生にしてみれば,なにか嫌な感じがする。にもかかわらず,今までの敬語に関する考えで言えば,目上の人に対しては敬語を使うというルールがありそれに則って「あげました」と言っている。敬語使用のルールに違反していないため,どうしていけないのかを説明できないというのである。

　しかし,敬意表現という新しい概念では,おかしいと思えるこの留学生の誤りを説明することができる。敬意表現は,相手や場面に配慮して使い分けていることば遣いである。つまり,「先生にお土産を買ってきてあげた」と敬語を使っていても,「あなたのためにやってあげたのだ」という恩恵を押し付けることを明示的に言ってしまうことは,相手の立場に配慮しているとは言えないだろう。つまり,相手の気持ちを思った時には,相手に負担をかけないという配慮が大事なのである。形式が敬語であれば良いというのではなく,相手の気持ちを考えることがより大切であるということだ。

　もう一つ例を見てみよう。これは,第一委員会のメンバーの中島みゆきさんに作ってもらい答申に入れた例である。ビルの玄関で,重いドアを引き開けて中に入ろうとしたところに,後ろから大きな荷物を持った人が来たため,その人に道を譲る場面を考えてみる。「押さえていてあげますよ」と言うと,恩恵を押し付けられたように感じさせかねない。そのため「どうぞお先に」や「どうぞ」などと言う方がより適切な敬意表現となる。つまり,「押さえていてあげます」という敬語を使ったとしても,相手に恩恵を押し付けるように感じさせ,相手の気持ちに負担をかけてしまうのでは,敬意表現に反する。要は,形が敬語であるか敬語でないかが大事なのではなく,話しかける相手の立場に立って,受け取る相手がどう感じるかを配慮することばの使い方が敬意表現である。ことばの形だけを見て,その形をうんぬんするのではなく,形はともかく言語表現で示されたものがどのような機能を持っているか,そこに目を向けることが敬意表現のエッセンスである。

これまで言語研究は，主としてことばの構造形式に目を向けていた。しかし，今はそのことばがどのような働きをするのか，あるいはそのことばを話す人間やその人間の生きる社会にも目を向けた言語の使用，つまりことばの機能の方にも目を向けるようになってきている。敬意表現は，敬語を含みつつ，その敬語の形式より機能を重視する。ここが，これまでの敬語の考え方より一歩進んだものとなっている。

　私たちは，ことば遣いについて気を使う時，敬語をきちんと使っているか，「恐れ入りますが」「おかげさまで」「先日はどうも」などの決まり文句を場に応じて使っているか，あるいは挨拶をきちんとしているかどうかについて気遣うことが多かったのではないだろうか。どういう時にはどういうことばの形を使う，といったことば遣いのセットの決まりも日本語では確かに大事でもある。しかし，敬意表現では，そのような決まりを超えて形にはとらわれない表現も含めることにしている。

　たとえば，本を借りたい時，親しい人に対しては「その本，貸してくれない↑」と語尾を上げて言う。これが敬意表現の最初の例として提示されている。また，「この本，貸してほしいんだけど」などの言い方も敬意表現の例として示されている。これらの表現には敬語は使われていないが「てくれる」という恩恵を示すことばや「〜ない」という否定形や語尾を上げること，あるいは「〜してほしいんだけど」と最後まで言い切らない言い方を使うことによって相手への負担を軽くする配慮を示している。配慮といえば，かしこまった形式を使うことのみによってなされるのではなく，恩恵を明示的に言ったり，否定形を使ったり，語尾のイントネーションを上げたり，言いよどんだりして相手に押し付けることがないように配慮すること，つまり相手を尊重することも入るのである。

　これまでポライトネスを考える時，敬語，きまり文句，挨拶などの定型の言語表現が注目されてきた。しかし，敬意表現には言語の形式によらない相手・場面を配慮する表現も含めている。敬語やきまり文句を正確に使えばそれだけで良いとは限らない。敬意表現は，形式だけが重要であると思われてきた敬語の意識を，形より相手や場面を思いやる心遣いが大切であるというように意識をシフトさせたものである。敬語という言語形式を

正しく使わねばならないということばの呪縛を解き放し，相手を思いやることば遣いの在り方として敬意表現を誕生させたのである。

　（4）　どう言うかから，なにを言うかへ ── ポジティブ・ポライトネスの視点へのシフト

　これまでは，敬語というと話し手と相手との間に距離を作る表現を主に考えてきた。敬語は上の人あるいは疎の関係にある人，言い換えれば心的距離のある人の間で使われるものであった。しかし，敬意表現では人間関係の距離を縮める表現も含めている。

　私たちは，日頃ことばを使い，意志の伝達を行い社会生活をしているが，その際だれもが相手に受け入れられるような言い方をしたいと願っているといえよう。円滑にコミュニケーションをしようと思ってことば遣いに気を配りたいと，人々はだれでも思うことであろう。そのような配慮のことをポライトネスと言う。円滑なコミュニケーションのために人々が配慮することば遣いのことである。

　ポライトネスには，いろいろあるが，大きく分けて少なくとも二つの方向を持ったものがある。一つは，ネガティブ・ポライトネスである。これは，相手と話し手が心の距離を大きく取り，相手を尊敬していることや相手とは親しくないことを表わすことにより，円滑なコミュニケーションとするものである。いわゆる敬語，つまり尊敬語，謙譲語，丁寧語などを使うことは，概してネガティブ・ポライトネスに属する。いわゆる丁寧なことば遣いをすることは，ネガティブ・ポライトネスによる配慮である。

　その反対にはポジティブ・ポライトネスがある。これは，相手との心的距離を縮めることにより，円滑なコミュニケーションを図るものである。敬称をつけて「ミスター・ブラウン」という代わりに，その人のファーストネームである「ロージャー」で呼ぶというようなのが，その例である。敬意よりも親しさを大切にする配慮である。

　これまで，敬語を使うことを大切にしてきた日本社会では，相手との距離をおき，疎の人間関係を作ることへの配慮が多かったのではないだろうか。丁寧にすることだけを考えていて，ことば遣いで大事なことを見落と

してはいないか。そのような認識から，ポジティブ・ポライトネスによる配慮を，敬意表現の中に加えることにした。

　日本社会では，中国の儒教思想の伝統の影響もあり，謙遜することは多くても，相手の良いところに積極的に目を向け，それを取り立てて誉め，そして励ますというようなポジティブ・ポライトネスに含まれるような配慮が少なかったのではないだろうか。外国，とりわけアメリカで活躍する日本人のスポーツ選手たちが，外国では，表情が明るくなるのをだれもが感じていることであろう。それは，ポジティブ・ポライトネスによってお互いに認め合う雰囲気があるから，と言えないだろうか。

　そこで敬意表現の答申には次のような例が出されることになった。良いことがあった時には「良かったね」と共に喜び，相手への祝福の気持ちを伝える。相手が悲しい状況にある時には「大変だね」と言って慰めたり，同情の気持ちを表わしつつ，なにも言わずにおく。沈黙も敬意表現として機能することも明示した。定型表現を使えばいいという考え方から，相手や場面を配慮してその場に応じて自由にことばを作り出すことができる，という考え方へ範囲を広げたものである。

　定型表現は，礼儀正しく人間関係を確認するという点で日本文化ではもちろん大事なものである。しかし，その枠を超えた範囲をポジティブ・ポライトネスとして新しく示したところに意味がある。日本人はとかくはじめの挨拶だけはしっかりできるが，その次に何を言ったら良いのか分からないでいると言われることがよくある。

　これからの社会は人間の相互尊重がグローバルなレベルで大切になってきている。異なる意見を持つ話し手と相手が対話することによって，お互いの考えを理解し合う。共通の課題を共に考え，次の段階の新しい考えを出して共有できるようにする。そうすることによって相互尊重の民主的な社会が作られるようになる。このような対話が世の中の様々なレベルで大切になっている。知っている人の間では話がはずむが，知らない人との間では話が途切れる，というような殻に閉じこもりがちな話し方を超えていかなければならない。そのような話し方を超えて，だれとでも自由な発想で話ができるようになるためには，定型表現や敬語の形式から解放され

て，相手と場面を配慮する心でポジティブ・ポライトネスの表現も含めた敬意表現を使えば良いのであろう。

（5）　非標準語を評価する価値観へ ── すべてのバラエティに公平な考えのシフト

　敬意表現には，方言や若者ことばも含まれる。敬語が希薄な地域方言でも，文末の表現で相手を配慮する事ができるようになっていることにも注目している。敬語を持たない地域言語は敬意表現ができないということはなく，語尾の表現などで相手への思いやりを示すことはできる。

　また，若者は丁寧なことば遣いをすることが苦手かも知れない。たとえば，若者が「いいですよ」という代わりに「いいっすよ」といったとする。この表現を電車の中で年配の人に席を譲る場面で使ったとする。これは若者なりに自分の善意を「いいですよ」というつもりで「いいっすよ」を使ったものである。敬意表現は相手を思いやるものだが，聞く側も話し手を思いやって聞くことが大事である。この場合，聞く側の年配者は「いいっすよ」が自分のことば遣いの基準でみると，丁寧でないと考えるかも知れない。そのことを聞く側も寛大に捉えてあげることが聞く側の敬意表現として必要であると答申は述べている。

　地域言語では，発話の語尾で優しさを示すものがある。たとえば「〜なし」「〜のう」などの短い文末詞によって話し相手の親しさやあらたまりの気持ちが微妙に言い分けられるのである。敬語を用いなくても，このような表現を大切に使っていくことで，敬意表現を豊かなものにしていけることであろう。

（6）　話し手自身の身分証明として ── コンテクストの中の自分自身への配慮も

　敬意表現は，自分自身も配慮の対象としている。その場その場における自分がどのように見られたいか，自分の身分証明はことばで表現するものだと考えている。このことは，相手と同じく自分自身をも尊重するという相互尊重という精神に沿うことにもなる。敬語には，品位を表わす機能が

ある，といわれるが，品位とはこのように自分自身に配慮することである。堅苦しい人，折り目正しい人，気さくな人，男らしい人，優しそうな人，女らしい人，可愛い人などを話し手が選び取って言語表現で表わすことができるものである。それだけではない。自分の育った地域，育った環境など，自分の出自をことばで表わすこともできる。

（7） 日本の文化的慣習の保持 ── ことば遣いの中に日本文化が内在する

　敬意表現の定義に「相手や場面に配慮して使い分けていることば遣いを意味する」とある。この「使い分けている」ということばは，「選択する」とは異なる。これは英語にはなりにくい表現である。あまたある中から一つを取り出して使う時には「選択する」であるが，「使い分けている」ということばの意味することは，限られた数の中からこれでなくこれを，というふうに全体を把握した上で選び取っていることを意味する。日本のことば遣いで大事なのは，この使い分けの意識であると言えるだろう。つまり，全体を把握する広い視野での場の捉え方が前提になっている。

　では，なぜ使い分けるという意識が大事なのだろうか。使い分けるということばの「分ける」というところがポイントである。いくつかの表現がある中で，その一つを選び取るというのではなく，表現を右か左かに「分ける」という意識で使っているのではないだろうか。右か左かに分けたらその中のどの表現を使っていても構わない。ある一定の基準で分けるべきところをしっかりと分かっている，つまりわきまえていれば良い。

　わきまえるとは，たとえば人間関係でウチ・ソトの区別をすることである。人間関係や場面に応じたウチ・ソトの区別をしてそれを指標する言語形式を使うという使い分けが必要だということである。つまり，答申の文言を引用すると，「その時々の相手や場面に合ったものを社会の慣習に照らして過不足なく選び取って使うもの」ということであるが，これは日本の慣習として長い間我々の常識となっていることば遣いを維持してきたということである。「過不足なく」ということは，丁寧すぎてもいけないし，丁寧でないのもいけない，という意味である。丁寧にすれば良いといわれ

る方が易しいかも知れないが，そうではないところが問題である。要は，話し手が置かれた場における社会言語学的要素を適切に読みとることが肝要なのであろう。NHKアナウンサーのベテラン加賀美幸子氏は敬語に関する国語問題施策シンポジウムにおいて「敬語は削って，削って使うもの」と述べていた。ベテランアナウンサーともなれば，ここではこの敬語を使うべきというツボを心得ているので，その他には敬語を使わない方がすっきりした話し方になるというのである。敬語は沢山使えば良いというものではない。過ぎた使い方は，相手に対して敬意を表わすどころかかえって慇懃無礼になる可能性を持っているということである。

　答申では敬意表現の働きとして次の六つのことが述べられている。それらは，
　「相手との立場や役割の異同を示す」
　「相手との関係が親しいか否かを示す」
　「場面があらたまっているか否かを示す」
　「伝える内容の性格を示す」
　「相手の気持ちや状況に応じて思いやりを示す」
　「自分らしさを示す」
　この六つの敬意表現の働きのうち，最初の三つの働きは，日本社会の伝統的在り方を保持するということを明示した答申となっている。なぜなら，まず第一に「相手との立場や役割の異同」と「相手との関係が親しいか否か」はいわゆる上下親疎と場面のあらたまりをわきまえる，というこれまでの敬語使用の要として日本人の間で常識となっている社会行動の規範に沿ったものだからである。少し変わっているところは，「上下の地位」の人間関係を固定的に考えず，「立場や役割」として柔軟性を持たせていることである。このことが日本語の使用の要となっているのには，「です・ます」の存在が大きく関与している。「です・ます」を使うか否かで，「言うという行為」の場がソトのものであるかウチのものであるかのわきまえが指し示される。つまり言語形式と「言うという行為」の指標される場との切っても切れない相関があるのである。

　「伝える内容の性格を示す」「相手の気持ちや状況に応じて思いやりを示

す」という敬意表現の働きは，日本語に限ったことではない。「伝える内容の性格」によって，雑談の時は，楽しくあることが主目的であるのでそのように「言うという行為」も話し手交替やモダリティ表現の選択などにおいて，それなりのものが使われる。ビジネス交渉の場合は，伝達内容の伝え合いが主目的であるので，伝達内容の正確さに配慮するが，相手の立場を思いやり，交渉が上手くいくようにするために「申し訳ないですが……」などの前置き表現を使う配慮の表現を駆使する。

　「相手の気持ちや状況に応じて思いやりを示す」は，重いドアを引き開けて「押さえていてあげますよ」と後から来る人に恩きせがましく言うのではなく「どうぞお先に」と言った方が相手への負担が軽くなる，といった例にみるようなものである。また，ポジティブ・ポライトネスのストラテジーとしての「頑張らなくていいよ」とか「全部食べないでいいのよ」といったものもこの敬意表現に入る。

　相手の状況に応じて思いやりを示す例として，「お荷物になりますが……」がある。答申作成のために第一委員会のワーキング・グループの四人と文化庁国語課の調査官三人が，よく夜遅くまで会議を開いていた。ある日，国語に関する世論調査をまとめた報告書が配られた。それを使って話し合った後，「これいただいてもよろしいんですか」と尋ねると「お荷物になりますが……」という答えが返ってきた。相手の状況を思い遣ったなんとピッタリとした敬意表現だろう。質問の後，間をおいて発せられたこの敬意表現の思いやりに，その場の疲れきっていた一同の顔がほころび，ストレスが少し軽くなったのを思い出す。「お荷物になりますが……」と発言した人は，「国立国語研究所のプリンス」とも，「歩く敬意表現」ともささやかれていた方であった。

　「お荷物になりますが……」は若い人も使っているのを聞くことがあった。ある研究会に，院生が自分の故郷岡山の銘菓「若鮎」を持参した時のことである。二つばかり余ったので，それはイギリスからはるばる出席されたメンバーに持ち帰っていただくことにした。美しい銘菓の包装紙にくるんで，差し上げる方の鞄の中にそっと入れながら「お荷物になりますが……」とひとこと添えていた。

以上みてきた六つの働きは，敬語と比較した時浮かび上がる新しい概念としての敬意表現の特徴である。

5.4. 敬意表現と国際化

はたして，敬意表現はどこまで国際化社会に開かれたものになっているのだろうか。敬意表現は，ポライトネス原理といわれる普遍的枠組みに照らして考えるとどのようなことになっているのであろうか。

敬意表現は，三つの観点において，これまでの敬語にくらべて，普遍的ポライトネス原理に沿ったものとなっている。第一に，敬語より枠組みを広げたことにより，ポライトネス原理で扱うほぼ全部がカバーされるようになった。第二に，ポジティブ・ポライトネスに相当することば遣いを含めている。第三に，定型表現だけでなく，非定型表現も含めていることがあげられる。そのことを少し詳しくみていこう。

欧米の言語と文化を背景にしてつくられたポライトネスに関する普遍的といわれる言語使用の理論は，日本など東アジアの言語などに存在する敬語を歪めずに扱うにはふさわしくない，と批判されている (Ide 1989)。では，敬語でなく敬意表現という枠組みでみるとどうであろうか。敬意表現は，敬語にくらべ，ラングからパロールへ，定型から非定型へとその枠組みを広げている。ということは，敬意表現は普遍的ポライトネスの枠組みで説明できるものであることがみえてくる。

ブラウン＆レビンソンの枠組みは，言語使用のルールである。ということは，敬意表現の枠組みは，そのまま普遍的ポライトネス原理に当てはめられることになる。ブラウン＆レビンソンによるポライトネスストラテジーの中で，敬意表現の具体例をみてみると，ほぼすべての敬意表現が含まれていることがわかる。

第二に，敬意表現にはポジティブ・ポライトネスのことばも含めることになった点は，より国際的に通用するものになっている。敬意表現には，相手に良いことがあったことに対して「良かったね」と共に喜ぶような表現も含まれている。これは，ブラウン＆レビンソンの枠組みではポジティブ・ポライトネスの気配り表現に当たるものである。第21期国語審議会

審議経過報告書に載っている「春らしいスカーフですね」という相手を誉めることによる配慮の表現もポジティブ・ポライトネスの例として示されている。これは，敬意表現の具体的説明として「相手の気持ちや状況に対する配慮」という項目に含まれるべき配慮の表現である。ここには，相手に優しさを示すことば遣い，たとえば，友人に約束の時間を変更してもらう時，「悪いけど，急な用事が入ったので，待ち合わせの時間ずらしてくれない↑」も含んでいる。このように，配慮する時には理由を言う，というポジティブ・ポライトネスが日本社会でも有効であることを示している。ちなみにブラウン＆レビンソンの枠組みでは13番目のポジティブ・ポライトネスのストラテジーが「理由を与える」となっている。

　このことは，敬語やきまり文句や挨拶の範囲を越えて様々な創造的な表現もポライトネスの枠に入るということを意味する。こうしてみると，親しさや優しさを示すことのできる終助詞や，話し手を心地よくさせるようなあいづちの使用なども，ポジティブ・ポライトネスのさまざまな手段として大事にされるべきことばであろう。

　第三に，敬意表現は，非定型の表現にも価値を置いた。このことは，ブラウン＆レビンソンの枠組みと大いに通じるところである。答申の「敬意表現の概念」という項目の中で，敬意表現の最初の例としてあげた表現は，「その本，貸してくれない↑」である。この表現には敬語がない。つまり，言語形式のあらたまりによらないでも敬意表現が可能であることを，最初に出した例で明確に示している。

　敬意表現には敬語や挨拶のようにこの形式を使えば丁寧になるというものと，形式にこだわらない表現の両方がある。このことは，ブラウン＆レビンソンの枠組みと同じということになる。つまり，敬語を敬意表現にすることにより国際的に通用すると言われる普遍的ポライトネス原理に通じるようになっているということができよう。

5.5. 敬意表現のどこが日本文化を維持しているのか

　以上見てきたように，敬意表現は，国際的に通用する枠組みになっている。そこが，戦後出された「これからの敬語」とは大きく異なるものとな

っている。まさに21世紀の国際社会にふさわしいものとなっている。

　しかし，一方では，ブラウン&レビンソンの枠組みにはない次の三つの側面があり，ことば遣いの在り方に日本文化の慣習をふまえているものとみることができる。第一に，「使い分け」ということばが使われていることで示されているように，言語を選択する時に世間で何となく常識とされている規範のようなものを意識したことば遣いの考えがあること，第二に相手を立てるという謙譲の美徳をことば遣いの基準として示したこと，第三に自分らしさを示すための使い分けという自分に対する配慮があることが，普遍的ポライトネス原理とは異なるところである。言い換えれば，この三つの側面において，敬意表現は，日本文化維持の姿勢を示しているといえよう。

　敬意表現の定義の最初の文には，「使い分けている」とあり，第二文には，「選択する」とある。これは，意識して書き分けられたものである。「使い分ける」ということばには，「です・ます体」を使うか否かというように，限られた選択肢の中から選ぶものという意味があるが，「選択する」というのは，あまたあるものの中から，自由に選び取ることである。前者は英語に訳すことができないが，後者は訳せる，ということは，英語に訳せない「使い分け」ということばは，日本語のコンテクストで理解することばである。「使い分けている」を最初の文に使ったことで，日本語においては，丁寧度の度合いが異なるいくつかの同義語を，相手・場面などに応じて使い分けることが，ポライトネスに関わることを表している。相手と話し手の距離に応じて，あるいは場面のあらたまり，ウチとソトの区別などに応じて丁寧な言語形式を使ったり使わなかったりする。

　「使い分け」をするということは，また，次のような意味で，普遍的といわれるポライトネスに応じた言語使用と異なっている。ブラウン&レビンソンの言語使用原理は，円滑なコミュニケーションにするために話し手個人がどのように理性を使って表現を作り出すか，そのストラテジーを示したものである。つまり，相手と話し手のフェイスを守るためには，その場に応じてこのようなストラテジーがありうるというルールである。

　それに対して，敬意表現は，配慮すべきものとして，人間関係，場面な

ど6項目があげられているが，それらはいずれも，配慮すべき社会あるいは世間が暗黙のうちに了解事項としている項目である。個人対個人のルールでなく，社会のなかでのわきまえ，相手，場面に対して，社会的慣習に鑑み，社会によって決められている区別，つまりわきまえて使い分けるということである。

　また，ことば遣いの在り方の具体例として相手を立てる日本の慣習が次のように示されている。「敬意表現の実際」の中で，〈同じ立場の相手に対する配慮〉に出てくる具体例に，次のようなものがある。会議の出席者という意味で同等の立場の人が，「先ほどの御意見で分からないところがあったのですが」といった後，「私の説明が不十分で……」と相手が応答するものがある。このやりとりは，「相手が説明不足であってもそれを責めず，自分が理解不足であるように言うことによって謙虚さを表す」，そして答える側も「自分の方が説明不足であるという控え目な態度で説明を加えることによって相手への配慮を表す」というものである。まさに相手を立て，自分を控え目にする，立てられた人は次には相手を立てるということを繰り返す。これはシーソーゲームのような，人間関係の結び付き方の基本を示している。こうしなければならないというルールを示したものではないが，同じ立場の対話者の敬意表現の具体例にこのような例を出したことの意図は，謙譲の美徳は，国際化社会では通用しないからやめよう，という考えは持たなかったということを意味する。実際，「つまらないものですが……」という表現は21世紀の国際社会にふさわしくないからやめよう，という意見があったが，その意見は否定された。大方の意見は相手を立て，自らを下げるというシーソーゲームのやりとりが，日本の「言うという行為」の原理であるという合意に達したものである。

　また，敬意表現の定義で，「自己表現として」とあるように，敬意表現は，自分らしさを表わすための配慮でもある。もともと国語学者たちにより敬語には品位や嗜みを表わす，ということが言われていたことに通じるものであるが，これは，ブラウン＆レビンソンの枠組みなど，普遍的ポライトネス理論では，触れられていない言語使用の側面である。西欧社会の暗黙の前提，平等主義の理想（egalitarian idealism）に反するからであ

る。このことは，言語使用は単に情報内容の伝達にあるのではなく，そこで使われる言語形式が記号として，社会の複雑な構造の中で，地域的，年齢的，職業的などさまざまな話し手の属性の身分証明となっていることを明らかにしている。

5.6. 敬意表現と共生のグローバル社会

　敬意表現は，敬語についてどういう考えを示したのか，伝統保持か簡素化かという質問があるとすれば，その答えは両方である，と答えたい。

　敬意表現は，日本語話者が多かれ少なかれもっている敬語ということば遣いに対する一種の呪縛から解き放すものである。敬語の形式を暗記してそれを正しく使わねばならないというようにこだわらなくて良い。それに代わるものが，相手・場面に配慮した敬語を含む様々な表現である，という簡素化した新しいことば遣いに関する考え方を提唱したのが「現代社会における敬意表現」である。形式にこだわらず，場面に的確ならば良いとする。このことは，日本人のことば遣いに大きな意識改革を促すものである。

　一方，敬語という人間関係を踏まえたことばの使い分けに育まれてきた日本社会の文化的伝統は，場や役割をわきまえた使い分けや，話し手自身の自分らしさを表現することも配慮の対象とした，という点で伝統を守ったといえよう。

第 6 章

女性語はなぜ丁寧か

6.1. 女性語研究と女性の地位の向上

　世界でジェンダーの問題がクローズアップされてから多くの年を重ねてきた。この流れの中に女性語もあった。女性語に関する研究は，1970年代から興隆をみせているが，それはその頃から急激に世界を覆った女性の意識革命と深く関わっている。

　意識革命のルーツは，1964年アメリカ合衆国連邦議会を通った公民権法の発布にある。1960年代前半の頃までのアメリカの南部では，黒人は白人と同等の扱いを受けていなかった。バスに乗れば，黒人の席は後方と決められ，学校も白人の学校と黒人の学校に分けられていた。バスの停留所にある水飲み場にも「ホワイト・オンリー」の札が付いていた。同じ人間でありながら，皮膚の色で差別することは間違っている。人間を人種，皮膚の色，宗教，出身国などで差別してはならないという公民権法案を求める運動でワシントンD.C.に集まった100万といわれる人々のデモ集会で黒人指導者キング牧師が，かの有名な「私には夢がある。私の孫たちが白い子も黒い子も兄弟のように手をつなぐ日が来ることを……」という演説で多くの人々の共感を呼んだ。1964年のことであった。

　同年，公民権法案投票日の7月2日のことである。アメリカ合衆国下院議会において，ヴァージニア州選出の議員ハワード・スミスは，憲法修正第7項にさらに修正を加える動議を提出した。その修正とは，たった一語「性」を書き加えるというものだった。

　憲法修正第7項は，雇用の際に人種，皮膚の色，宗教，出身国による人間の差別を禁じるというものだが，スミスの動議は，ここに性（sex）を加えることにより，性別による差別を禁じるものにしようというものであった。黒人に対してと同様に，女性に対しても人間としての平等の権利を，という修正である。

　実は，提案者であるスミスの本心は，この法案が可決されるのを妨害することにあった。男女の性による差別を禁じることは，当時の世の中では冗談と受け取られるほど非現実的な考えである，という計算がスミス氏にはあったのである。彼は性という言葉を加えれば，公民権法案を可決させようとする動きをくい止めることができるのではないか，と考えたのであ

る。1960年代中頃のアメリカ中産階級の家庭では，美しい家庭を維持し，たくさんの子供を育てるという女性のロール・モデルのイメージが圧倒的に強かった時代である。黒人を差別する人種差別の禁止に便乗して男女の性の差別を考えることなど一般には考えられていない時代であった。スミス氏はヴァージニア州という南部の州を代表する議員で，いうまでもなく公民権法に反対であったので，反対を確かなものにするために「性」を加える動議を出したのであった。

投票の結果はスミス氏の期待に反し，憲法修正第7項が議会を通過してしまったのである。

歴史を動かした事実にはさまざまな偶然がかかわることがある。アメリカで起きた女性の意識の革命にも，スミス氏の誤算という偶然があったようである。このことは，70年代中頃にアメリカに一年滞在していた時，まのあたりにした女性の地位の急激な変化に驚く私に，ノース・カロライナ大学英文学科助教授の一人の女性が説明してくれた。「私たちだってこの変化に驚いていて，それについてゆくのが大変なのよ。すべては憲法修正第7項のせいなのよ。」さらに彼女は，「人間って保守的なもので，今まで当たり前と思ってきた男女に関する考えを変えるのは，とても大変なことなのよ」とも言っていた。

このようにして，黒人と白人の差別撤廃に便乗した形で，女性に男性と平等の権利が認められることになった。人種や宗教などの異なりに関わらず人権を認めるのと同時に，性による異なりにも関わらず，同等の人権があるという法律ができてしまった。黒人や少数民族にも，白人と同等の権利を与えるということは，人権の問題として，また人道的見地から見てもだれにでも納得のいくところであった。

しかし，女性の場合は事情が異なっている。女性は男性と共に生活しているので，その異なりは差別というより役割分担に過ぎないと捉えるのがその頃の人々の普通の考え方であった。憲法修正第7項で「性」においても差別してはいけないという法律ができたその頃の女性は，黒人の場合とは違い，それまでに不当な扱いを受けてきたという認識はあまりなかった。

そこで，当時の社会では，女性の自己認識と新しい法律との間の大きなずれに直面せざるをえなかった。70年代に入ると，男女平等の法律の追い風を受け，あらゆる学問分野において異なるとされてきた男女の前提を洗いなおす研究が始まった。70年代のアメリカの大学では，性差が本来あるのか否かを問う研究を促進するための研究費公募の貼り紙をよく見かけたものだった。
　男と女はそれぞれの歴史的，宗教的，社会的背景の下，当然のことのように異なるとされてきたが，本当にどこまで異なるのか，が問われたのである。異なるとされてきたのは，異なることを前提として学問の枠組みが作られてきたためではないか。前提までも疑うことから始めれば，本来の男性と女性の異同が改めて明らかになるはずである。当時のアメリカの幼稚園で，先生が子供たちにおむつだけをしている二人の赤ちゃんを見せて「どちらがボーイでどちらがガールでしょう」「ほら，おむつを取らなければ，どちらがどちらかわからないでしょ」と言って男女が異なるという先入観を解き放す教育を行っていた。このようにして，子供たちに男女の異なりを植えつけないよう，教育現場でも意識改革が始まっていた。大学・研究所で行われる性差の洗い直しの研究と共に教育の上でも男女が異なるというのは偏見にすぎないのではないか，という新しい常識の模索が始まっていた。
　ことばの研究をする言語学においても，男女の前提を問い直す研究が始まった。カリフォルニア大学バークレー校言語学科のロビン・レイコフ教授は，1973年に「言語と女性の地位」という論文を出し，それが後に続く女性と言葉のほぼすべての研究の導火線となった。この論文は75年に同じタイトルの著書になったものだが，そこで説かれた仮説は，現在に至るまで女性語の研究が行われ続けている原動力となっている。
　ここでロビン・レイコフの研究を簡単に説明しよう。レイコフは論文の冒頭で，「私たちがことばを使うように，ことばは私たちを使っている」(Language uses us as much as we use language.) と述べている。これはどういうことかというと，私たちはことばを空気のように当たり前のものとして使っているが，そのことばのなかには，現実の社会をどのように認

識しているかが反映されており，そのようなことばを使うことにより，私たちは無意識のうちに現実に支配されてしまっているという意味である。もう少し具体的に言うと，もし現実が男と女を差別しているものであれば，その現実がことばの中に内在している。そのことばを使うことは，差別のある社会の現実を私たちは受け入れているということである。

　そのような社会とことばの関わりを考えるにあたり，レイコフは二つの見方をした。まず最初は，ことばの中に現れている男女の不平等についてである。男と女がペアになっていることばをみてみよう。英語では，1970年代当時まで男を表わす man に対し，女を表わすことばとして woman と lady があった。当時の woman ということばは，現在使われているような意味ではなかった。何が違うかというと，当時 woman という言葉は，女をセックスの対象物，あるいはささくれ立った女つまり良くないイメージで使われる言葉だったのである。そこで，woman ということばの汚さを隠す婉曲語が必要となり，lady が使われていた。lady というのは，上品できれいなイメージを持つが，一方では能力のない，というイメージを醸し出している。女性は，woman と言われればきたないイメージ，lady と言われれば無能なイメージを付与され，どちらのことばを使っても有能な女性というイメージはもてなかったのである。

　一見ペアになっている言葉のように見える man and woman, gentleman and lady という表現には，ペアとは言えない不平等のイメージがあるという社会の現実を映し出している。レイコフはこのようなことばの不平等を明らかにし，その現実を論文を通して世の中に訴えかけたのである。

　ことばに関する不平等は，英語にはまだまだあった。形の上ではペアをなす master と mistress の例を見てみよう。master は男主人，mistress は女主人だが，それだけでなく妾の意味にも使われている。独身者のことを bachelor と言っても男性のみに限られており，独身女性には spinster という良くないイメージが伴う言葉がある。離婚者という意味の divorcee は女性だけに使われ，男性は離婚すると bachelor となる。このような不平等なことばの有様は，離婚，未婚の区別なく使える Ms の誕生以前

には，女性は Miss か Mrs. のどちらかを選ばなければならなかったことに端的に表われている。このように，英語という言語のシステムの中に男女不平等が内在していたのである。

　またレイコフは，このようなことば上のアンバランスが持つことの社会的意味は，男は社会の主流に，女は周辺的な場所に位置づけられているということの表われであると主張した。公民権法案の決定通り，男性も女性も同じ権利を持つならば，ことばの上で何を変えたら良いのだろうか。そのことに対してレイコフは明確な提言を行った。ことばが私たちを使っているのだから，そのことばに内在する差別をなくすように変えることができれば現実も変わる，というのが彼女の考えである。つまり，この現実にある不平等はことばの中にある不平等の反映である，と暴くことによって不平等是正を唱えたのだった。かつては，She is my woman. と言えば，「彼女は（セックスの対象物としての）おれの女だ。」というような意味だった woman が，今では有能さを備えた女性を意味する男性の man とパラレルに考えられる woman へと変化している。これは，レイコフの論文で暴かれた，man と woman の意味の不均衡を是正した結果である。かつては女性が就くことは考えられることはなかったアメリカ合衆国の国務長官はじめ，多くの政府，司法の要職で女性が活躍している現代社会の変化の陰には，女性の可能性を制限してきたことばの不平等を変えたという歴史的事実もあったのである。

　また別のアングルから，レイコフは女性とことばについて論じている。女らしく話すというのはどういうことか，ということについてである。レイコフは，女性は「このように話すものだ」と言われているいくつかの特徴を挙げながら，それらが女性の自信のなさや能力のなさや女性の地位が重要でない存在であることを表わしていることを指摘した。

　いくつかの例を挙げてみよう。女性は charming, lovely など，いわばどうでもいいような中味のない形容詞をよく使っている。また，女性は相手に「いいですか↑」と聞くように尻上がりの調子で話をする傾向がある。文の終わりを上げて話すこのような女性特有のイントネーションは，話し手の自信のなさを示している。

さらに，女性はたとえば，「いくらか，多少」(sort of, kind of)「いいかしら」(I wonder, I guss) といった，言い切りを避けてぼやかすことばをよく使う。レイコフはこのような特徴を挙げ，これらを使うことで女性は社会の周辺的な存在の人間を演出している，と考えた。このように女性らしい話し方をしている限り，女性は無意識のうちに自らが周辺的な存在であることを認めてしまうことになり，社会の主流に乗ることはできないということを主張したのである。

　レイコフの研究が導火線となり，アメリカやヨーロッパにおいて，続いて全世界の男性語・女性語について研究がなされるようになった。ことばに表われた男女の不平等を各々の社会での性差別の表われであるとしてそれぞれの地域で世に訴えることになった。日本もその例外ではなかった。1970年代当時，男の配偶者を指す言葉「主人」が一般的に使われていたが，現在では，「夫」がそれにとって代わるようになった。それに付随して「家内」「女房」などが「妻」に代わった。「夫」と「妻」が定着したことは，男女平等をその基本的な語彙で成し遂げたことになる。

　これまで地球上の半数を占める女性たちが，能力を過小評価されてきた現実を変えるため，言葉の改革が行われていたのである。そしてこの地球の何よりの資源である人間，とりわけ女性の能力の未開発の部分を新しく掘り起こす運動に繋げたのである。

　物事を偏見のない目で見直すことで，より良い人間の生き方を探っていこうという運動がこの地球で現在力強く進められているが，ことばの研究もその一端を担ってきたと言えよう。

6.2. 欧米と異なる日本の女性語

　日本のことばと女性について，イギリスの女性語研究家，ジェニファー・コーツは世界の女性語をテーマとするジャーナル特集号 *International Journal of the Sociology of Language* に載せられた日本の女性語の論文集（Ide & Mcgloin *Aspects of Japanese Women's Language*）の書評を締めくくるにあたり，日本女性と女性語について次のように述べている。「いつになったら日本の女性たちは，女子中学生が時々使うように，自分

たちのことを『ぼく』と呼べるようになるのだろうか。普通男性が使うとされている終助詞「ぞ」「ぜ」を使って強い主張ができるようになるのだろうか。女性が使うことばのスタイルは（今の低い地位から）威信のあるものになるのだろうか。」このような書評を書かれると，日本人，とりわけ女性たちは，なぜそのように言われるのかと首をかしげてしまう。コーツがなぜそのようなことを考えるのかを解き明かすことが，日本の女性語を欧米との比較で理解する鍵となろう。

　欧米の人々は，人間が平等になることそのものを進歩と考える。神が人間を平等に創造なさったとするキリスト教文化の根底に平等主義の理想というものがあるからであろう。平等になるという考え方の中には，男と女が同じ権利を持つということも含まれている。したがって，日本女性が「ぼく」を使えるようになると，日本女性が男性と同じ自称詞を持つことで男性と平等となる。地位が低く，社会で虐げられている日本女性は男性と同じ自称詞を持つことで進歩することになる，とコーツは考えているのである。

　日本女性は，「ぼく」を使えるようになる社会が進歩した社会と思えるのだろうか。言うまでもなく，答えはノーであろう。このイギリスの言語学者と私たちの考え方のギャップの大きさの中に日本語と英語で考える言葉と性差，あるいはことばと社会の中の男と女の関係の在り方の異なりがみえてくる。そのことについてもっと詳しく考えてゆこう。

6.3. なぜ女性はより丁寧なことばを使うのか

　日本の女性はより丁寧なことばを使うと思われているようだ。

　敬語について人々がどのような意識を持っているかという調査の中で，男と女ではどちらがより丁寧な敬語を使うべきと思っているかについての意識調査がいくつかある。少し古いものだがそれによると，女性の方が丁寧なことばを使うべきだ，または女性の方が丁寧なことばを使っている，という結果が出ている。これはある意味で，私たちの予想通りの結果である。

　ではなぜ，女性がより丁寧なことばを使うのだろう。その答えは，ごく

一般的な考え方に照らしてみると，女性は男性より地位が低いので，より多くの敬語を使わなければならないし，より丁寧であることを余儀なくされているからではないだろうか。

このように考えるのはアメリカで始まったフェミニズムの考え方，つまり女性は男性より地位が低い，あるいは男性は世の中の主流で女性は世の中の周辺的存在であるという考えと，敬語というものは地位の下の人が上の人に対して使うものだ，という考えが合わさってできた考えだといえよう。一般的に地位の低い女性は一般的に地位の高い男性に対して敬語を使うので，女性の方が敬語をより多く使う傾向にあるということになる。そうだとすると，女性が今までのように敬語を使わないようにする，丁寧な敬語は避けて，男性と同じような使い方をすることによって，女性の地位が上がるはずであるという推論が成り立つ。これは，コーツが日本女性が「ぼく」を使えるようになる時がくることが，日本女性の地位の向上だと推論するのと同じことである。しかし，果たして言語と社会の中の人間の関わりはそのように簡単なのだろうか。

日本のある会社で異なる地位の女性がどのようなことば遣いをしているかを調査した研究がある。井出・井上（1992）は，若いOLと女性管理職のことばを比べている。「後ほどお電話差し上げてよろしゅうございますか」と「後でお電話差し上げてよろしいですか」が女性の社員によって使われている。どちらが若いOLの発話でどちらが女性管理職の発話だろうか。

「後ほど……」が女性管理職のことばである。二つを比べた場合，この発話の方がより丁寧な表現が使われている。「後ほど」「よろしゅうございますか」という表現は「後で」「よろしいですか」に比べて，丁寧度のレベルが上である。このことは，地位の上の人が地位の下の人よりも，より丁寧なことばを使っているということになる。地位の低い人が地位の高い人に使うのが敬語であるとすると，同じ第三者に対して使う敬語としては，地位の低い方がより丁寧度の高い表現を使うべきということになる。しかし，ここでは低い地位のOLより高い地位の管理職の女性の方がより丁寧な表現を使っている。これは敬語使用の原則に反しているのではない

か。

　この矛盾を解くために，女性が丁寧な敬語表現を使う理由について，もう少し詳しくみてみることにする。結論から言うと，ことば遣いはいろいろな要素が絡んでいるもので，言語形式とそれを使う人の社会的地位について，コーツの考えるように短絡的に説明しきれることではない。複雑な言語使用にまつわる要素を一つずつ紐解いてみるため，ある研究の一端を，ここで紹介しよう。井出他（1985）『女性の敬語の言語形式と機能』で報告されている女性語の調査結果からの考察である。

　東京とその近郊に住む大学生の子供を持つ中年の男女をインフォーマントにして，500人規模のアンケート調査を行った結果から次のようなことがわかった。これは，「（いつ）行くか」という命題をどのような言い方で表現するかそのヴァリエーションを調べたものである。まず第一に，「（いつ）行くか」と言う時に考えられる表現のバラエティーについて，それぞれがどの程度丁寧な表現であるか，という言語表現に対する丁寧度に関する意識を聞いたものの結果が次に示す図6-1である。

　これでわかることは，たとえば「いかれますか」という同じ表現を，女性は3.51に対し男性は3.93という丁寧度で評価している。女性よりも男性の方が高い丁寧度で評価しているということである。つまり，同じ表現でも女性の方があまり丁寧でない，と感じている。これは私たちが日常生活において，女性が「いかれますか↑」と言ってもそれほど丁寧に聞こえないのに対し，男性が「いかれますか↑」と言うとかなり丁寧なことばに聞こえる，ということが調査結果として明示的に現れている。同じ表現でも，男性と女性では丁寧度に関する評価が異なるのである。同じ表現を女性の方が低い丁寧度で評価するということは，女性のことばは丁寧さがインフレを起こしていて，丁寧なものも丁寧でなくなっている，ということでもある。

　次に図6-2をみてみよう

　この図は，調査結果を少し複雑な方法で分析したものである。男性と女性がそれぞれ日常つきあう人に対し，どの程度丁寧な態度で接しているか，その平均値を示したものが上の軸に1から5までの横に並んだ丁寧度

男性

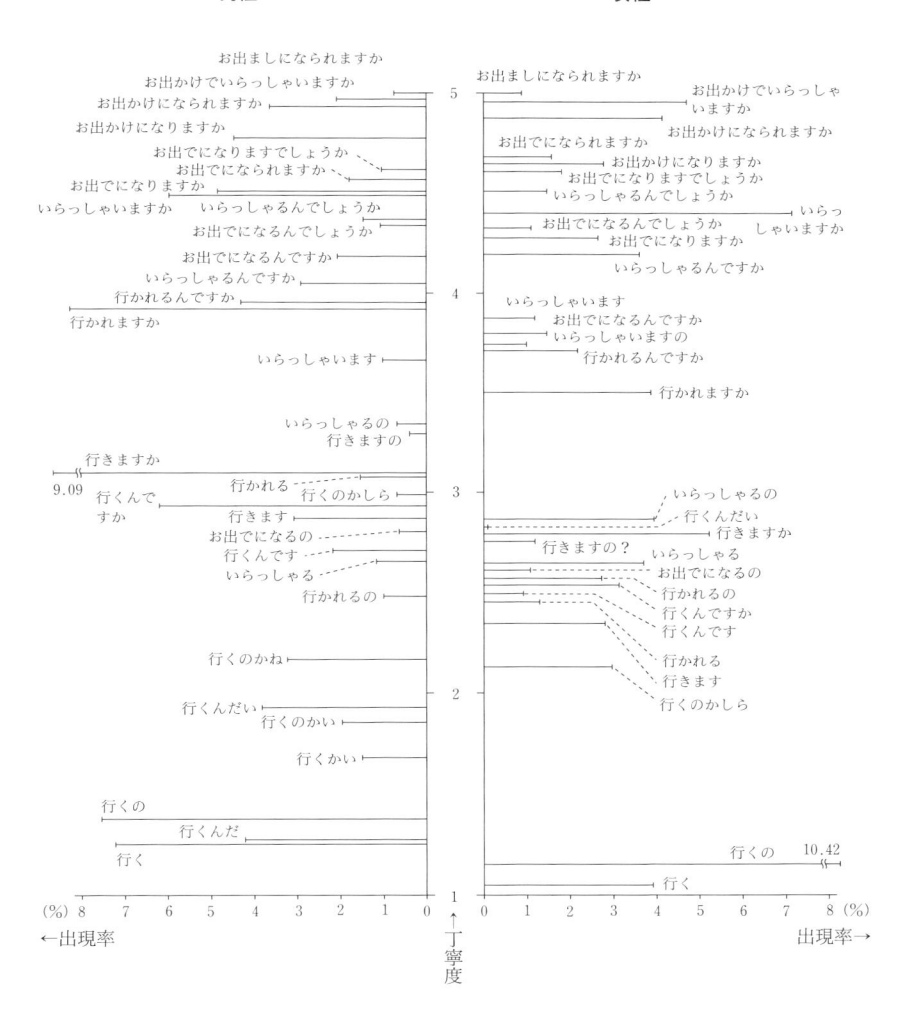

丁寧度	表現
5	お出ましになられますか
	お出かけでいらっしゃいますか
	お出かけになられますか
	お出かけになりますか
	お出でになりますでしょうか
	お出でになられますか
	お出でになりますか
	いらっしゃいますか
	お出でになるんでしょうか
	お出でになるんですか
	いらっしゃるんですか
4	行かれるんですか
	行かれますか
	いらっしゃいます
	いらっしゃるの
	行きますの
3	行きますか (9.09)
	行かれる
	行くんですか
	行くのかしら
	行きます
	お出でになるの
	行くんです
	いらっしゃる
	行かれるの
	行くのかね
2	行くんだい
	行くのかい
	行くかい
	行くの
	行くんだ
1	行く

女性

丁寧度	表現
5	お出ましになられますか
	お出かけでいらっしゃいますか
	お出でになられますか
	お出かけになられますか
	お出かけになりますか
	お出でになりますでしょうか
	いらっしゃるんでしょうか
	いらっしゃいますか
	お出でになるんでしょうか
	お出でになりますか
	いらっしゃるんですか
4	いらっしゃいます
	お出でになるんですか
	いらっしゃいますの
	行かれるんですか
	行かれますか
3	いらっしゃるの
	行くんだい
	行きますか
	行きますの？
	いらっしゃる
	お出でになるの
	行かれるの
	行くんですか
	行くんです
2	行かれる
	行きます
	行くのかしら
1	行くの (10.42)
	行く

図6-1 「（いつ）いくか」のヴァリエーションの丁寧度の男女差

男性

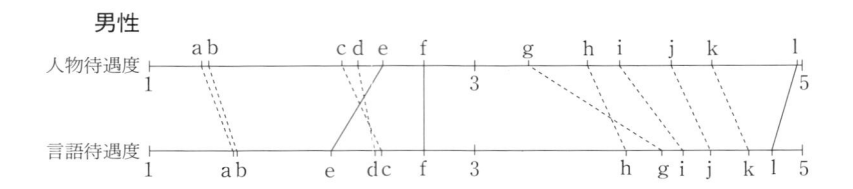

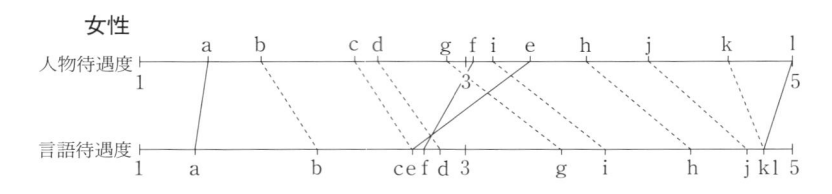

人物待遇度　a b　　　c d e　f　　　g　　h i　j　k　　l
　　　　　1　　　　　　　　　3　　　　　　　　　　　5

言語待遇度　　a b　　　e　d c　f　　3　　　　h　g i　j　k l　5
　　　　　1

女性

人物待遇度　　a　　b　　　c d　　g f i　e　h　　j　　k　　l
　　　　　1　　　　　　　　　　　3　　　　　　　　　　　5

言語待遇度　　a　　　　b　　　c e f d　3　　g　　i　　　h　　j k l　5
　　　　　1

a．子供　b．配偶者　c．配達人　d．友人　e．部下　f．同僚　g．近所の人　h．配偶者の友人　i．父母会の父母　j．趣味の先生　k．子供の先生　l．上司

図6-2　人物待遇度と言語待遇度の男女差

で示されている。これを人物に対してどの位の丁寧度で接しているかという丁寧さの値という意味で人物待遇度と呼ぶことにする。下の軸では，図6-1で見たように女性と男性がそれぞれたとえば「いかれますか↑」という言語形式をどの程度丁寧な表現と評価しているか，その平均値を割り出しておき，次に男性，女性それぞれに，たとえば会社の上司，近所の方に，「（いつ）行くか」と聞く時，どの表現を使うかをたずね，その表現に対する男性と女性の丁寧度の平均値の値1から5までの丁寧度の軸に記したものである。これは，相手に対してどのような表現を使って接しているかについての丁寧度の値であるので言語待遇度と呼ぶことにする。

次に人物待遇度と言語待遇度を上と下の軸で，それぞれ共通する相手を結んでみたのが図6-2である。近所の人に対する丁寧度を上の軸の目盛りに，近所の人に対して「（いつ）いくか」を聞く時の表現の丁寧度を下の軸の目盛りにつけて，その目盛りを上の軸と下軸を結んでみた。ここで注目したいのは，結んだ線の傾きである。あるものは左に傾き，あるものは右に傾いている。上の軸と下の軸を結ぶ線が右に傾いたものは点線で，左に傾くあるいはほぼ垂直のものは実線で示してある。大部分のものが右に

傾いているが，それはたとえば相手には 3.5 の丁寧度で接していても，その人に対して使われる表現は 4.0 の丁寧度である，ということである。それに対して，相手に対する丁寧度より丁寧でない表現を使う場合は右に傾く。

　このような上下軸を結んだ線が右や左への流れている上と下の図，つまり男性と女性とで比べてみると，驚くことに気づく。それは，男性も女性も上下の軸を結んだ線が同じような傾きの傾向を示している，ということである。この図から，男性も女性も丁寧さに関することばの使い方の原則は同じであることがわかる。右の方に傾いている相手，左の方に傾いている相手をまとめてみると，男性と女性ではほぼ全部と言って良い程共通しているではないか。

　右の方に傾く（点線で結ばれる）相手は一緒に仕事をする必要のない人たちであり，左に傾くあるいはほぼ垂直な線（実線）で結ばれる相手というのは一緒に仕事をする人たちである。つまり，社交的な人間関係であるか，それとも一緒に仕事をするためのつきあいであるのか，この２つに大別される。社交的なつきあいの相手に対しては，待遇していると思っている以上に丁寧なことばを使い，仕事を一緒にしていて，効率的にやりとりをしなければならない相手に対しては，思っている丁寧度よりは丁寧でない表現でやりとりしている。注目すべきはこの二つの傾向が，男性と女性でほぼ完全に一致しているということである。唯一男性と女性で異なっているのは子供とのやりとりである。男性は子供に対して言語待遇度の方が人物待遇度より高いが，女性の場合はその逆で，子供に対しての言語待遇度は，人物待遇度より低い。このことは，この調査のインフォーマントが女子大学生の父母であることを思えば理解できよう。20才前後の娘に対する父親の関係はある程度の心的距離があるだろう。一方母親と娘の関係は仲間のように，あるいは仕事場での人間関係のように丁寧というより効率のある話し方をしている。そのことがデータからも明らかになったのである。

　次に，男性と女性が普段生活している上でどのくらいの頻度でどのような相手とつき合っているのかをみてみよう（図6-3）。

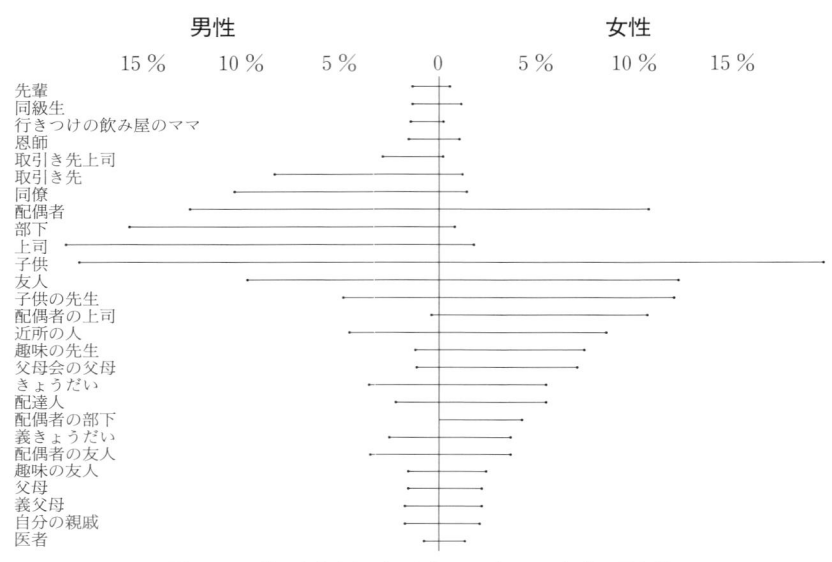

男性　　　　　　　　　　　女性
15%　　10%　　5%　　0　　5%　　10%　　15%

先輩
同級生
行きつけの飲み屋のママ
恩師
取引き先上司
取引き先
同僚
配偶者
部下
上司
子供
友人
子供の先生
配偶者の上司
近所の人
趣味の先生
父母会の父母
きょうだい
配達人
配偶者の部下
義きょうだい
配偶者の友人
趣味の友人
父母
義父母
自分の親戚
医者

図6-3　日常つき合う相手の人物カテゴリーの頻度の男女差

　この調査の対象となった人々が日常接する相手の頻度は，女性の場合は社交を重んじる人間関係であり，男性の場合は仕事の効率性を重んじる人間関係であるということがわかる。

　この事実をふまえて考えてみると，一般に女性がより丁寧なことばを使っていると言われるのは，女性の方が人物待遇度より，言語待遇度の方が高くなるような相手とつきあうことが多いからだということがわかる。友人，近所の人，夫の上司などのような社交上の人間関係を重んじるつきあい，つまり言語待遇度の方が人物待遇度より高い言語行動を日常的に行っている女性のことばは丁寧度の高い表現が多くなる。

　このようなからくりで，女性は丁寧なことばを使うことが多くなっているという複雑な言語使用の実態がわかる。女性は男性よりも社会的地位が低いので相手に対して丁寧なことば遣いをするというように単純な理由によるものではないのである。図6-2で明らかになったこと，つまり丁寧なことばを使うことに関する男女差は，男女という性に固有のことば使いのためではなく，仕事か社交かという役割による差，という事実から，次の

ようなことが推測されよう。働く女性が増え，同時に定年退職して仕事に従事する必要のなくなった男性が増えると，男女のどちらがより丁寧なことばを使うかの全体像の変化が起きてもおかしくないだろう。

ここで女性と男性による表現の丁寧度評価の図6-1について，補足しておこう。女性の方が頻繁に丁寧なことばを使っているというのは，社交に従事する人間関係が多いという女性の役割からくるものだが，頻繁に丁寧なことばを使っているために，女性はことばの丁寧度評価も低くしているということになる。

これは，ことばには一般的に使い減りの法則があるということの現われでもある。使い減りというのは，使いすぎたために価値が下がってしまうことである。どんなことばでも，使っているとだんだんその価値が下がる例として，「おまえ（御前）」，「きさま（貴様）」がある。漢字を見ればわかるように，そのことばが使われ始めた頃は，尊い人を指すことばであり，相手を高めている二人称代名詞であったのに，しばらく使ううちにそれが使い減りし，いつの間にか目下の者に対して使うことばになってしまった。このように，女性がたとえば「いらっしゃる」を頻繁に使うと，その丁寧度を低めてしまう。女性がより丁寧なことばを使うのは，女性の方が社交的な会話をする言語生活をしていることに加え，丁寧なことばを使っても，丁寧さが使い減りしているので，丁寧とは思われない。しかし，同じ表現を男性が使うと，女性が使う時より，より丁寧に聞こえるという仕組みになっている。

欧米の女性語研究は，過去四半世紀の間に女性の地位の向上という変化をもたらした。それにひきかえ，日本の女性語の変化は穏やかであった。欧米では女性も男性と同じように社会の主流であるべきだ，そうしなければ神の下平等であるべき当然の姿にはなれない，というフェミニズムのイデオロギーに支えられ，ことばも大きく変わり社会の中での女性の活躍の場も大きく変わった。これは国連がリーダーシップをとり，女性地位向上のための活動を積極期に行ってきた流れとも重なる。このような世界の風潮の中にあって，日本は欧米とは少し趣を異にする変化を見せてきた。それは，古き良きものを壊さないという範囲において実質的には女性の地位

の向上に資するという方向で変化したものと言えるだろう。

　イギリスの女性語研究者の言を待つまでもなく，欧米の人々の一般的な日本の女性語の状況についての見方は，女性が未だに「ぼく」を使えるようになっていないので，あたかも日本の変化が遅れているというものだ。このような外国からの指摘について真剣に考えなければならない。私たちは欧米のことを取り入れるのは上手だが自分のことを正しく説明することは上手くないようだ。お手本が欧米にないと説明は容易ではない。これも欧米のものの見方を取り入れて，日本のことばについて考えると，事実が歪んでしまう一つの例である。そしてその歪みを紐解くことで，言語と社会に生きる人間との複雑な絡み方が文化毎に異なる点が見えてくるものであろう。

　次に，日本の女性語を作り上げてきた源に目を向けることにより，女性語の別の側面をみていこう。

6.4. 位相語としての女性語

　日本の女性語を考える時，欧米では問題にされていない側面としての歴史的背景がある。それは，女房詞または遊女語などが存在していたことを記述する研究の蓄積があり，女ことばの歴史的変遷というものが，国語学の伝統の中で正当に扱われてきたという事実である。女ことばの語彙には，女房詞，遊女語などから借用されたものが少なくない。たとえば，「おいしい」はもともと女房詞だった。「うまい」という言い方に加え，「おいしい」が女房詞から女のことばに加わった。今では男性にも「おいしい」が使われるようになっている。「おいしい」は「うまい」と比べて，決して低い価値のニュアンスを持つことばではない。「〜であります」は，私たちが普段使っている言い方だが，その源は遊女語の「ありんす」からきている。このように日本語では女ことばをネガティブに見ることはない。

　国語学の伝統の中で明らかにされてきた女性語を考えるには女性語の実態を欧米での見方とは異なる目で見る必要があろう。そのために，女性語を位相語として捉えることを考えよう。菊澤季生が『国語位相論』(1933)

の中で，位相語としての女性語のことばを扱っている。ここでは，女性語と男性語との対比で見るのではなく，社会の中の様々な職業のカテゴリーの一つとして女性のことばがあると考えている。同様の捉え方で女性語を扱ったものに真下三郎の『婦人語の研究』(1969) もある。これも，男性語との比較という視点で書かれたものではなく，位相語として女性語を捉えたものである。

　ここで言う位相語とは，欧米の社会言語学で使われる 言語使用域 (register) や，社会方言 (social dialect) という概念で扱われるのとは異なり，社会的・職業的役割で人間をカテゴリー化して，そのカテゴリー毎に存在するとすることばの種類の分類である。こういうことばの分類が日本語の研究の上で独自にある。この考えの奥には，個人は，その職業の人としてそれぞれが位置づけられていて，そのことが自分の個の確立に大事な部分を占めていると見なされているという考えがある。私たちはよく，20歳を過ぎると「大人になったんだから」と言われ，だんだんに大人らしい振る舞いになっていく。大学を卒業すると「社会人になったんだから」と言われて，社会人の服装・言葉遣い，マナーなどを身に付けていく。そういうふうに，個人を「大人」とか「社会人」といったカテゴリーに沿うように仕向けることは現在でも日常的に行われていることである。自分自身を，各々の職業や「社会人」といったカテゴリーの鋳型にはめ込むことでそれぞれの役割を持った人が相補い合って社会のネットワークを作り，社会が成り立っていると言えよう。個人それぞれが「サラリーマン」などという職業分類で自己を認識して，それを確かめる，そのための器になっているのが位相である。その位相を表わすものとして，服装などいろいろなものがあるが言葉もその一つである。これは言葉を分析的というよりは総合的な (holistic) 捉え方により考察するものである。菊澤の『国語位相論』では，僧侶語，商人語，学者語，通人語，女房詞，遊女語，盗賊語，武士詞というようなカテゴリー分類がなされている。世の中の役割のカテゴリーの見方の中で女性語を見ている。これは，日本語を日本の伝統的な見方にふさわしい捉え方をしたものである。

　菊澤の分類によると，女性語に関係するものとして女房詞，遊女語があ

る。それがどんなものであったかを見て行くことは，日本の女性語のルーツを探ることになろう。

　日本語において女性と男性のことばの違いは『万葉集』の時代からあったと言われる。平安時代にひらがなが書き言葉としてあったことはよく知られていることだが，これは，女性によって使われる文字であり，当時の男性は漢語を使って書いていた。男性の書く漢文は，中世ヨーロッパにおいてラテン語が書き言葉として使われていたのと似通った状況である。紫式部による『源氏物語』はその時代の日常語（vernacular）を使ってひらがなで書かれたものだが，男が，書き言葉として漢語しか持っていなかった時に，女性は日常語で書くことができた。ということは，日本女性は昔から，自分自身の生活により近い表現方法を持っていたということができる。19世紀のイギリスの女流作家ジョージ・エリオットが本名はメアリー・アンという女性の名前だったが，当時小説を書くのに男の名前を使わないと不利になる社会状況を考え，わざと男の名前，ジョージをペンネームとして採用したことを考え合わせると，日本では女性が女性の言葉と関わってきた伝統がみえてくる。

　女房詞の始まりは14世紀頃，遊女語は17世紀頃に遡る。

　女房というのは，宮廷の女性たちを指す。彼女たちは住み込みで宮廷に仕えていた。こういう女性たちはもともと貴族であり，天皇の家族と近しい関係にある人たちだった。女房という公的な資格をもらって宮廷に仕えていたので，女房はある意味で，武士が職業であったように職業であった。彼女たちは，宮廷の官僚としての仕事として，経済的なことのやりくりをはじめとして，生活すべてにおいて日常的な仕事をこなしていた。その上，天皇や貴族の子供たちを教育し，世話をするということもやっていた。それだけではなく，宮廷からの情報を公にするという，今で言えば，報道担当官のような仕事もしていた。ということは，公の人々に情報を流す時に，女房の個人的意見を忍び込ませる可能性もあったということが推測されるのである。女房は，天皇や貴族たちに対して表面上は従属的な地位にあったわけだが，宮廷生活において欠くことができない重要な役割を演じていた。日常生活や子供の教育や，いろいろなまつりごとなどを取り

仕切ることによって宮廷に対して大きな影響力を持っていたらしい。つまり，実質上の力を持っていた。もちろん，それは男が持っていた力とは違うものではあったが，実質上の力があった。

菊澤（1933：40）によれば，女房詞は語彙のみにみられるもので，その特徴として（1）丁寧なことば遣い（2）綺麗で上品な言葉（3）婉曲な言い方（4）ぎこちない漢語を避ける，がある。14世紀から16世紀，室町時代の世の中が不安定だった頃に，宮廷の女房たちの世界に特別な言葉，すなわち女房詞が生まれたといわれている。この時代は中世から近世にいたる転換の時であり天皇の力がだんだん衰退し，武士が力を持つようになってきた時代であった。それは天皇や宮廷人が経済的に困難な状況に直面し始めていた頃である。その頃，女房の世界において秘密の言葉が作られる必要が出てきた。それは，まず第一に宮廷における困窮した状況を隠すため，もう一つは，貴族たちの貧乏を口にすることを避けるために必要だった。口にすることによって悪いことが起こるといわれる言霊を避けるために代わりの言葉が必要だった。こうして，宮廷の女房たちの言葉は，いわゆるウチのメンバーに有効で，ソトのものを排除するのに有効なディスコミュニケーションのための記号として機能したのである。

こうして宮廷生活において高度の文化を享受していた女房たちは，かれらの隠蔽された生活において秘密の言葉を作り出したのであった。これは，普通の言葉とは音韻組織や統語法などはまったく同じで，語彙の部分においてのみ異なるものだった。日常生活の場の語彙項目に新しいものを作り出したのである。たとえば，食べ物，衣類などの語彙である。

女房詞のリストを分類すると，その作られ方に五つのパターンを見ることができる。

（1）「うなぎ」をただ「う」というように最初のシラブルだけを言う。（2）「かつお」を「かつかつ」というように最初の音節を繰り返す。（3）漢字に違う読みを付けて，言葉遊びをする。「こめ」を「よね」とし，それに敬語の「お」を付けて「およね」とする。（4）名詞や動詞を敬語化する。「足」を「おみあし」にする，「食う」を「召し上がる」にする。これは敬語の不規則変化の形である。（5）異なった形の形容詞を創作。たとえ

ば，「むまきこと」のかわりに「おいしい」ができた。（1）から（5）の女房詞は，女房以外には分からない秘密の記号として使われていた。宮廷生活が窮乏している様子を分からせないようにするための隠語として使われたのである。

では，実際にはどのように使われていたのだろうか。たとえば「お米がない」と言う時に，「こめ」というかわりに「およね」とだけ言って他の人には伝わらないようにした。

（2）の「かつかつ」の言い方は，子供がそうするように繰り返すことを真似て，女性があたかも何も知らない子供のように見せかけ，相手に脅威を与えないようにした。本当の力を持っているのに，子供のようにかわいく無能のように見せかけるという芸の細かさがそこには見られる。

このようなことは，現代でも女性がやっている巧みなやり方である。実際には，家庭の主婦は力を持っていても，夫を立てて，無力であるかのように，男に脅威にならないように，時には子供のように振る舞うなどという演じ方をしている。これは，女房が存在していた頃からのやり方が伝統的に続いていることなのかも知れない。

ところで，この女房詞は宮廷の外に少しずつ広まっていくようになった。宮廷から武士の屋敷へと広まり，普通の人々へと広まった。武士の社会的地位は女房たちより高くはなかったので，女房の言葉は人々の憧れであった。江戸時代には女房詞は当時の人々にとって，あたかもエチケットブックにある言葉のモデルのようなものであった。女房詞はより上位にある権威のある言葉と見なされていたことを意味する。

女房詞は現在の日本語にもその名残がみえる。女房詞の語彙が加わったことで言い方が増え，日本語が豊かになった。「みそ汁」のことを「おみおつけ」，「会う」を「お目もじする」，「足」を「おみあし」，「なすび」を「おなす」，「うまい」を「おいしい」と言うなどがその例である。

次に，遊女語をみてみよう。江戸時代，人々は，士農工商という四つの身分に分けられてはいたが，庶民においては大衆文化の花が咲き，それを享受していた。遊郭では，お金がある限り下位の身分でも身分に関わりなく同じように扱ってもらうことができた。

そこでは遊女はある意味で尊敬されている職業人であった。遊女たちは和歌をたしなみ，漢文を読むこともでき，音楽も踊りも上手であり，その上，客に対して機知に富んだ会話でもてなすこともできた。高い教養を持ち，美に対する創造的な才能も持っており，そのようなパフォーマンスで客を魅了した。そういう花柳界は，京，難波，江戸にあった。
　そこではさまざまな地方から，いろいろな社会的背景と，異なった言葉を持った人たちが集まっていたので，共通のコミュニケーションの手段が必要であった。そこに生まれたのが遊女語であった。遊女たちは多様な背景から来ているわけだが，自分たちの出自を隠す意味もあって特別な言葉を必要とした。夜の世界の遊女たちは遊女語を使うことによって，愉しみと癒しの独特の雰囲気を創り出していた。そこは，特別な社会に招き入れることで，現実の世界を忘れさせてくれるところであった。
　そこでは，語尾に使われる助動詞，一人称詞，二人称詞などに特別な語が使われていた。文末を美しく見せることや，人を指す特別の言葉の使用は，人を愉しませる職業の世界であることを反映している。そこは，人とのやりとりのセンスが売りの世界である。別に新しい意味を付加するものではないけれども，話し手や聞き手のムードに応じてその場にふさわしい表現の選択がなされ，遊郭独特の雰囲気を生み出していた。言葉は意味を伝えるだけでなく，同じ命題内容を異なる記号で表現することで異なるコンテクストを指標し，その記号の反射的意味が醸し出される。問題なのは，コンテクストにマッチした言語記号を使うことで創出されるその場のムードである。
　遊女語の世界には，独特の一人称詞・二人称詞がある。「わっち」（私）を「わちき」，「ぬし」（相手）を「そもじ」と言った。花柳界で使われたこういう言葉は，その世界ではよく知られていたものだった。客も，自分で使うことはないにしても，聞いてその世界のものと分かる言葉だった。遊女たちは，魅力的で，洗練され，高い教養を持っていたので，一般の人たちの憧れの的であった。ゆえに，遊女語は最初は当時の一般の女性たちに広がっていき，次第にだれでもが使う言葉になっていった。
　たとえば，普通「お読みになる」と言うところを「お読みなさる」とい

うように「なさる」を使う。この「なさる」が遊女語の語尾である。東京のど真ん中で生涯を生きた伯母が，この「なさる」をよく使っていたのを思い出す。あるとき「幸治さんがお泣きなさったのよ」という言い方をしたのが耳に残っている。そういえば伯母からもらった手紙には句読点が一つもなく，和紙の紙に美しい字で綴られた流れる文章が連なっていた。女言葉の美の世界がそこにはある。

　遊女は後の世では芸者となるわけだが彼女たちが高いステイタスを持っていたということに関して，私の知人のエピソードを紹介しよう。シカゴ大学の文化人類学の大学院生として，日本の芸者について博士論文を書いた人がいる。彼女は，父上の仕事の関係で高校の頃にも日本に来ていたことがあるので，日本語は大変上手であった。自分自身で京都の芸者になって，実際にお座敷に出て，お客さんの相手をするという地でいくフィールドワークをやったのであった。その経験を博士論文にし，後に本として出版された。彼女によれば，芸者は「素敵な仕事だと思う，自分もなれたらいいなあと思うほど魅力のある仕事だった」ということである。何が素敵かというと，知的に高い教養を求められ知的な会話が楽しめ，いろいろな芸事をすることが一つの職業として確立していることが魅力的な職業であるということである。彼女は，そのような見方で日本の芸者の世界を分析して日本社会の一側面として考察したのである（Dalby 1998）。フェミニズム運動の盛んな 1970 年代の研究であるが，この論文は女性の地位の低さというネガティブな観点からではなく，ポジティブな見方で日本の女性の世界を捉えた研究である。

6.5. アイデンティティ指標としての**女性語**

　位相語としての女房詞と遊女語が，どのように現代の日本の女性のことばに影響しているのだろうか。歴史的な女性語が現代も生き残っていることは，まず女性語が日本語の語彙を豊かにしているといえよう。

　また女房詞や遊女語は，女性語の見方に少なくとも次のような影響を与えていると言えるだろう。まず，第一に，女性の言葉を女性というグループカテゴリーの言葉として総合的にみるという見方を提案した。第二に，

女性語は女性というグループカテゴリーのアイデンティティを指標するものであり，それが，話し手自身のセルフを形作るものである，ということを明らかにした。第三に，欧米のように女性語をネガティブにみるのではなく良いイメージとしてみることもできることを明らかにした。

　女房・遊女という職業，あるいはグループ内のアイデンティティの象徴としての言葉であったものが女性語の源の一つであるが，そういう言葉を使うということは，それを使う人々にとっては，グループのメンバーであるという仲間意識を作り出すことになる。女性語を使うことは，女性というグループのメンバーとして自分を自己同一化するという働きを認めることができる。

　さらに，その言葉を使うことは，そのグループのメンバーにふさわしい人間として話し手をその型にはめこむ。いいかえれば女言葉は，女性という社会の中の一つのカテゴリーの中に話し手を添わせるための言葉として機能しているのである。

　他の例で考えてみよう。日本語には自分を指す言葉がたくさんあり，その使い方も複雑である。日本語ではいろいろな一人称代名詞で自分自身に言及する。一人称代名詞が一つで事足りている西欧の人たちからは，なぜそんなにたくさん必要なのかと疑問に思われるところである。このことをどのように説明したら良いであろうか。言葉は自分がどういうものかを示す機能をもっている。日本人のように，相互依存型のセルフを形成する人々は，言葉の器の中に話し手自身を入れることによって，その場に応じた自分のアイデンティティを示している。

　欧米の言語社会では，話し手は一つの一人称代名詞で常に自分を指すが，日本では，場あるいはコンテクストにおいて自分が置かれた位置，つまり相手や第三者，場面との関係で相対的に捉える変化に富む自分というアイデンティティがあり，それに応じて自分を指す言葉が変化する。その場その場において，自分が女性である，母親である，教師である，友人である，隣人であるというように同じ人間でもコンテクスト毎に「ワタシ」「ママ」「先生」「アタシ」などに変わる。男の子なら年下の男の子に「ボク」ではなく「オレ」を使って威張りを見せたり，大人の男性の場合は，

あらたまった場合など「わたくし」を使い威厳を示すこともあろう。このようにして自分の属性や社会の中での話し手の位置・役割を言葉で示し、その場にふさわしい自己を表わしているのである。

そういう自分を形成していく鋳型の一つとして女性には女性のメンバーシップを表わす女性語があると考えることができる。日本語の性差で一番顕著なものは、自分を指す言葉である。

「ワタクシ」「ワタシ」「ボク」「オレ」「ワシ」などと自分を指す言葉が豊富であるということは、人間関係が上か下か、あらたまっているかくだけているか、または、自分のアイデンティティをどう捉えたいのかに応じて自分を指す言葉を変えることができるようになっていることである。その場に添うように、たくさんの選択肢から語彙を選び取って、社会の複雑な構造の中での話し手の身分証明をやっているのである。

多くの人が使う習慣的な言葉遣いが、そのグループの人たちの特徴を表わすことになり、翻ってそれを使うことによって、自分たちの所属意識を確認することになる。そういう言語使用の側面は、言語の再帰的機能というものだが、女性語にもそういう働きがあると言える。

念のため、最後に付け加えておかなければならないことがある。ここで述べてきたことは、女性だから女性語を使わなければならないと述べているのではない、ということである。女性語を使いたい時には使って、その女性のアイデンティティを示すことができるのであって、女性でも女性語をまったく使わないことが普通であったり「男性語」と言われるものを使うこともある。話し手が持っている言葉のレパートリーの中から話し手が選択するものは、コンテクスト要素の要請に応じてわきまえに従うものと、わきまえを逸脱して話し手がどのように自分自身を演じたいのかという意志にもよるものがある。話し手はだれでもいろいろなレパートリーを持っていて、その中に女性語や男性語があるということである。

第 7 章

ホロン構造型社会の言語使用

7.1. 雄弁な説得は美徳か

　欧米では雄弁なレトリックで聞き手を説得することが，一種の美徳ということが伝統となっているようだ。欧米人のように流暢にしかも説得的に話をすると，日本人の集まる場ではどのように受け止められるだろうか。格好いいとみられることはあっても，「理屈はわかるけど……」と思われ，好感をもって受け入れられることは少ないのではないだろうか。説得ではなく，聞き手を納得させることができなければ，日本人は徳のある話し方をしたとは思われない。

　これまで本書では，日本人の言語使用をポライトネスや女性語などの観点から眺めてきた。そして，問題としてきたことは，日本語の使用が日本文化と関わるさまを探ることであった。

　西欧で美徳とされる雄弁・説得が，日本では美徳でないとすると，日本の美徳とされる話し方とはどういうものであろう。あの人は感じのいい人だという時，それはどのような言語行動であろうか。

　感じの良い話し方にもさまざまなものがあろうが，まず聞き上手という人は感じの良い人であろう。また場をわきまえている人も感じが良い話し方をしているであろう。聞き上手の人は自分から話すというより，話し手の話に適切なあいづちを打ち，相手への思いやりの気遣いをしながらその場の雰囲気を和やかにしつつ，まとめていくような話し方をする人であろう。そのような人の話し方は，長い文を続けて話すことはなく，敬語をはじめ，モダリティ表現を微妙に使い分けて，謙虚な控え目な話し方をするであろう。そのような話し方は，マニュアルにあるようにどのように話せば良いかが決まっているものではない。またブラウン＆レビンソンのポライトネスの普遍理論にあるようにストラテジーの原理に基づいて，頭で考えて作り出すようなものではない。謙虚で控え目であることは，なにも話さないでいれば良いものではない。あくまでその場の雰囲気を和やかにするものでなくてはならない。それは，場に合ったものであることが肝心である。異なる人々の間で和やかな雰囲気を作ることとは，話し手がその場のさまざまなことへの気配りが適切にできていることであろう。

　グローバルの時代となり，日本人が国際人として世界で活躍するように

なってきた。その一方で日本人の美徳もみえてきて，それが世界で認識されるようになってきているようである。少なくともその一つは日本人が他人を思いやる気持ちを持つことができるということであるようだ。

日本人の思いやりの言語行動に資する言語装置として，やりもらいの表現があり，終助詞があり，敬語などのモダリティ表現がある。日本語ではやりもらいの表現の種類が豊富にあるばかりでなく，その使用頻度がきわめて高いことが知られている。そのようにしてやりもらいを明示する言語を使うことで日本人が行っていることは，一体どういうことであろうか。

日本人の話し方の美徳が西欧人のそれと異なるとすれば，それはそれぞれの社会で求められているシステムのあり方が異なることに起因するのでないか。

7.2. 感じの良いイチローと古田の言葉遣い

「これまでいろいろな記録を出させてもらってきましたが」と大リーグで最多安打記録を更新したイチローは語った。2004年9月，日本プロ野球史上初のストライキ決行を詫びる古田選手会長は，「(労使交渉が決裂したのは)〈来期に向けて〉と〈最大限努力する〉という言葉が (協定書に) いただけなかったので」と言った。イチローは，努力の結晶として出した記録なのに，「記録を出してきた」となぜ言わないのだろう。古田は，プロ野球組織の硬直した態度に腹立たしく思ったであろうに，「言葉がなかった」となぜ言わなかったのだろう。

イチローの「出させてもらって」や古田の「いただけなかった」という言葉は，日本語の世界で生きている私たちの心に響き，好感を持って受け止められる。野球界のヒーローにふさわしい感じの良い人柄を演出しているものの一つに彼等のこのような配慮の行き届いた言葉遣いがある。

このような言葉遣いを語用論の問題として取り上げるとすれば，どのような語用論の枠組で説明できるのであろうか。既存の語用論理論，例えばポライトネスの理論で自分の立場を謙虚に捉えたネガティブ・ポライトネスのストラテジーとして考えることもできよう。しかし，それだけでは，なぜ使役の「させ」や授受表現「もらう」の敬語形「いただく」が使われ

ることに効果があるのかは説明できない。イチローや古田が自然に口にする好感度の高い言葉遣いのメカニズムはなにか。

　イチロー，古田に限ったことではない。日本社会で「感じの良い人」「できた人」と評される人には，このような気配りのある言語行動が見られる。このような言葉遣いは一種のポライトネスの言語使用なのだろうか。ポライトネスは摩擦を起こさせない円滑なコミュニケーションの手段だとすれば，このような言葉遣いは確かにポライトネスに叶ったものと言えよう。では，これはどのようなポライトネスの語用論として考えたら良いのであろうか。

　語用論の諸理論は，欧米社会とりわけアングロ・サクソンの文化と言語を背景として生まれたものが多い。それらは，近代科学が前提とする個人主義社会の個人が，個人の意思をもって自由に話すという暗黙の了解の下に構築された理論である。人と人との関係や，場／コンテクストとの関わりを視野に入れた言語使用の観点が欠けている。

　ところで，日本の敬語行動を基にした言語使用をわきまえのポライトネスとして第3章で述べた。ここで，わきまえの敬語行動は，ブラウン＆レビンソンによるポライトネスの普遍理論と根本的に異なっているところがあることをここで確認しておこう。

　ブラウン＆レビンソンの枠組みでは

（1）　話し手を個人として捉える
（2）　ポライトネスに応じた言語使用は，話し手が自分の意思でポライトネスの原理に従って，理性を使って計算したストラテジーに応じて聞き手に対して適切な表現を作り出して言う。

　わきまえの枠組みでは

（1）　話し手は，自己を相手（聞き手と第三者）と場面を含めた場／コンテクストとの関係の中でその中に埋もれたものとして認識する。
（2）　ポライトネスに応じた言語使用は，話の場の状況をよく読み，

場の諸要素を分析的にではなく，総合的に直感で読みとり，その場に適切な言語形式と慣性的，自発的にマッチさせる。

　ブラウン＆レビンソンのポライトネス理論では，イチローや古田の感じの良い話し方を説明することはできない。彼等が頭で計算してストラテジーとして「出させてもらって」や「いただけなかった」を使ったとは思えないからである。このような話し方のメカニズムを説明するには，わきまえの言語使用の枠組みをさらに詳しく明らかにしなければならない。日本の社会では，ブラウン＆レビンソンの枠組みのように合理的で分かり易いポライトネス原理だけではなぜ機能しないのであろうか。そのことを考えるには，社会を成り立たせているシステムが異なることに目を向けなければならない。

7.3. わきまえと日本型社会システム

　わきまえの言語使用がなぜ日本社会に必要であるかを考えるため，社会システムに目を向け，より広い見地からその理由を探ってみよう。そのためには，日本型社会システムについての言及が有用だと思われる。

　経済学者吉田和男（1993, 1998 a, 1998 b）によれば，日本型社会システムと欧米型社会システムの間には，その歴史の異なりにより基本的な差異がある。前者が分散型ネットワーク・システムであるのに対し，後者は集中型ヒエラルキー・システムである。

　吉田によれば日本型社会システムは複数の目的を持ち，包括的に人々の生活を支え，共同体的な雰囲気が強い。そして，企業などの生産システムは現場主義であり，上下の指令関係よりも個人のネットワークを重視し，情報を共有して，協調によって生産を行う。これは，ヒエラルキー・システムである欧米型社会システムでは，与えられる情報に対して幹部が正しい判断をして，構成員に必要な命令を下してシステムを一定方向に動かすものとは異なるところである。

　日本型社会システムは，構成員の自発的な情報交換と自発的な共同作業を行う，要素間の強い結びつきを大切にするネットワーク型である。よく

日本社会では和を尊重するというが、それはこのようなネットワーク・システムで仕事をする中で自ずと生まれてくる場の和やかな雰囲気ということになろう。

日本社会を捉えるために、もう一つ日本社会を欧米社会に対比する形で特徴づけている考えをみてみよう。濱口惠俊（1982, 1996, 1998 a, 1998 b）が「国際日本文化研究センター」を拠点として展開してきた「日本人論」として議論されてきたものをここで紹介する。濱口は、日本社会を「間人主義」と特徴づけた。「個人主義」に対する概念としてとかく「集団主義」が使われるが、濱口は、それに代わるものとして人と人との間に視点を据えた人々の行動のタイプとして間人主義を提唱している。濱口の考えは、日本に特殊なものではなく、欧米社会でもある程度見られるものであることが今では知られるようになっているものである。この考えを欧米に紹介する際、英語では'contextualism'と訳されるそうである。

間人主義の人々の行動の仕方について具体例で説明してみよう。

その前に、まず、個人主義の行動の仕方をみてみよう。3人で一緒に旅行する相談をしているとしよう。3人が一人ずつ行きたい目的地 A、B、C を持っているとする。各々が自分の意思を表明し、それぞれの長所短所を分析して議論する。その結果一番経済的で一番楽しそうなところ、たとえば A が結果として出されると、その結論を 3 人は各々に受け入れる。分析と議論（アーギュメント）でたどりついた結果 A が、自分の意思とは異なるものであっても渋々と受け入れなければならない、というのが話合いの暗黙の了解である。このようなプロセスが個人主義の人々の行動としての話合いである。

これに対して、間人主義の話合いは、日本でよくみられるのでだれもが思い当たるものであろう。まず「どこに行こうか」と発話している時に 3 人は各々に明確な A、B あるいは C という目的地の候補を持っていないことが多い。「A がいいけど B もいいかな」というようなあいまいの意思を持っていることが多い。従って、ある候補地に対して、賛成または反対をするための分析的意見は持たない。どちらとも言えない、といったあいまいの考えを持っている。そして、あれやこれやと話し合っているうち

に，なんとなくその場の雰囲気で候補地が一つに絞られることになる。話し手たちは最初からA，B，またはCというようにはっきりとした意思を持っていないことが多いので，（議論ではなく）話合いはのらりくらりして多少多くの時間を費やすことになっていたとしても，決まったことを受け入れる際，自分の意思に反する意見を受け入れなければならない痛みは回避される。

濱口に言わせると，冗長になりがちで，不透明で，非論理的な間人主義の話し合いは，最初から明確な意思を持たないので，自分と異なる考えを受け入れなければならない時の葛藤，つまりコストがなくて済むので，それなりに引き合っている合意形成の方法である。

間人主義と共によく言われる日本社会の特徴は，隷属原理である（吉田 1998，リブラ 1996）。ヒエラルキー・システムを前提としている西欧の社会では，上級機関の設計を下級機関が実現する傾向が強いのに対し，日本社会は「雰囲気」が支配することが多いので，会議である決定がなされた時，なぜそういう決定にたどりついたのかを論理的に振り返ることが難しいことが少なくない。間人主義社会では，情報を共有する構成員のネットワークが自ら形成する場で雰囲気をつくり，動きを支配している。このような社会では，構成員同士がお互いを支配し，支配されるという関係になる。このような関係を隷属原理という。部分は全体によって包まれ，全体は部分を包むという隷属原理によって社会が成り立っている。独立した個人の自由意思による行動を前提とする西欧社会と異なるところである。

これまでみてきた日本社会システムの特徴は，ネットワーク型，間人主義，隷属原理の人間のやりとりの在り方にあった。

このような考えを基本に据え，日本語について俯瞰図的に考えている経済学者もいる。スタンフォード大学教授で日本センター理事長の今井賢一（1998）によれば，日本語の本質は，日本の社会のシステムの在り方と深く関わっている。

第1章において，「言うという行為」の構造として，命題とプラグマティック・モダリティがあることを述べた。今井は，日本語のこのような特徴に焦点を当て，それが日本の社会構造システムと深く関わっていると論

じている。この考えの奥には，英語とは異なる日本語の構造を日本文化のインフラとして捉え，その特徴をふまえて日本社会システムが機能すると考える。いわば言語と社会の在り方の相関を論じたものである。

今井が概説する日本語の特徴は，時枝誠記の国文法を哲学者中村雄二郎が要約したものを引用したものである。次のように述べている。

（１）日本語では，文全体が幾重にも最後に来る辞（主観的表現）によって包まれるかたちで成り立っているから，主観性を帯びやすい。

（２）日本語では，文は辞によって語る主体とのつながり，ひいては，その主体の置かれた状況（場面）とつながるので，場面による拘束が大きい。

（３）日本語の文は，詞＋辞という主客の融合を重層的に含んでいるから，体験的にことばを深めるには好都合であるが，その半面，客観的・概念的な世界を構築するには不利である。

ここでの「詞」とは，事物やことを客観的に表わす名詞などの語彙と，命題内容を名詞化している句や節のことをいう。「辞」とは「……です」「……だ」などのように「詞」を包み，場につなげる助動詞・助詞などのモダリティのことである。

時枝によらずとも，国語学，日本語学の伝統の中でこのような日本語の捉え方が多くされてきたことは第１章で述べたとおりである。しかし，このような日本語の捉え方を，他の言語，たとえば英語との対照で論じ，それをふまえて日本社会の在り方との関連で論じることは大変勇気の要ることである。

今井は，日本型社会システムの編成原理を世界に普遍的な社会編成原理の中に位置づけて議論する中で，日本の産業の特徴を日本語の特徴と関係づけた。これは１章で述べた日本語の話しことばの成り立ちが，いかに日本社会のインフラとして機能しているかを証明していると思われる。

このようにして日本社会では，日本語を使うことで現場主義を促進する人間関係を生み，そのような特徴から得意な産業分野の成功に導いた。一

方，日本語が客観的・概念的な観念の世界を構築するには不利というもう一つの特徴が，独りで行う論理的思考を求められるソフトウェアのアーキテクチャ作成において米国に遅れをとっているという結果を生んでいるというのである。

このような日本の社会を支えているものに，敬語をはじめとするモダリティ表現の駆使による日本社会の人々や組織と個人の結びつきを指し示す言葉の指標的機能がある。このことを具体例で深く考えるために先にみた野球選手の言葉を再度みてみよう。

プロ野球のオーナー側と選手会との交渉が決裂し，プロ野球史上初のストライキと決定した後の記者会見で，古田敦也選手会長は，ファンの皆さまに「楽しみにしていた週末の野球ができなくなることに対して，お詫びします」と謝り，続いてスト突入の理由を説明する中で「〈来季に向けて〉と〈最大限努力する〉という言葉をいただけなかったので……」と言った。「いただけなかった」とやりもらいの表現を使って交渉相手が間人主義の社会において上位にあることの認識を指標した。日本プロ野球組織と日本プロ野球選手会は対立を続け，オーナー側は「たかが選手」，「選手の分際で経営に口出すな」と言いかねない雰囲気のある中で，古田が「いただけなかった」で指標したものは，まず，野球組織側があってこそ選手が野球ができるという恩恵を受けているという隷属関係を認識していることを示すやりもらいの表現と，「もらえなかった」でなく「いただけなかった」という敬語形で示した組織側を上位者と認識の指標である。「〈来季に向けて〉と〈最大限努力する〉がなかったので……」と言ったとしても，同じ情報内容が伝わっていたであろう。しかし「いただけなかったので……」を使うことで，恩恵と上下の関係を言葉で表わし，交渉相手との隷属関係を指標したのである。その効果は，話し手が，組織という全体と古田個人という部分との関係を心得ていることを示すものである。マスコミを通して，古田が社会に与えた好印象は大きかった。プロ野球の危機と思われたあの時，古田の言動には間人主義，隷属原理の社会の人としてのわきまえがあった。言葉は命題内容を伝えるだけでなく，人間と人間，人間と組織の関係をもモダリティ表現で命題内容を包んで指標する。そして，

この指標の効果は小さくなかった。

　日本社会において，自分の意見の正当性を論理的に組み立てて説得しても，それがどんなに事実に基づく理路整然としたものであっても，説得に成功することが期待できないことが多い。社会は関係によって成り立っていることを認識し，それを言語形式や表現で適切に指標することで，話し手は好印象をもって受け入れられることになる。

　古田の言葉遣いは，自分の立場を，より大きなプロ野球組織の中で正しく認識し，それをやりもらいの表現で指標したものだった。それだけではない。野球ファンたちに対しては，楽しみにしていた野球をストライキで中止せざるを得ないことに対して詫びるという話し手の態度の表明をしている。プロ野球を成り立たせているファンを含めたすべての人々，組織に対する配慮が明示的に言葉で示されている。

　このようなものがわきまえのポライトネスの言語使用の一つのお手本ではないだろうか。雄弁な説得ではできなかったであろう，人を動かす力があったといっても良いであろう。

　このような言葉遣いを説明する原理はどのようなものだろう。ブラウン＆レビンソンのポライトネスの言語使用原理は，個人が，理性を使って原理に基づいて分析的に作り出すものである。わきまえの場合は，個人ではなく，間人主義を基本として隷属関係にある人や組織の認識を適切に明示的に表現する言語使用である。

7.4. わきまえの行動原理を求めて

　古田のわきまえのある発言は，世の中を動かす要因の一つともなったと考えられる。そのような発言が効果を発揮するのは，間人主義，個人と全体との隷属原理がより顕著である社会での行動原理であることをみてきた。

　わきまえによるポライトネスの言語使用が敬語を基本とする日本社会で機能していることを，学界に発表（井出他 1986，Hill et al. 1986，Ide 1989）して以来 20 年の年月が経った。この間，わきまえの言語使用の原理を求め続けてきたが，既存の言語学，語用論のどこにもその糸口さえみつから

なかった。

　その理由は，科学の伝統を築いてきた当然の常識である要素還元主義が言語学・語用論研究の当然の了解事であるが，これをもってわきまえの言語行動は説明できないからである。要素還元主義とは，全体のシステムは部分から成り立っていることを前提とし，全体を部分に分解し，細かく分析された要素を組み合わせることで全体を説明できる，という考えである。

　わきまえの言語行動を内省してみると，社会言語学的要素と言語表現を分析的に分解し，それらを組み合わせて言語使用しているとはとても思えない。わきまえのポライトネスの原理をどのように説明できるのか。この疑問への長い年月の暗中模索の中で出合ったのが，清水博の『生命知としての場の論理』(1996) であった。生命科学者清水が提唱する関係子，つまりホロンの論理は，長年求め続けていたわきまえの言語行動の原理を説明することができるのではないか，と思えるものである（清水 1978, 1992, 1996, 2001, 2003）。

　これまでの科学にはなかった「関係と場」を基礎に捉えた清水の考えをもって初めて日本の言語使用が最もすんなりと説明可能となると思える。この考えは，これまでの科学的アプローチの限界にチャレンジする考えである。清水は，生きている状態の法則的理解を求めて研究する中で，筋肉収縮の分子機構について動的秩序を自律的に形成するバイオホロンという生物的要素を発見した。そこで，清水は，生命のシステムを，ホロンの要素が発生するリズムが「相互引き込み現象」を行っていること，そして自ら情報を作り出す能力があることによって説明した。これは原子レベルではなく分子レベルでの生命の働きに注目し，複雑なシステムを解明する新しいパラダイムを提唱するもので，要素還元主義ではできなかったことを補充する画期的考えである。この生きている状態の解明理論は，場をその基本概念とするものだが，この考えは生命科学の分野を超えて現在，知識社会システムの研究等にも示唆を与えている（露木 2000）。

　清水の考えがわきまえの言語行動を説明できる可能性を示唆していると思えるが，それは以下に述べるような点においてである。

1．個と個の関係および，場における要素間関係の中での生成に注目する。→これは，わきまえの言語使用は会話参加者を含む場の中で生成されるという現象と合致する。

　2．「生命の二重存在性は，私が発見した性質であるが，それは，『生命は局在的存在形態と遍在的存在形態という性質の異なる存在形態を同時にもって出現する』ということである。そしてこの二重の存在形態の間には，相互誘導合致という働きが存在し，この働きによって個（局在的生命）と全体（遍在的生命）を調和させる性質が生まれる。」（清水2000：81）→わきまえとは，話し手個人の視点から見た相手との相対的位置と話の場全体の中で捉えた話し手自身が自分をどのように表わすかに関する認識だが，この個と全体を調和させる二重存在性の考えは，まさにわきまえの行動において行われている話し手が持つ二重の位置認識を裏付ける。

　3．清水は生命の仕組みを一般社会での人々の働きになぞらえて以下のように述べる。「自己には（中略）自己中心的領域と場所的領域という異なる働きをもつ二つの領域が存在している。自己中心的領域は個別性を作り出し，そして場所的領域は他者と協力して全体性を作り出す。」（清水2000：81）→わきまえの言語使用で，これまで上手く説明でき得なかったものは，個人間の上下親疎と，場のあらたまりに応じた言葉の使い分けを同時に説明することであった。イデ（1982）では敬語使用のルールを説明するにあたって，（1）地位の上の人に敬意を示せ(2)権力のある人に対して敬意を示せ(3)年上の人に対して敬意を示せとした上で，次に最優先のルールとして，あらたまりの場において敬意を示せとした。しかし，三つのルールと最優先ルールが直線的に並んだ形でのルールでは，実際に行われている敬語使用を適切に説明できるものではない。この問題は，長い間イデ論文の問題として懸案になっていた。しかし，清水の自己的領域と場所的領域が同時進行するという生きている状態の規則は，つまりパラレルに働くルールは敬語使用の説明原理として有効である。

　清水のホロンの考えを突破口としてわきまえの語用論原理をより詳しく理解するために，ホロンについて少し角度を変えて考えてみることにしよう。

7.5. ホロンとは何か

ホロンとは，清水が自然科学に依拠して独創的に考えられたものだが，ハンガリーの物理学から大脳生理学にまたがる領域のサイエンスライターであるアーサー・ケストラー（1983〔1978〕）によっても提起されている。清水は，ケストラーのホロンと自分の唱えるものは異なると主張するが，いずれも近代科学の伝統的考え方，要素還元主義では扱えない諸現象を解明することを試みる，全体と個の双方の要素間関係を重視する新しいパラダイムであるという点では類似している。

ホロンとは，ギリシャ語の holos（全体）と on（個）を結びつけた語である。それは，全体と個との関係が「部分でも全体でもある」という二重の面を持ったものである。

この考えが出てきた背景には，自然科学の発見がある。吉田（1993）によるとホロンは情報・機能的概念である。活性化されたホロンは全体の秩序を形成するように自己変革を行い，全体からの情報とホロンの自律的な連動によるフィードバックにより，システムを形成する。つまり，全体システムとの情報・機能の関連でのシステム・モデルであり，完全な組織の下ではゆらぎがなく従属するが，ゆらぎがある場では，お互いに情報を交換し，全体を形成する。

このようなホロンを理解しやすい代表例は細胞であるらしい。科学研究が進みデカルト的な要素還元主義では説明できない生命現象がたくさん生まれるがその一つが生きている細胞である。人間の体は，最初は一つの受精卵から細胞が分裂を繰り返して新生児ができるが，驚くことにどの細胞も同一の遺伝子（DNA），つまり，同じ情報を持っている。では，同じ細胞が分裂を重ねていくうちに，一体どのようにして心臓や手や皮膚や毛髪になるのであろうか。

それは，一つの細胞自体が個でありながら全体の情報も持っているからである。情報を共有している細胞が一個の生命体として機能し，他の近接する細胞と協調的な働きをすることにより，それぞれが必要とされる臓器や体の部分を分業して形成することで身体全体を作り上げていくのである。例えば，指先をナイフで誤って切った場合を考えてみよう。指の皮膚

の細胞たちが切れた皮膚の修復に必要な情報を認識し，細胞を変化させ，壊れた皮膚を修復する。これは，個々の細胞が全体に関する情報を持っているので，まず皮膚が正常な状態ではないことを認識し，部分として必要なものを隣接する細胞と協調して作り上げる。生命という生きている状態にはこのような見事な営みがある。このような情報と機能を持っている生命現象を説明するにはホロンの要素の存在が不可欠である。

　人間を形作っている細胞がホロンの振る舞いをしている。ということは，人間自身がホロン的振る舞いをしていると考えることができる。さらに，人間の生活する社会のシステムがホロン的機能を持っていると考えることもできる。

7.6. ホロン型社会のインフラとしての日本語の二層構造

　吉田（1998）によると日本社会システムは，ホロン型の社会構造をしている。それは，社会の構成員が自発的な情報交換と自発的な協調によって仕事を行うネットワーク型の社会システムである。このようなシステムでは，お互いが全体と部分に関して共有する知識を持っており，組織の要素である個人，個人が自発的に協働することで全体の目標を達成していくからである。全体に関する情報を持つことで各個人は自らの立場を相対的に認識し，役割を分担するシステムである。トップが考え，その考えを下位の者に通達し，分業で効率を上げていく欧米型ヒエラルキー・システムとは異なる，と言うことができよう。

　個人間のネットワークにより組織の協調あるいは協働を図る日本型社会システムは，日本語を使っている人々によって組織化されている。言い換えれば，日本語の使用は，この社会組織のインフラを支えている，と考えることができる。

　ここで，先にみた今井の日本語と日本社会システムを想起しつつ「日本語は命題とモダリティ表現の二層構造を持ち，それがホロン型社会システムを支えている」を仮説に論を進めよう。日本語の二層の成り立ちについては，時枝誠記（1969）の「詞と辞」をはじめとして，仁田（1991）の命題とそれを包むように存在するモダリティとして考えられてきたことであ

る。

　命題は情報内容の言語表現であるのに対し，モダリティは話の場での諸要素との関係を取り持つ言語表現である。命題は意味内容を持つが，モダリティ表現は，話の場における話し手の態度表明を適切に指し示し，話し手を発話の場の中にうまくマッチさせる。

　日本語の話し言葉には，敬語や終助詞をはじめとするたくさんのモダリティ表現があり，使用頻度も高い。また，談話レベルでみてみると，あいづちやうなずきが多く，話し手と聞き手が協調して会話を作り上げることが多い。「よろしくお願いします」「がんばって」「すみません」などのような，場によって意味が決まってくるようなきまり文句が多く，それらがコミュニケーションの潤滑油として機能している。

　これらをまとめてモダリティ表現として括ってみると先に挙げた仮説「日本語は命題とモダリティ表現の二層から成り，それがホロン型社会システムを支えている」について次のように論じることができよう。つまり，日本語で話すということは，命題内容を伝達するだけでなく，会話者の関係をはじめ，場に存在するさまざまな要素にマッチさせるためにモダリティ表現による気遣いを示すことが肝要である。つまり話すことは，部分（話し手の言いたい命題内容）と全体（話の場）の両方を同時に意識してそれを言葉遣いで示すことであり，そうすることが日本語の言語使用では義務的である，ということである。

　古田の「言葉がいただけなかった」は，プロ野球全体と話の場の中で自分の置かれている位置について，適切な分別，つまりわきまえの認識があることの言葉遣いによる表明である。ネットワーク，間人主義，隷属原理で機能をしているホロン型社会では，個と全体の二面性をパラレルに持つホロン的認識を表現するのに，諸々のモダリティ表現はなくてはならないものである。このようにして，日本語の二層構造はホロン構造型社会のインフラになっている。それゆえ雄弁な説得よりもわきまえのある言葉遣いの方が美徳と考えられるのかもしれない。

　次に敬語のダイナミックな使用を説明するホロンシステムの語用論を考えてみよう。

7.7. ホロン的振る舞いと敬語

　明らかに上下関係のある二人の会話では「です・ます」と敬語が使われるというルールがある。ところが，上下関係など社会言語学的変項は全く変わらなくても「です・ます」を突然使わなくなることがある。

　次の会話は3章で取り上げたものだが，ホロン的振る舞いをする敬語使用の例として再度取り上げてみよう。バラバラの絵カードを並べ替えて，一続きのストーリーを作ってもらう共同作業をしている初対面の先生と学生というソトの関係にある二人の会話である。

　　1　先生：えーっと，歩いていって，えーっと，<u>ですね</u>
　　2　学生：あ，なんか
　　3　先生：うん
　　4　学生：ちょっと思いついたん<u>ですけど</u>

> 　　5　先生：うん
> 　　6　学生：最初，棒を見つけて
> 　　7　先生：うん
> 　　8　学生：なんだこれ，使えないなあ，って思ってたら
> 　　9　先生：うんうん
> 　　10　学生：こう，崖にさしかかって
> 　　11　先生：うん
> 　　12　学生：あ，あの棒使える，ってひらめいたとか

　　13　先生：ああ，そう<u>ですね</u>
　　14　学生：そういうのはどう<u>ですか</u>

　二人がソトの関係であることを「です・ます」を使って指標している。ところが，先生の「うん」に始まる5〜12までの会話には「です・ます」が使われていない。この敬語脱落は敬語の誤用とは考えられない。本来ソト関係にある二人が，その関係を無視する言葉遣いをすることで，なにか有標の効果を作り出していると考えられる。それは共同作業が佳境に入っ

ているときに起こっている。それでは，この切り替えはどうして自発的に起きているのであろうか。

　この疑問を解くヒントはホロン的振る舞いにある。会話者は，人間関係を社会言語学的基準に照らして適切に認識し敬語使用の言葉遣いで指標しているが，同時に会話の場にまつわる全体の要素も認識している。並べたカードの話の筋がまとまりかかっているとき，二人の共同作業はクライマックスとなる。一緒に息を合わせて共通の目的が達成しかかっているとき，上位者の先生が「うん」と発言し，ソトの関係をぶちこわす。それにつられて学生も敬語を使わなくなる。この場の雰囲気の切り替えがいともスムーズに自発的に行われるのは，会話の内容のクライマックスという瞬間には，社会言語学的上下認識より，会話の全体像の認識の方にプライオリティーが移るからである。そして，会話のクライマックスが過ぎると，13，14のようにまたソトの関係のわきまえを示す敬語で話される。個（個人間の関係）と全体（会話の目的）の両方を認識を瞬間瞬間に切り替える会話が敬語の出現と脱落でなされている。

　生命現象には，ある程度の拘束条件（この例ではソトの人間関係にある会話参加者）を持ちつつも，刻々と変化する環境（この例では会話の進展というスクリプト的なコンテクスト）へ適応していくというホロン的振る舞いの性質があることが知られている。このことが人間の言語使用現象にも認められると解釈できよう。このようにして話し手たちは刻々変化する場の諸要素に応じて言語形式をスイッチさせることで，その場の雰囲気を盛り上げたりすることができるのである。

　このことこそ，わきまえという概念で説明される敬語使用現象である。かつて，ブラウン＆レビンソン（1978）によるポライトネス理論が，行為者としての話し手の意思による働きかけの言語使用だけを問題にしていることに対し，イデ（1989）は，日本語の敬語使用にもとづき，わきまえによる言語使用の側面が無視されていると批判した。その後，わきまえによる言語使用のポライトネス・ルールは，あたかも「社会的わきまえのルールに従え」というルールのように誤解されてきた感がある。イデ（1992）に述べられているように，わきまえとは 'sense of place' である。つまり，

話し手が，自分の身を置く場に関する分別のことである。場とは，マクロ的に見れば，社会の中での分別としての年齢，ジェンダー，職業，役割などであり，ミクロ的に見れば，その場に関係があると認識される相手との関係，場のあらたまり，会話の目的，話し手の意思や感情などである。場は刻々変化するものであるので，さまざまなわきまえの分別のうちどれがその瞬間にプライオリティーをもって意識されるかは，その場に応じて刻々と変化する。自然発話の中で敬語が使われたり脱落したりするのは，会話の進行に従ってソトの人間関係を認識することと，話の内容に集中してソトの関係を無視し親密さを創り出すことのどちらにプライオリティーがあるかが変化するからである。

　清水（1996）は人間がホロン的性質を持っていることの大切さを説く中で，ホロンを即興劇に喩えている。即興劇では，舞台装置，観客，大まかな筋が決まっている。ある程度の与えられた情報の拘束条件の下で役者が相互関係の中で一つの筋を生成的に自己組織しながら演じる。この役者に喩えられているのが生命現象を捉える概念，ホロンである。全体と個の二面性を持つホロンが即興劇の役者であるように，敬語を使う会話者も場における要素に応じてホロン的に振る舞い即興的に新しい場を生成し，会話をソトからウチの雰囲気に盛り上げダイナミックなものにしていき，また佳境が過ぎれば，ソトの指標をして敬語の使用に切り替える。

　話すということは，話し手の頭の中でアプリオリにある意思や考えを言語化するのではない。それは，話し手が場／コンテクストとしての相手やその他諸々の要素や話しの流れとの関わりを適切に把握し，それをモダリティ表現の臨機応変の選択を通して，話しの場をダイナミックに作り上げ，そのプロセスで，話し手，聞き手自身をも変化させていくのである。

7.8. ホロンシステムの中の「よろしくお願いします」

　日常言語の中には，あまりはっきりとした意味情報はないが，生活の潤滑油として必要なきまり文句が少なくない。それらは，人と人とが関係を結び社会のシステムを作り，そのシステムの中で生活するために有効なものである。「よろしくお願いします」「すみません」「がんばって」などが

その例である。これらのきまり文句の特徴は，その中味が特定化し難く，そのため，その習得は容易ではなく，場と共に慣習的に覚えることが必要なものである。

「よろしくお願いします」の意味を10人に聞くと，数人が異なる答えをする。ということは，このきまり文句は多義性，多機能性，あいまいさ，ゆらぎを示しているのではないだろうか。これらのきまり文句は，使われた場面に応じて意味が変化する。中心的意味として，話し手が相手に対して，関係を結びたい，関係を保ちたい，依頼したことを相手と自分が良いと思うようにやって欲しい等があろう。しかし，実際には，このように分析的に考えて使うのではなく，何となく人と人との間に放り込む。そうすると，きまり文句の意味がその場のコンテクストの諸要素の中でその瞬間に生成されるという性質のものではないだろうか。これは話し手が自分という個と，場に存在する諸要素である全体の両方を認識してこそ使えるものであり，まさにホロン的な言語使用でなりたち，意味がその時々で場の中で生成されるものである。

きまり文句は，これまでの言語研究の研究対象からは除外されてきた感がある。それは，分析的に研究することが叶わない，ホロン的考察をもって初めて理解されるものだからであろう。

7.9. 要素還元主義を超えて

免疫の研究で知られる生命科学者多田富雄（1997）によれば，細胞は刺激があればそれにユニフォームに反応するといった単純な機械ではなく，多数のオプションの中から条件に応じて一つの反応様式を選び出すものである。そして，生体はこうした「場」と「時」に応じた細胞の選択が集積されて，はじめてうまく運営されている〈複雑系〉と捉えなければならない。この細胞に関する説明は，これまで述べてきたホロンと軌を一にする考えである。多田は，この生命の営みを超システム(スーパー)と名付け，要素還元主義の科学で捉えることのできた機械的なシステムと区別する必要を強調している。細胞から生成されたヒトという有機体が機械的システムでないならば，社会で生きる人間の言葉遣いがホロン的であるということは，ホロ

ン的言語使用は，超(スーパー)システムとして捉えることが自然だということではないだろうか。第3章で述べたスーパーシステムは，このような含みを持たせたものであった。

　多田は個体の発生にみられる生成の原理は，言語の生成にも働いているのではないかと考える。チョムスキーの構想する言語の生成は，場／コンテクスト抜きの言語の自律性に限ったものだが，ここで述べる場においての言語の意味生成の原理は，言語を使う人間とその人間を取り巻く場から社会までを視野に入れた言語使用に適用できるのではないかと考える。

　ここで述べてきたホロンシステムによる言語使用の解釈は日本語・日本社会のみの特徴であると考えているのではない。いわゆる普遍理論からこぼれ落ちている日本語の現象を考察することで，言語・語用論現象への新しい見方を提示し，これまで十分な解釈が許されなかった他言語の諸現象にも適用ができることを示唆したつもりである。

　アフリカ大陸南部，ボツワナに居住するブッシュマンのグイ語のきわめて精緻で複雑な人称代名詞体系を菅原和孝（1998）で知ったとき，その複雑さ，見事さに驚嘆した。このような人称代名詞の体系は，どのようにしてグイ語話者によって使い分けられるのだろうか。その疑問についてずっと考え続けてきた。分析的な考えかたでは驚嘆すべき複雑さも，ホロン的な振る舞いが人間に可能なことに思いをいたすと，その疑問への解が見つかりそうである。

　ホロンの考え方は，多様性を包含し，調和を自律的に創出する原理である。それだけに清水が『場の思想』（2003）で説いているように，これからの地球が求めている共生の原理への道を示唆してくれる。

第8章

〈複雑系〉社会の日本語

8.1. 21世紀型知識社会と日本語

　英語によるコミュニケーション能力促進が日本の社会現象となっている。グローバル化で英語があたかも世界の公用語になっているかにみえる流れに日本社会の言語事情が揺れている。しかし，英語を重視するあまり日本語をおろそかにしてしまうことは，グローバル化につながる正しい方向といえるのであろうか。

　それは，とんでもないことである。高度情報化社会あるいは知識社会へと発展を遂げつつあるこの地球の運命を健全に保つには，世界の人々が自文化の言語を尊重しつつ，他言語との異なりを認め合い，異文化の人々と共生できる道を求めなければならない。強い言語が少数の人々によって話されている言語を押し潰しつつあるという世界で起こっている現実は，その言語を母語とする少数民族の文化をも押し潰すことになる。母語を失う人々は，その人々の生き方の支えとなっている生活習慣としての考え方の慣習，つまり文化を失うことになる。これは少数言語を話す人々の人権問題であり，見過ごすことができない問題である。

　地球では，多様な民族文化や多様な言語が相互にぶつかり合うことで新しい文化が創造される。そのエネルギーによって地球上の文化がより豊かになる。言葉においても異なる文化を取り入れることで地球上の言葉の文化を豊かにすることが可能である。日本語には多くの外来語があり，また英語の単語やフレーズを混ぜて使うことが多いが，日本語との接触で英語が豊かになる例もある。

　その一例を紹介しよう。これは，英語の母語話者がある日本人に宛てたメールの文章である。シカゴ大学のマイケル・シルヴァスティン教授は，日本の敬語の存在を意識し，敬語がない英語を駆使して格調高い文章を書いている。冒頭の文を紹介すると "For your surprise gift of such kinds words, please accept the humble thanks of one of the long-time admirers of your work and guiding influence on the social and cultural study of language." アンダーラインに自らを卑下し，相手を立てる敬語のエッセンスである表現がみられる。波線で示した 'humble thanks'（謹んで謝辞）では自らを下げる謙譲語の代わりを表現し，'one of the long-time admirers'（長年の崇拝者の一人）では相手との関係を上下に位置づける表現で尊敬語に代わる表現をしている。このような表現を読むと，英語には敬語がないなどとはとても言えないと思われる。

　この例は日本語の言語文化に備わる尊敬語や謙譲語という言語装置になぞらえた敬意を英語を使って表現できることを示している。日本語の言語特徴を英語に取り入れることで，英語という言語の可能性が拡張され，それだけ英語が豊かになっている。

　日本語からの借用の例もある。ある日本人大学生が久し振りに母校のテキサス大学を夏休みに訪れることになり，恩師のアメリカ人教授にそのことを伝えるメールをした。返信には，"I'll be out of town. Suimasen." とあった。日本語での「すいません」の用法をマスターしたアメリカ人教授が，そのコンテクストにふさわしいものとして使った。ここでは英語の "I'm sorry." は使えない。"I'm sorry." で謝る程のことでないからだ。

　英語にないものを他言語から取り入れることで，人間の可能性を表わすものとして言語が豊かになる。言語文化の接触により創造される洗練された言語表現の拡張がみられる。

　このようにして，言語・文化の接触は，地球上の文化の多様化と発展の原動力となり得る。もし，コミュニケーションの効率化の旗印の下，言語を統一する方向に向かうことがあるとすれば，地球上の文明が衰退することになる。地球物理学者松井孝典（1994）によってもかねてから説かれているように，「文化の分化」により異なりが生まれ，その異なりのぶつかり合いが新しい創造へのエネルギーとなるからである。

　かつて，司馬遼太郎と桑原武夫とが対談において日本語の特徴について次のようなことを語り合っていた（『司馬遼太郎対談集：日本人を考える』文春文庫 1978）。

　桑原　　政治や社会科学の（日本の）言語は，日常お酒を飲んだり恋愛したりする時の言語と違って，抽象レベルの高いものだと百も承知ですけれど，にもかかわらず，人を感情的にではなく，知的に動かすような構造をまだ持っていませんね。
　司馬　　持っていません。

桑原　　日本は相当の文化国であるにも関わらず，論理や修辞学はつい
　　　　　　に発達しませんでしたが，王朝時代から芸術批評論はあった
　　　　　　が，修辞学には到らなかった。そのことと関係があるんです
　　　　　　が，日本には雄弁家はおらんでしょう。西洋にはいっぱいおる
　　　　　　のに。

　司馬遼太郎と桑原武夫が「まだ持っていません」「持っていません」「雄弁家はおらん」と確認し合っているのは，日本語は「客観的・概念的な観念を構築するのには不利」という特徴を指摘したものである。英語において日本語の敬語のような表現が可能であったり，「すいません」と適切に使えるコンテクストにおいて"Suimasen."と借用して使ってみるなどの工夫ができることを思えば，日本語でも，司馬，桑原両氏が欲する形に変えていくことは，可能であろう。そのためには，どうすればよいのであろうか。そのためには日本語をあるがままに，欧米のバイヤスをかけずに見つめることが第一歩であろう。次に日本語を素直に眺め，その上で日本では顕著でないものを取り入れ，編集していくというプロセスを経て，言語を豊かにしていくことも将来的に見て可能であろう。言語は変化するが，その変化は自然な変化だけに任せておいて良いものではないだろう。

　言語には変えられるものと変えられないものがあろう。また日本伝統文化の保持の観点から変えてはいけないものもあろう。変えられるものだけでも変えていくことで，日本語を知的に人を動かす言語に意識的に変えていくことはできないことではない。そのようなことを志向した言語の研究の芽生えが待たれている。

8.2.　「伊豆の踊子」にみる日英語比較

　英語と比較できるアプローチの一つに，日本語を翻訳した英語とつぶさに比較する方法がある。

　これまで考えてきた日本語の特徴について，英語と比較対照したものを示す図8-1，図8-2をみてみよう。これは川端康成『伊豆の踊子』の一シーンで日本語のセリフと英語のセリフは異なる絵になることを示したもの

図 8-1

図 8-2

である。伊豆のとある所で、川端自身がモデルである主人公が学生姿で立っている。そこに、旅芸人の踊子の一座が通りかかり、一高の学生であることを知っていた姉が踊子の妹の耳元にささやいているシーンである。

このセリフは原文では「高等学校の学生さんよ」であるが、サイデンステッカーの英訳では 'He's a highschool boy.' となっている。

「高等学校の学生さんよ」と 'He's a highschool boy.' の二つの発話を比較することで、同じシーンで同じことを言うのに、日本語と英語でどう異なっているのかを考えてみよう。

まず、形態素のレベルをみてみる。英語には「学生さん」の「さん」にあたるものがない。この「さん」は、高等学校の学生という指示物の身分に対して、姉が敬意を示していることを示しているであろう。英語では 'a highschool boy' となっており、「普通名詞」に敬称を付けたりしない。日本語では、「運転手さん」「八百屋さん」などのように人間をカテゴリー名で呼ぶ。そして、「さん」という敬称をつけることで話し手が指示物に対して持つ好意的な心的態度が表わされる。その意味で「さん」はモダリティ表現である。「高等学校の学生」に「さん」を付けることで話し手の温かい心的態度が伝わるのである。

ここで、日本語の敬称に関連して少し述べておこう。日本語では人称詞が大変込み入っていて多様であるとういうことは、西洋の学者たちにもよく知られていることである。しかし、なぜかくも多様であるのかという疑問を持っているとのことである。多様である理由を探すには西欧で始まった言語学の枠組みでは答えは出てこない。'He's a highschool boy.' の 'he' は三人称であるが、日本語の発話には「彼」は出てこない。

英語の人称代名詞に相当する日本語の人称詞の多様さについてさらに考えてみよう。西欧語の人称代名詞は文において動詞の形を定める機能を持っていて、文の中で厳格なステイタスを持っているのに対し、日本語や東アジアの言語の人称詞は文ではなくコンテクストとの関係で大事なステイタスを持っているという点で大きく異なっている。つまり、日本語の社会言語学的構造の多様さやコンテクストへの依存性を物語っている。

日本語の一人称詞と二人称詞の多様さを示す表8-1を見てみよう。これ

人称	話し手 スタイル	大人 男	大人 女	幼児 男	幼児 女
一人称詞	あらたまり	わたくし わたし	わたくし わたし	（ナシ）	わたし
	ふつう	ぼく	わたし，あたし	ぼく	名前＋ちゃん
	くだけ	おれ*	（ナシ）	おれ	（ナシ）
二人称詞	あらたまり	あなた*	あなた*	（きみ）**	（あなた）**
	ふつう	きみ*	あなた*	名前＋くん 名前＋ちゃん	名前＋くん 名前＋ちゃん
	くだけ	おまえ*	（ナシ）	おまえ	（ナシ）

*目上には使えない　　**5才ぐらいから

表8-1　日本語人称詞の社会言語学的構造

は，あくまで共通語のごく平均的なものを示したに過ぎず，実際にはこれ以外に地域差，職業差等多くのバリエーションがあるのは言うまでもない。

　日本語の人称詞は，話し手の属性としてジェンダー（男か女か），年齢（大人か子供か）に応じた話し手自身のアイデンティティを指標する。次に，話の場が「あらたまっている」「普通」「くだけている」というあらたまり度に応じてもスタイルの異なりがある。それは人称詞についても言えることである。英語では'I'と'you'で済まされることが日本語ではこのような多様さを持っていることは，言語を文の中の言葉だけで，論理的に理解するのではなく，コンテクストと共に理解することが義務的であることの証左と解釈できよう。日本語の人称詞の多様さの理由を西欧語話者に説明する糸口の一つは，日本語の話し言葉はコンテクストの一致を求めるので，異なるコンテクスト毎に変化する自分と相手，それに場のあらたまりと秩序にふさわしい人称詞との一致が必要だから，と言うことができよう。

　三人称代名詞について考えてみよう。伊豆の踊子の図の例でみると，'He's a highschool boy.' と言っている。三人称代名詞 'he' を日本語にす

るとすると，強いて言えば，「あの人は高等学校の学生さんよ」となるのであろうが，原文では「あの人は」は省略されている。いや，省略という言い方は妥当ではない。もともと無いのが日本語である。日本語ではそれにあたるものがないのではなく，要らないのである。日本語では「高等学校の学生さんよ」で済む。この場面では，これが最も自然な表現である。日本語の統語を云々する時よく主語の省略ということが言われるが，もともと日本語に主語があるのかないのか，なお議論が分かれるところである。しかし，ここの議論では，話し言葉においては，話の場の情報として会話参加者に分かっている情報は言わないでおくというきまりがあるという考えが妥当なものであろう。

　このことを明示的にするために描いた図 8-1，図 8-2 のセリフの吹き出しを日本語と英語で比べてみよう。日本語では話し手が話の場の中に埋め込まれた状態で話しているので，話し手である伊豆の踊子の姉も聞き手である踊子も指示している学生の方に目をやっている。話題にしている人がだれなのかは目線で明らかに指標している。そこで，指示されている人をあえて「彼」と言う必要がない。図はセリフから情景を構築して書いたものである。日本語で「高等学校の学生さんよ」という言葉で想像されるシーンを 8-1 の図のように描いたわけだが，'He's a highschool boy.' という客観的に叙述される文で想像される図は 8-2 のようになる。

　英語では，統語上の厳格なきまりから主語なしでは話せない。話し手は話していることを遠くから客観的に見ている視点で話していることになる。日本語と英語では話している時，話し手が場に埋もれているかそれとも客観的に捉えているかという点で異なっているのである。また図の外に出て英語で話をしている姉と，聞き手である妹の，主人公に対する目線に注目してみよう。スピーチ・イベントを外から眺めて語っている。

　次に，英語では，当たり前のように 'he' の後には 'be' 動詞現在形の 'is' が来る。'I am'，'You are' というように主語と動詞が一致することが，英語では文法の大事な部分になっている。しかしそのような主語と動詞の一致は，日本語の場合は大事ではない。'He's a highschool boy.' というのは，命題の叙述（propositional statement）である。それに対して日本語

では「高等学校の学生」の後に be 動詞に相当する「だ」とか「です」なしで済まされる。その代わりに「よ」だけがある。「高等学校の学生さん」という名詞と終助詞「よ」があるだけで発話が成り立っている。命題の叙述における「主語＋述語」という文法の大前提がなくとも日本語では話し言葉の発話は成り立ってしまう。

　他にも日英語の異なりがある。英語では，'a highschool boy' と「一人の学生」と学生の数が単数か複数かの区別があるが，日本語では単数か複数かを明示する必要はない。

　また，英語の場合には 'a' か 'the' かの区別がある。'a highschool boy' は初めて出てきたので既知を表わす 'the' ではなく 'a' が必要になる。その区別も日本語では心配しないでも良い。これは，それぞれの言語にとって当たり前の認知習慣であって，英語では単数か複数かだけでなく，既知であるか否か，つまり定か不定かを区別することが言語使用上の義務的な認知習慣となっている。

　しかし，日本語ではそういう習慣がない。日本人は単数・複数の区別をする認知習慣を持っていないからと言って，数が数えられないのではない。また不定か定かの区別，要するに初めて会った人なのか前から知っている人なのか，その区別ができないのかと言えば，もちろんそのようなことはない。ただ，話す時に意識して言語化しなければいけない，そしてそうすることが義務的であるかないかの違いである。

　次に，語用論のレベルについて考える。日本語では話し手が言おうとする情報が聞き手も共有しているか，聞き手が知らないか，それを明らかにしないで現実の発話をすることはできない。伊豆の踊子の場合，姉が妹に，「高等学校の学生さんよ」と言ってこの情報を知らない妹に教えてあげている。だから「よ」が必ず必要となっている。もしも，妹がそのことをすでに知っているなら「高等学校の学生さんね」と「ね」を使うことになるだろう。この終助詞「よ」と「ね」の使い分けは，発話の最後に付けるちょっとした言葉であるが，話し手が，聞き手がその情報を持っているかいないかを区別していないと，普通の発話が成り立たないものである。「よ」も「ね」もなしに，ただ「高等学校の学生さん」で発話を終えてし

まうと，尻切れトンボの発話になっておかしなものになってしまう。つまり，語用論的にみて不適格な文になる。この場面では「よ」を付けるのが義務的である。一方，「です」あるいは「だ」という繋辞（copula）に相当するものはなくても発話が成り立つ。英語ではbe動詞が省かれていては非文となるが，日本語では繋辞が省かれても良い。日本語で，この「よ」と「ね」の使い分けが上手にできるかどうかは，場にふさわしい発話にするために不可欠である。

　この場における話し言葉でみる限り，日本語では終助詞の方が動詞よりも発話上重要度が高いということになる。英語とは大きく異なるところである。

　語用論のレベルでもう一つ日本語で注目すべきことがある。この場面では姉が妹に言っているが，姉と妹だから，非常に近しい関係である。人間関係が近しいことを示すために，「です」という丁寧語を使って「高等学校の学生さんですよ」とは言っていない。「だ」を使い「高等学校の学生さんだよ」ということもできたであろう。しかし，それより「だ」という繋辞を省いて「学生さんよ」とした方が姉の優しく妹への近しい感情が伝わるものとなっている。動詞を省き，名詞の後に終助詞だけで近しさを表わす。日本語の話し言葉においては繋辞の省略は近しい雰囲気を作るのに大事である。繋辞の省略を上手に使い分けることで，人間関係が微妙に調整される。

　伊豆の踊子のセリフの一つ「高等学校の学生さんよ」とその英訳"He's a highschool boy."の異なりから，英語に照らしてみた日本語の特徴をまとめてみよう。

　これまでみてきたように意味の上では全く等しいはずの日本語の英訳が大きく異なっているのはなぜであろう。前章でふれた今井の日本語と日本社会組織の編成原理を思い起こしてみよう。日本語は状況の影響を強く受ける言語で，文全体を包むモダリティに相当する辞によって話し手が自分の置かれた状況を指標することにより，場とつながっている。「高等学校の学生」に「さん」という登場人物に対する話し手の温かい心的態度を表わす主観的表現を付加し，話し手の姉と聞き手の妹との間柄の情報受容状

況を示す「よ」というモダリティ表現を使っている。それに加え，繋辞を使わないことで姉と妹の関係を近しいものとしている。

　ここにみる日本語の話し言葉の特徴は，主観性を帯び，場の中に会話参加者が埋もれた状況での発話である。英語の発話は発話状況を客観的に捉え，命題のみを過不足なく述べているものとなっている。言いかえれば，日本語の発話には話し方から話し手の感情までも伝わってくるが，英語で書かれた発話は，事実を伝えるだけで日本語のような発話者の体温が伝わってくるものではない。

8.3.　談話にみる日本語

　次に，談話レベルにおける日本語と英語の違いを見てみよう。談話レベルでは何をどのように話そうとも自由なのだから，談話には細かいルールはないのではないか，と思われるかも知れない。しかし，そうではない。

　会話のルールでよく問題にされるのが話し手交替である。話し手交替についてはアメリカで会話分析研究の皮切りとなったサックス等の研究（1974）では，人々は話をしているとき，次の話し手にバトンタッチする早さが実に100万分の数秒という早さである，という。そこで，話し手交替にはルールがあるに違いないとして普段人々が会話をしているときのルールを探る試みの最初に問題になったのが話し手交替であった。

　日本人は，日本語の会話ではアメリカ人のようには，早く話し手交替が行われていないのではないか，また話し手交替のタイミングだけでなく話し手交替のあり方も異なるのではないかという直感を持つ。そこで井出・内田（2001）は，日本語と英語で二人の話し手がいつそしてなぜ話し手交替をするか，たくさんのテレビドラマや映画の会話から拾い出して比較分析した。表8-2～表8-5をみてみよう。

　ここでは会話者がいつ，なぜ話し手交替が起きるかに注目し，交替する時の話の中味をみてみた。話の中味とは，交替した発話内容を「訂正」「話題転換」「反対」「同意」などという内容に分類したものである。

　まず，話の中途で話し手が交替する時をみてみると，英語の場合には，話し手が間違えた時に聞き手が相手の話を中断して「訂正」する場合が一

表8-2　「何を言うときに交替するのか：英語での発話の途中」
〈（　）は実数〉

	英語
訂正	31.6%（37）
話題転換	18.8%（22）
反対	12.8%（15）
質問	12.0%（14）
応答	10.3%（12）
確認	7.7%（9）
同意	6.8%（8）
話し手交替全体	100.0%（117）

表8-3　「何を言うときに交替するのか：日本語での発話の途中」
〈（　）は実数〉

	日本語
同意	33.7%（65）
確認	16.1%（31）
応答	15.5%（30）
質問	13.5%（26）
訂正	8.8%（17）
話題転換	7.2%（14）
反対	5.2%（10）
話し手交替全体	100.0%（193）

表8-4　「何を言うときに交替するのか：英語での発話の終了時」
〈（　）は実数〉

	英語
同意	40.4%（65）
確認	19.3%（31）
質問	12.4%（20）
応答	9.3%（15）
反対	6.8%（11）
訂正	6.2%（10）
話題転換	5.6%（9）
話し手交替全体	100.0%（161）

表8-5　「何を言うときに交替するのか：日本語での発話の終了時」
〈（　）は実数〉

	日本語
訂正	22.7%（71）
話題転換	16.0%（50）
応答	15.0%（47）
反対	13.8%（43）
確認	11.5%（36）
質問	10.9%（34）
同意	10.1%（32）
話し手交替全体	100.0%（313）

番多い。日本語では，一番多いのが「同意」の場合である。「そうだね」「ええ」などと，あいづちを打つ形で相手の話しに同意する時に交替が起きる。英語では話の腰を折って話し手交替が起きるのは訂正する時が最も多く，日本語では同意する時が最も多い。こうしてみると相手の話を遮って話し手交替が起きる時の理由は，英語と日本語とでは全く異なるということになる。

　次に話し終わった時に起きる話し手交替をみてみよう。話し手が話を終えたとき，聞き手が話し出す。そのときの話の内容は，英語では同意が一番多い。英語の場合には，人の話を最後まで聞かなければ，その内容が同意に値するかどうかがわからないと思っているのだろう。相手の話しを聞

き終えてから'Absolutely!'などと言って同意する。一方，日本語の場合は，相手の話を全部聞き終わってから訂正することが一番多い。英語では同意，日本語では訂正というように話の途中の交替の場合と全く逆になっている。これはどういうことなのだろうか。

　日本人の話は，場の影響を受けやすいようになっていることをこれまでもみてきたが，この現象はこの話し手交替にもみることができる。場への気遣いを重んじるため，違うと思っても話し手を遮ってまで訂正を言い出せない。一応聞き終わってから「そうよね。あなたの言うことはわかるわ。でもね，こういうこともあるんじゃないの」というように言うことで，はじめて訂正を申し出ることができる。英語では，話し手を遮ってまで訂正をし，同意するのは話を聞き終わるまで待つ。

　この日英語の会話の違いはいったい，なにを意味するのだろうか。英語では，話している時は，情報交換が重視されるのだろう。話している内容を伝えることを中心にしているからこそ，相手の話を分析的に聞いて，情報を正確に聞き取ろうとする。そこで違う時には途中でも話を遮って訂正するので話し手交替が起きる。それは相手に対して失礼になるのではなく，正しい情報の交換が話し合いの基本であるので，そうすることが誠実な話し方ということになる。

　それに対して日本語では，相手が話している途中でも同意のあいづちを打ち相手の発話に口を挟む。途中なので情報の中味をしっかり聞き取った上での賛成でないことも多いことであろう。同意しようとして聞いているかのようである。このデータで見る限り，英語の会話の機能は情報の交換であり，日本語の会話は人と人との和を大事にすること，つまり会話の人間関係をいい感じで保つための「交感的機能」(phatic communion) に重点を置いているようにみえる。

　そもそも日本語と英語では話し手交替の頻度が異なり，日本語の方が2〜3倍あることはよく知られる。これは，これまでに述べてきた日本語の特徴が命題内容を語る部分と，場に対してアクセスするモダリティ表現の部分から成っていることと無関係ではなさそうである。このように発話の二つの要素がいわば独立して成り立っていることから，言い換えれば，主

語のすぐ後に動詞がくるという統語的なルールのない日本語の文の構造だからこそ，聞き手が口を挟みやすい発話構造を持っている。日本語の会話の特徴として，水谷（1985）は，二人で会話を作り上げるという意味で「共話」と呼んだが，日本語はまさにこのようなことが起きやすい構造を持っている。

　日本人の行動原理として，前章でネットワークシステム，間人主義，隷属原理などを挙げたが，ここにみる談話レベルにみる話し手交替一つ取り上げても，日本語にみる特徴は，このような行動原理と軌を一つにしていると考えてよいであろう。さらに，話し手と聞き手の交感機能重視の談話パターンは，場を重んじるものである。

　ここで通訳者長井鞠子氏が新聞のコラムに書かれた日本語談話の特徴を引用したい。彼女によると，日本人の話し方は，アメリカ人の話し方と異なっていることが多い。中でも日本人は，頭の中によぎったことを脈絡とは関係なくちらほらと放り込んで言ってしまうということがよくあるそうだ。そのため，日本人の言ったことを英語に訳す際，そのまま話すと英語として意味をなさなくなる。通訳には大変な苦労が要るということだそうだ。ある日本の会社が，欧米人のお客様を招待したミーティングでの主催者の挨拶を英語に通訳した時の例が書かれていた。

　「今日はランチョン・ミーティングでございますので，わたくしどもはビジネスをやらせてもらっている見地から，正確にですね，ディテールをご説明した中から，最近の日本の経営のトレンドをご報告したいと思います。」

　これをそのまま，節ごとに英語に訳していった場合，その英語はなにがなんだかわからないものとなってしまう。つまり，英語として通じる話とはならない。通訳者は，「今日はランチョン・ミーティングだからおおまかなトレンドのお話をしたい。正確な話はしないほうがいい。」というように内容を把握して訳して話すのだそうだ。「ビジネスをやらせてもらっている見地から」は訳さず「正確にですね，ディテールをご説明した中から」はその通りには訳さずに「ランチョン・ミーティング」という話題の設定から推定して，「正確な話しはしない方がよい」というように内容を

変えて話す。そうしなければ，冒頭の「ランチョン・ミーティングでございますので」と論理的につながらない。日本語では，論理的につながっていなくても，その場で話し手があれこれ気遣うことを口に出していればなんとなく言いたいことが聞き手に伝わるもののようである。

　ここで，言われているような日本語をわれわれは日常聞いているし，こういう言い方をしないと，なにか場にそぐわないような感じがしたりさえする。このことからわかるように，このランチョン・ミーティングの挨拶は，別に変なものでない。もし，英訳しやすいように「ランチョン・ミーティングですので，正確なお話しはしません」というような論理的な話であったら，あまり雰囲気にそぐわない挨拶になってしまったのではないだろうか。

　日本の伝統的な芸術の中にも，古くからこれと同じような形式の談話が行われてきたそうである。小泉（1994）によれば「文学の形式としては物語形式として平安時代から江戸時代まで一貫して連鎖的・並列的形式が行われてきた（中略）おのおののまとまった話は常にその前の話とは関係があるけれども，そのさらに前や，そもそもの発端や来たるべき結末との関連において構成されているのではない」という。また，「浄瑠璃のような物語性の強いものでも遠慮なくカットしてしまい筋の脈絡がつかなくなったり，長唄のように初めから歌詞があまり構成的ではなく，前後の脈絡のはっきりしない歌詞ではただ断片をつなぎあわせ，その個々の単語や短いひとくさりの文章のもつニュアンスだけでその連鎖を続けていくことも多い。」ということである。

　このような伝統が日本の文芸にあることに思いを致す時，これまでみてきた日本語の談話の特徴というものは，日本文化の伝統の中に位置づけることができる。ランチョン・ミーティングのあいさつも，すぐ前の言葉とはつながっていても，話の発端とも結論ともつながっていない。このような談話が日本語によくみられるようであるが，これも日本語の特徴である場面による拘束，言いかえれば，論理的な一貫性のある一本の線でのつながりよりも，その場その場で丸く納まる場との一致が重層的に積み重なっているものであると解釈できよう。こうして考えてみると日本語の言語装

置と言語行動の表われとしての談話のパターンとが関わり合っていることがうかがえる。

8.4. 森林の思考・砂漠の思考

では，なぜ日本語と英語との間にこのような違いがあるのか考えてみよう。まず第一に，日本語では話をする時の話し手のスタンスが英語とは違う。ここで，いささか大胆な仮説を示すが，このような考えを支えてくれそうなものがあってのことである。

中でも，地理学者鈴木秀夫による『砂漠の思考・森林の思考』(1978)の考えは，ここでの問題を解く見解を示してくれている。それは，人間にとって複雑で多種多様でありうるこの地球上の世界観を大きく二つ〈森林的と砂漠的〉に分け，それにもとづき，学問，美，都市のあり方などが東洋と西洋で対照的に異なっていることを述べたものである。

同様なことを文化心理学の見地から長年の心理学実験の実証を基にして一般読者のために書かれたものに，Nisbett (2003) *The Geography of Thought－How Asians and Westerns Think Differently... and Why*（『思想の地理学―アジア人と西欧人はいかに異なる考え方をしているか，そして，それは何故か』）がある。ここでは，古代ギリシャと古代中国それぞれの哲学の伝統の異なり，自己観の異なり，世界観の異なり，カテゴリー観と関係観の異なり，論証法の異なりなどについて東西の異なりを心理学の実験で得られた結果をもとにアジア人と西洋人の違いを多角的に説明している。

鈴木（1978）によれば，東洋に典型的にみられる森林的思考と西洋に典型的にみられる砂漠的思考は，その起源は自然という人間を取り巻く環境である。それぞれの自然を媒体項として東西で異なる思考習慣が生まれたというのである。

如来の前には小さな人間の考えなど無にすぎないとする東洋の仏教と，天地創造の唯一の神を拝するユダヤ教・キリスト教という西洋の宗教を背景に，東洋と西洋のそれぞれの思考パターンが生まれ，歴史を経て広まっていったと考える。実際には，地理的条件が砂漠か，森林かにかかわら

ず，この二つの考え方は宗教の伝播と共に地球上のそれぞれの地域に広がった。これは，世界が「永遠」に続くと考える仏教と，はじめと終わりのある「有限」と考えるキリスト教の対照とも連なる考えである。

　森林的スタンスとは，人間の視点が地上の一角にあって「下から上」を見る姿勢である。そのため，見透しの悪さのため視野は近視眼的で，判断は慎重であり，学問など専門のこととなると閉鎖的で専門家的あるいは職人的な態度をとる。一方砂漠的スタンスとは，視点が上から下を見る鳥の目を持つことである。空を舞う鳥のように見渡しのよさを持つので，まず，問題の輪郭を大まかに把握して，判断は右か左かはっきりし，学問においては，研究者個人が全体を自由に総合的に捉えたところで論理的に議論を展開させていく。

　西洋での話し方は，見渡す限り何も遮るものがなく遠くまでが見渡せる砂漠でものを見て，スピーチ・イベントを必要なだけ切り取って額縁に入れて見ているようなスタンスを持っている。それに比べ，東洋の話し方は，森林の中に迷い込んだ人がものを見るように，目の前のものをよく見て話す。言い換えれば，英語の話し手は神の目で見るようにスピーチ・イベントの全貌を捉え話をする傾向にある。一方で，日本語の話し手は，自分の周りとの関係を気にしながらスピーチ・イベントを捉え，木を見て森を見ずの発話をする傾向にある。

　日本語では，話し手は，話の場／コンテクストの中の一要素として埋没している。つまり，話し手は発話の場の一要素として話し手自身を捉え，その場の中にいる相手，または場の中の諸要素全部を共有された知識として認識していなければならない。そして相手にわざわざ言わないでも良いものと，言わねばならないものとの区別を判断する。たとえば，自分が話していることは相手には自明であるので，自分を指す言葉，つまり一人称詞を発話のたびに言及する必要はないという判断をする。要するに自分の言いたい内容と同時に，その場にあわせるためには言う必要のあることか否かを吟味するのである。話し手は，話の場において自分がどのような地位・役割かを全体の中で認識し，相手との関係を的確に把握していることを指標する気遣いをする。その気遣いは人称詞，敬語や終助詞などをはじ

め，1章でみてきたようにさまざまなレベルのモダリティで表現する。

「はじめに言葉ありき」といわれるほどに，言葉で言うことに対する価値が堅固な西欧社会では，お互いに異なる個人が言葉を介して理解し合い，コミュニケーションを取ることで社会のインフラを形成している。個人が，自分の意思を言語で明確に表わすことが前提とされる社会である。そのような社会ではコミュニケーションにおいて大切なのは，自らの意思を表明することである。ちなみに，西欧で構築された語用論理論は，いずれも話し手を行為者とみなしている。グライスの会話の公理，オースチンやサールの発話行為，ブラウン＆レビンソンのポライトネスの理論，スペルバー＆ウィルソンの関連性理論などは，発話者は，行為者として言葉で相手に働きかけるように使うことが前提となっている。

日本語の話し手は，発話者を行為者と見る西欧とは異なり，自分自身を場／コンテクストの一要素として捉え，まず自らの身分証明を行う。たとえば，場に応じて，男性の場合は，「ワタクシ」「ボク」「オレ」などの中からひとつの自称詞を選択することで，場にふさわしく，自分がどのように見られたいかという自己表現をする。次に，聞き手との間柄が上下・親疎に応じて，敬語を使うか否かを判断しつつ自分の言いたいことを表現する。発話の目的の中に，情報内容の伝達と共に，話の場に適合させるための言語表現の選択が求められている。これは，とりもなおさずまわりを気にしている森林の思考的視点でスピーチ・イベントを見ているからである。5章の敬意表現のところでも述べたことだが，相手と場面を配慮することが，日本語の語用論のエッセンスである。

相手と場面を配慮するためのルールは，西洋から出た普遍的とされる語用論理論とは根本的に異なる。西洋の語用論はその考えの下敷として科学の前提とする要素還元主義が存在するのに対し，場／コンテクストと言語表現の適切な一致を求める語用のルールは，要素還元主義ではルールを見つけることはできない。ただの込み入った（complicated）なものであれば，込み入った仕組みを一つずつ分解して，部分を取り出し，それを組み立てることによって因果律的な思考によって全体の働きを推測できるのだが，そのやり方では文化そのものである場と言語表現との結びつきを解き

明かすことはできない。なぜなら，ここで問題とする言語使用の複雑さは，込み入ったという意味ではないからである。「込み入った」（complicated）のではなく複雑系の意味の complex なのである。つまり，分解して得た要素の組み合わせでは元の性質を推測できないものであり，単純な因果律的思考の適応が不可能なものである。場の要素には分解しきれない多種多様の要素があり，それが場において複雑な要素との関係の中で瞬時に創発的に生まれるシステムの解明，つまり複雑系のルールが求められている。

8.5. 異なるわけを求めて

これまでみてきたように話す時のスタンスの違いは，形態素・語彙・文法の違いから語用論・談話レベルまでの日本語と英語の違いに関係していると考えられる。

話し手のスタンスの異なりを示すものとして，ここに図 8-3，図 8-4 がある。「メアリーが私にこの本をくれた」という発話が日本語と英語で異なることをスタンスの違いによるものとして図にしたものである。

これまで考えてきた森林の思考・砂漠の思考を，実際の発話レベルで想像してみたものである。日本語の場合には，小さな劇場で話し手が舞台と観客と同じレベルで，同じライトに照らされて話をしている。だから，だれがだれになどと言わなくとも，話の場のコンテクストの中で分かっていることは言わなくて，「メアリーがくれたのよ」という中身だけ言えば，それで通じる。まさに森林の思考のスタンスで話している。

英語の場合には，話し手は舞台の上にはいない。スピーチ・イベントである舞台から離れたところから見て，その舞台にある景色を遠くから全体像を把握しているようなスタンスをとって話す。そこで，客観的に概念を把握した文の構造で話すことになる。そこで "Mary gave me this book." と主語も動詞も直接目的語も間接目的語も発話の中の重要な要素となっている。日本語では同じことを言うのに，直接目的語も間接目的語も省略し「メアリーがくれたのよ」と言えば良い。

日本語では話の場の中に話し手が入ってしまっているので，その場にお

メアリーが（わたしに）（この本）（を）くれたのよ。

日本語

図 8-3

いて見えているもの「私に」や「本を」は言わず，必要なものだけ言えばよい。それが，日本語と英語の異なりの一つの説明となろう。

　もう一つの説明は，文化社会的な動機づけによることが考えられる。文化社会的な動機づけの第一に自己（セルフ）をどのように見ているか，二番目に高コンテクスト文化の制約，三番目にコミュニケーションにおいてなにを重視するかの異なりがある。

　第一の動機づけは自己（セルフ）の捉え方の違いである。これについて

Mary gave me this book.

英語

図8-4

は，マルカス＆キタヤマ（1991）が心理学の実証研究を基に明らかにしたことだが，日本人（または東アジア）の人々は，自己を個人主義社会の人とは違って捉えている。西洋の人々が独立型セルフ（自分と他の人たちがそれぞれ独立している関係で築かれているセルフ）なのに対して，東アジアの人たちのそれは，相互依存型セルフ（自分のセルフと一番近しい人たちのセルフが部分的に重なっている）である。相互依存型セルフの東アジア人共通にみられる言語的特徴に，自分を指す言葉と相手を指す言葉や敬

称が多様で複雑であることがある。相互依存型セルフを持つからこそ，その場，その場毎に異なる自他の捉え方が異なることを言語的に異なる表現として反映させねばならないのである。

　日本語の話し言葉遣いの背景には，相手や場面によってゆらぐ相互依存型セルフがある。ゆらぐセルフはモダリティ表現で場／コンテクストに適応した指標をすることでゆらぎの安定を保つ。日本語にはそのような言語的装置が備わっている。そのゆらぎは，西欧語の主語と動詞の一致のように一対一のゆらぎのない対応ではない。3章の敬語表現の選択でみたように，一定の幅のある選択肢の許容範囲を越えない中であれやこれやと自由に使えばよいものである。自己が場によってさまざまに規定され，それに応じて言語表現の選択もゆらぎをもって場にマッチするものが選ばれている。

　第二の動機づけは，日本が高コンテクスト文化の一つの典型であり，それによる制約からくる違いである。これは「森林の思考」であることと軸を一つにするものである。森林にいて話をしているように，目の前のことを非常に気にしていると，まわりの小さなことが気になる。ウチ・ソトの区別，情報の縄張りの内か外かの区別，知っていることか否かの区別のように，目前の細かい区別をしてそれを指標することが語用論的に義務的になる。「砂漠の思考」のスタンスをとればどうでもよいような区別でも，「森林の思考」のスタンスを持っている人たちにとっては大事なことである。そこで，そのような区別ができていないと1章でみたように不適格文になってしまうような語用論的な制約がたくさん存在している。

　話し手は，聞き手の情報の状況を読み取らなければいけない，相手に対する近しさを読み取らなければならない，相手に対してやさしくしてあげよう，少し威張ってみようというような自らの気持ちも加えて，相手とどういう関係を切り結ぶかをモダリティ表現「のよ」「だよ」「ですね」などを使い分けて言う。モダリティ表現が何もないということは，何か欠けていると思わせる。それほどモダリティ表現は場への気遣いのために不可欠である。それがなければ日本語を話す人は場で落ち着くことができない。世界をまたいで活躍する若き情報科学者が，英語を話し始めた頃を振り返

りつぶやいた言葉を思い出す。「英語を習い始めた頃，終助詞なしでどうやって英語が話せるのかと思ったよ」と。

　話し手は，相手のことだけを気にして話せば良いものではない。自分自身をどのような自分でありたいのかについて表現しなくてはならない。話し手はいろいろな役割を持っていろいろな場にいるが，その場，その場において自分がどのような自分でいたいのかを認識する。そして，瞬間，瞬間に変わっていく自分を「ボク」から「オレ」に切り替えたりすることで，場の中で自己を指標していく。それは螺旋階段を上がって行くように時間的前後関係も相手とのやりとりの変化も複雑に絡んでその瞬間毎に複雑な要素のかけ合いの中で選択する表現が決まっていく。それがうまくできないと言語行動がぎこちなくなり，うまくいくといい感じの話し方となる。コミュニケーションの醍醐味は場との複雑な絡み合いで雰囲気を作り，またその雰囲気に乗っていくというダイナミックなものであろう。高コンテクストと一概に言ってもその中味は複雑でダイナミックで，一筋縄で解き明かせる性質のものではない。

　本書の冒頭での日本語の「なぜ」の中に，英語では，書いた論文をそのまま読めるのに日本語ではおかしくなるのはなぜか，を問題提起とした。アメリカで活躍する日本人の文化人類学者が，日本での国際学会で日本語の論文を読み上げた時，その発表はとても変なものになってしまった。その時，どうして変なのかが分からないと私に言ってきたことがある。今，ここでその説明を試みよう。まず，日本語では，書き言葉は話し言葉とは異なる。話し言葉においては，命題内容と共にモダリティ表現を使って話の場に対して適格に指標しなければならない。書き言葉の文で発表したため話し言葉用のモダリティ表現が使われていなかった。話し言葉になった時には，その場に自分が存在しているということを細かく指標するモダリティ表現を使い分けなければならない。それが欠けていたので変な発表になってしまった。つまり，書くときはコンテクストをあまり考えず命題内容を主として気にすれば良いが，同じ内容であっても，話し言葉のときはたくさんのモダリティによるコンテクストへの気遣い表明が不可欠なのである。

第三の文化社会的な動機は，コミュニケーションにおいてのプライオリティーに関する日英語の異なりである。日本語では，話す時になにが大事かといえば，情報を明らかにしていくということよりは，お互いに人間関係がうまく行くよう，和やハーモニーを求めることが大事である。また，談話のつなげ方もその場ごとに前後がつながっていれば，冒頭と結末のつながりはどうでも良い。つまり，話の流れの直前と直後が場にとけ込んでいることが大事である。一方，英語においては命題内容を正確に話し，情報交換を行うことである。それゆえ，客観的に捉えたものを一貫性をもって話すことにプライオリティーを求める傾向にある。

8.6. 複雑系社会の中の言葉遣い

　本書が試みたことは，これまでの言語学の枠組みでは扱いきれなかった言語現象に目を留め，それに対して理解の糸口をみつけることであった。
　日本語は高コンテクスト文化の中の言語といわれてきている。そのことは言語とコンテクストが切っても切れない関係にあるということである。そのことを問題の中心に据えて日本語を考えてきた。
　言語を科学的に研究する方法は，概して言えば言語を人間やコンテクストから切り離し，論理的に形式化を求める営みである。この研究方法の前提は，科学の前提である要素還元主義である。言語を最小単位に分析し，その論理的組み合わせにより，全体を説明していく方法である。
　しかし，本書で問題としてきたものは，文化的・社会的コンテクストを研究の対象として入れるものである。言語とコンテクストの結びつきは，主語と述語の結びつきのように一元的にまた論理的に説明できるものではない。従って，これまでの言語研究の方法の枠を超える方法を求めなければならない。それはいわゆる科学的方法を超える新しい科学の方法を志向することである。
　日本語の語用論の原理をあえて求めるとすれば，その一つのアプローチは前章で述べた清水（1996）に説かれているホロンのリアルタイムの即興劇のモデルが最も参考になると思われる。清水は生命現象を個の集まりによって調和的な秩序が自己組織される現象だと考え，その謎を解くには要

素還元的でないもう一つの方法として，自己と他が瞬時に融合する自でも他でもないホロンの存在を生命現象の中に確認し，それを基に生命現象を考えることを提唱し，リアルタイムの即興劇という比喩によって，ホロンの働きを説明している。私たちが日頃，だれかと話している時，対する相手によって同じ話をするのでも話し易かったり，話し難かったりする。それは前もってわかるものでなく，即興劇のようにその場にかかわる要素のリアルタイムの創発によって会話がダイナミックに動いていることを実感しているということである。

　日本社会で日本語を使う原理を求める場合を考えてみよう。日本人が敬語を使う時，コンテクスト要素の一つ一つを分析的に計算し，このコンテクストはこの位の丁寧度だから，この敬語形式「（いつ）お出でになられますか」を選択する，というような分析的でストラテジー的なやり方で敬語を使っているのでは決してない。話し手は，場に自分自身をとっぷりと埋め込み，すべての場情報を意識の中に内在化させ，モダリティ表現のレパートリーを持ち，ホロンのリアルタイムの即興劇において演劇のパフォーマンスが創造されるように，その瞬間にふっと思い浮かぶ表現を使う。そのような自然体での言葉遣いが，場にしっとりと融合した言葉遣いとなるのである。

　そのようなしっとりとした言葉遣いの達人，ベテランアナウンサーの加賀美幸子氏は，敬語は削って話すものと言われるが，一体どうしたら削っても，なお理想的な話し方をすることができるのだろうか。

　私は，このことを長い間考えてきた。第22回国語審議会第一委員会主査として新しい時代に求められる言葉遣いの在り方，中でも敬語について審議する中，自分自身の敬語に自信がなかったからである。ようやくわかり始めたかに思えることは，話の場の中に謙虚に自分の身を置かせてもらい，他人の言うことにじっくり耳を傾け，それぞれの人の言うことの真意を汲み取ると同時に，その場の人々のことを理解することに努める。言い換えれば，場の読みを正しく深く行うのである。そうすれば，その場において何がその瞬間に関連があるかを分析的ではなくほぼ無意識のうちに総合的，直感的に読みとることができる。そしてモダリティ表現のレパート

リーをしっかり持っていれば，表現は自発的に選ばれるというものである。敬語のマニュアル本が売れ続けるが，だれもが知りたいのは，いかにして場の情報を読みとることができるかの問題である。

　しっとりとした敬語がどのようにして選択されるかについての説明には，要素還元的でないアプローチが必要である。必要なのはそれを補完する概念であるホロンによる考え方ではないかと思われる。落ち着いている人は言葉遣いも上手いことが多い。落ち着いているということは場の中に身を置いているために，場の情報を正しく読みとり，場に整合性をもたせることができるからであろう。

　複雑で多様な人称詞をはじめ，これまでみてきた多くのモダリティ表現が，場／コンテクストにマッチするように使われるメカニズムの解明には，複雑系のアプローチが求められている。この真理にたどり着く道は，緒に着こうとしているという段階にある。

参考文献（日本語）

阿部謹也（1995）『「世間」とは何か』東京：講談社現代新書
井出祥子（2005）「ホロンシステムとしての言語学」『月刊言語』36-4：56-64
井出祥子（2005）（波多野誼余夫と対談）「日本発の理論は可能か」『月刊言語』36-6：8-15
井出祥子（2005）「異文化コミュニケーション学―共生世界の礎を求めて」井出・平賀共編『社会言語科学講座　第一巻　異文化コミュニケーション』東京：ひつじ書房　2-23
井出祥子・井上美弥子（1992）「女ことばにみるアイデンティティ」『月刊言語』21-9：46-48
井出祥子・内田らら（2001）「話し手のバトンタッチ：英語では訂正のときに、日本語では同意のときに」『STEP 英語情報』5/6：60-63．東京：日本英語検定協会
井出祥子・荻野綱男・川﨑晶子・生田少子（1986）『日本人とアメリカ人の敬語行動：大学生の場合』東京：南雲堂
井出祥子・堀　素子・川﨑晶子・生田少子・芳賀日登美（1985）『女性の敬語の言語形式と機能』文部省科学研究費特定研究「情報化社会における言語の標準化」刊行物
井出祥子・彭　国躍（1994）「敬語表現のタイポロジー」『月刊言語』23-9：43-50
今井賢一（1998）「日本の知識型産業社会をどう編成するか」濱口惠俊（編）『日本社会とは何か：〈複雑系〉の視点から』149-167．東京：日本放送出版協会
任　栄哲・井出里咲子（2004）『箸とチョッカラッ―ことばと文化の日韓比較』東京：大修館書店
上山春平（1970）「絶対無の探求」上山春平（編）『日本の名著47：西田幾多郎』7-85．東京：中央公論社
大江三郎（1975）『日英語の比較研究：主観性をめぐって』東京：南雲堂
荻生徂徠（1717）『弁道』（『日本の名著16：荻生徂徠』97-128．東京：中央公論社　1974年）
片桐恭弘（1997）「終助詞とイントネーション」音声文法研究会（編）『文法と音声』235-256．東京：くろしお出版
蒲谷　宏・川口義一・坂本　恵（1998）『敬語表現』東京：大修館書店
神尾昭雄（1990）『情報のなわ張り理論』東京：大修館書店
菊澤季生（1933）『国語位相論』東京：明治書院
菊地康人（1994）『敬語』東京：角川書店

金田一京助（1976）『日本語の変遷』東京：講談社学術文庫
ケストラー，アーサー（1983［1978］）『ホロン革命』田中三彦・吉岡佳子(訳) 東京：工作舎
小泉文夫（1994）『日本の音―世界の中の日本の音楽』東京：平凡社
国語審議会答申（2000）「現代社会における敬意表現」
小松英雄（1999）『日本語はなぜ変化するか：母語としての日本語の歴史』東京：笠間書院
小森陽一（1998）「現代社会と敬語」国語施策懇談会のレジメ
近藤泰弘（2000）『日本語記述文法の理論』東京：ひつじ書房
真田信治（1990）『地域言語の社会言語学的研究』東京：和泉書院
司馬遼太郎（1978）『司馬遼太郎対談集：日本人を考える』東京：文春文庫
柴田　武（1978）『社会言語学の課題』東京：三省堂
清水　博（1978）『生命を捉えなおす：生きている状態とは何か』増補版　東京：中公新書
清水　博（1988）「バイオホロニクスの論理」『現代思想』1月号：146-167
清水　博（1992）『生命と場所：意味を創出する関係科学』東京：NTT出版
清水　博（1996）『生命知としての場の論理：柳生新陰流に見る共創の理』東京：中公新書
清水　博（2001）「〈何が起こるかわからない〉ことを科学する」河合隼雄(編)『対話で探る「新しい科学」』19-57．東京：講談社
清水　博（2003）『場の思想』東京：東京大学出版会
菅原和孝（1998）『会話の人類学』京都：京都大学出版会
鈴木孝夫（1973）『ことばと文化』東京：岩波新書
鈴木秀夫（1978）『森林の思考・砂漠の思考』東京：NHKブックス
多田富雄（1997）『生命の意味論』東京：新潮社
田窪行則（1990）「談話管理の理論－対話における聞き手の知識領域の役割」『月刊言語』19-4：52-58
田窪行則・金水　敏（1996）「複数の心的領域による談話管理」『認知科学』3-3：59-74
辻村敏樹（1991）『敬語の用法』東京：角川書店
露木恵美子（2000）「分散と共創―自律分散型組織における顧客関係とイノベーションの研究―」北陸先端技術大学院大学修士論文
時枝誠記（1941）『国語学原論』東京：岩波書店
中右　実（1979）「モダリティと命題」『英語と日本語と』223-250．東京：くろしお出版
仁田義雄（1991）『日本語のモダリティと人称』東京：ひつじ書房
服部四郎（1960）『言語学の方法』東京：岩波書店
濱口恵俊（1982）『間人主義の社会日本』東京：東洋経済新報社

濱口恵俊(編)（1996)『日本文化は異質か』東京：日本放送出版協会
濱口恵俊(編)（1998 a)『日本社会とは何か：〈複雑系〉の視点から』東京：日本放送出版協会
濱口恵俊(編)（1998 b)『世界の中の日本型システム』東京：新曜社
尾藤正英（1974)「国家主義の祖型としての徂徠」『日本の名著　荻生徂徠』東京：中央公論社
益岡隆志（1991)『モダリティの文法』東京：くろしお出版
益岡隆志（1992)「表現の主観性と視点」『日本語学』21-8：28-34
真下三郎（1969)『婦人語の研究』東京：東京堂出版
松井孝典（1994)「今何が問われているのか－宇宙の歴史に学ぶ」3月20日朝日新聞
水谷信子（1985)『日英比較：話しことばの文法』東京：くろしお出版
宮地　裕（1983)「敬語をどうとらえるか」『日本語学』2-1：4-12
山田孝雄（1908)『日本文法論』東京：宝文館
湯川秀樹・梅棹忠夫（1967)『人間にとって科学とはなにか』東京：中公新書
吉田和男（1993)『日本型経営システムの功罪』東京：東洋経済新報社
吉田和男（1998 a)「非平衡体系と日本型経済システム」濱口恵俊(編)『世界の中の日本型システム』135-159．東京：新曜社
吉田和男（1998 b)「ホロン構造の日本型社会システム」濱口恵俊(編)『日本社会とは何か：〈複雑系〉の視点から』68-95．
リブラ，スギヤマ　タキエ（1996)「日本と他文化に見る人間性の認識」濱口恵俊（編)『日本文化は異質か』35-39．東京：日本放送出版協会
渡辺　実（1971)『国語構文論』東京：塙書房
渡辺　実（1988)「文法とは何か」金田一春彦・林　大・柴田　武(編)『日本語百科大事典』115-123．東京：大修館書店

References (English)

Berlin, Brent and Paul Kay (1969) *Basic color terms: Their universality and evolutional research*. Berkeley: University of California Press.
Brown, Penelope and Stephen Levinson (1978) Universals in language usage: Politeness phenomena. In: Esther Goody (Ed.) *Questions and politeness: strategies in social interaction*, 56-289. Cambridge: Cambridge University Press.
Brown, Penelope and Stephen Levinson (1987) *Politeness: Some universals in language usage*. Cambridge: Cambridge University Press.
Dalby, Liza (1998) *Geisha*. Berkeley: University of California Press.
Eelen, Gino (2001) *A critique of politeness theories*. Manchester, UK: St.

Jerome Publishing.
Foley, William (1997) *Anthropological linguistics: An introduction.* Oxford: Basil Blackwell.
Fraser, Bruce and William Nolen (1981) The association of deference with linguistic form. *International Journal of Sociology of Language* 27: 93–109.
Graham, A. C. (1986) 'Being' in western philosophy compared with shih/fei and yu/wu in Chinese philosophy. In: David L. Hall and Roger T. Ames (Eds.) *Studies in Chinese Philosophy and philosophical literature,* 322–359. Albany: State University of New York Press.
Grice, Paul (1975) Logic and conversation, In: Cole and Morgan (Eds.) *Syntax and Semantics: 3 Speech Acts.* New York: Academic Press.
Gu, Yueguo (1990) Politeness phenomena in modern Chinese. *Journal of Pragmatics* 14: 237–257.
Haberland, Hartmut (1996) Communion or communication? A historical note on one of the 'founding fathers' of pragmatics. In: Robin Sackman (Ed.) *Theoretical linguistics and grammatical description. Papers in honour of Hans-Heinrich Lieb.* Amsterdam: John Benjamins Publishing Co. 163–166.
Hall, Edward (1977) *Beyond culture.* Garden City, NY: Anchor Press. 岩田慶治・谷　泰(訳)『文化を超えて』東京: TBSブリタニカ.
Hanks, William (1990) *Referential practice: Language and lived space among the Maya.* Chicago: University of Chicago Press.
Hanks, William (1996) *Language and communicative practices.* Boulder: Westview Press.
Hill, Beverly, Sachiko Ide, Shoko Ikuta, Akiko Kawasaki and Tsunao Ogino (1986) Universals of linguistic politeness: Quantitative evidence from Japanese and American English. *Journal of Pragmatics* 10: 347–371.
Hymes, Dell (1974) *Foundations in sociolinguistics: An ethnographic approach.* Philadelphia: University of Pennsylvania Press.
Hymes, Dell. (1986) Discourse: Scope without depth. *International Journal of Sociology of Language* 57: 49–89.
Ide, Sachiko (1982) Japanese sociolinguistics: Politeness and women's language. *Lingua* 57: 357–385.
Ide, Sachiko (1989) Formal forms and discernment: Two neglected aspects of linguistic politeness. *Multilingua* 8-2/3: 223–248.
Ide, Sachiko (1991) How and why do women speak more politely in Japanese? In: Sachiko Ide and Naomi McGloin (Eds.) *Aspects of Japanese women's language,* 63–80. Tokyo: Kurosio Publishers.
Ide, Sachiko (1992) On the notion of *wakimae*: Toward an integrated framewaork of linguistic politeness. 『ことばのモザイク』MLS発行　298–305.

Ide, Sachiko (2002) The speaker's viewpoint and indexicality in high context culture. 井出・片岡共編『文化・インターアクション・言語』東京: ひつじ書房 3-20.
Ide, Sachiko (2003) Women's language as a group identity marker. In: Hellinger and Bussmann (Eds.) *Gender across languages*, Vol. III, John Benjamins Publishing Co. 227-238.
Ide, Sachiko (2004) Exploring women's language in Japanese. In: Bucholtz (Ed.) *Language and woman's place: Text and commentaries*. Oxford: Oxford University Press. 176-186.
Ide, Sachiko (2005) How and why honorifics can signify dignity and elegance: The indexicality and reflexivity of linguistic rituals. In: Lakoff and Ide (Eds.) *Broadening the horizon of linguistic politeness*. 45-64 Amsterdam: John Benjamins Publishing Co.
Ide, Sachiko, Beverly Hill, Yukiko M. Carnes, Tsunao Ogino, and Akiko Kawasaki (1992) The concept of politeness: An empirical study of American English and Japanese. In: Richard Watts, Sachiko Ide and Konrad Ehlich (Eds.) *Politeness in language: Studies in its history, theory and practice*. Berlin: Mouton de Gruyter. 281-297.
Ide, Sachiko, Motoko Hori, Akiko Kawasaki, Shoko Ikuta and Hitomi Haga (1986) Sex difference and politeness in Japanese. *International Journal of Sociology of Language* 58: 25-36.
Ide, Sachiko and Naomi McGloin (1991) (eds.) *Aspects of Japanese women's language*. Tokyo: Kurosio Publishers.
Ide, Sachiko and Chikako Sakurai (2005) Politeness forms. In: Ulrich Ammon et al. (Eds.)*Sociolinguistics: An international handbook of the science of language and society*, 2nd Edition Berlin: Walter de Gruyter. 605-614.
Irvine, Judith (1998) Ideologies of honorific language. In: Bambi Schieffelin, Kathryn Woolard, and Paul Kroskrity (Eds.) *Language ideologies: Practice and theory*. New York : Oxford University Press. 51-67.
Lakoff, Robin (1972) Language in context. *Language* 48: 907-927.
Lakoff, Robin (1973) The logic of politeness: Or minding your p's and q's. In: C. Corum, T. Cedric Smith-Stark, and A. Weiser (Eds.) *Papers from the 9th regional meeting of the Chicago Linguistic Society*, 292-305.
Lakoff, Robin (1973) Language and woman's place. *Language in Society* 2: 45-80.
Lakoff, Robin (1975) *Language and woman's place*. New York: Harper and Row.
Leech, Geoffrey (1983) *Principles of pragmatics*. London: Longman.
Lyons, John (1991) *Natural language and universal grammar: Essays in linguistic theory*. Cambridge: Cambridge University Press.
Markus, Hazel Rose and Shinobu Kitayama (1991) Culture and the self: Implications for cognition, emotion, and motivation. *Psychologi-*

cal Review 98-2: 224-253.
Martin, Samuel (1964) Speech levels in Japan and Korea. In: Dell Hymes (Ed.) *Language in culture and society: A reader in linguistics and anthropology*, 407-415. New York: Harper and Row.
Matsumoto, Yoshiko (1988) Reexamination of the universality of face: Politeness phenomena in Japanese. *Journal of Pragmatics* 12: 403-426.
Maynard, Senko (1993) *Discourse modality, subjectivity, emotion and voice in the Japanese language*. Amsterdam: John Benjamins Publishing Co.
Mead, George Herbert (1995 [1974]) Relation of mind to response and environment. In: Ben Blount (Ed.) *Language, culture, and society: A book of readings*, 2nd edition. Prospect Heights, IL: Waveland Press. 95-101.
Mead, George Herbert (1995 [1974]) The problem of society: How we become selves. In: Ben Blount (Ed.) *Language, culture, and society: A book of readings*, 2nd edition. Prospect Heights, IL: Waveland Press. 85-94.
Nisbett, Richard E. (2003) *The geography of thought: How Asians and Westerners think differently and why*. New York: Free Press.
Nwoye, Ounigbo (1992) Linguistic politeness and socio-cultural variations of the notion of face. *Journal of Pragmatics* 18-4: 309-28.
Sacks, Harvey, Emanuel Schegloff, and Gail Jefferson (1974) A simplest systematics for the organization of turn taking for conversation. *Language* 50-4: 696-735.
Sapir, Edward (1921) *Language: An introduction to the study of speech*. New York: Harcourt, Brace and World, Inc.
Silverstein, Michael (1976) Shifters, linguistic categories, and cultural description. In: Keith Basso and Henry Selby (Eds.) *Meaning in anthropology*, 11-55. Albuquerque: University of New Mexico Press.
Silverstein, Michael (2003) Indexical order and the dialectics of sociolinguistic life. *Language and Communication* 23: 193-229.
Slobin, Dan (1996) From "thought and language" to "thinking for speaking". In: John Gumperz and Stephen Levinson (Eds.) *Rethinking linguistic relativity*. Chicago: University of Chicago Press.
Watts, Richard (2003) *Politeness*. Cambridge: Cambridge University Press.
Watts, Richard, Sachiko Ide and Konrad Ehlich (1992, 2005) Introduction. In: Richard Watts, Sachiko Ide and Konrad Ehlich (Eds.) *Politeness in language: Studies in its history, theory and practice*, 1-17. Berlin: Mouton de Gruyter.
Yoshida, Megumi and Chikako Sakurai (2005) Japanese honorifics as a marker of sociocultural identity: A view from non-Western perspective. In: Robin Lakoff and Sachiko Ide (Eds.) *Broadening the horizon of linguistic politeness* 197-215. Amsterdam: John Benjamins Publishing Co.

あとがき

　「大事なことは違った文化にいる人がお互いにどのように分かり合えるかということです。」2005年3月，言語研究の在り方について対談する中で，生前の波多野誼余夫先生はこう語られた。
　科学の世紀と言われる20世紀に続くこの21世紀の課題は，地球上で人々が共生できる道を探ることである。違う文化を理解するには，どこが同じで，どこが違うかを明らかにする必要がある。それと同時に，その違いの根底にある人類に共通の要素を解明しなければならない。その上で，違いを止揚した人類の知，言いかえれば多様性を包含した知の普遍性が求められる。そのことが違った文化を分かり合うための基礎となるだろう。
　さまざまな地域からなる広い世界からみれば，一つのローカルな場所にすぎない西欧で，その地理的，文化的，宗教的背景を基に生まれて発展してきた科学が，学問の世界を席巻し，多くの恩恵を全世界に与えてきたことは確かである。西欧に学ぶことが学問の第一歩として捉えられていることはもっともな理由があるが，21世紀の課題である共生の道，あるいは，持続可能な地球の在り方を求めるには，この科学にも限界のあることを意識せざるを得ない。
　本書は，ことばの解明を通じてそのことばを話す人々の文化を理解し，異なる文化の人々が分かり合えるインフラとしたいというスタンスで，言語現象に向き合った論考である。具体的には，日本語を英語と比較することにより，日本語がいかに日本文化と関わっているかを考察した。西欧語を基にした言語理論・語用論理論に日本語を当てはめてみると，当てはまらないところが出てくる。その原因はどこにあるのだろうか，と探るうちに，日本語を成り立たせている日本人の思考習慣としての文化が見えてくる。断っておきたいことは，日本語と日本文化の関わりを探るが，これは決して日本文化論ではないということである。既存の西欧モデルからこぼ

れ落ちる要素こそ西欧モデルの死角ともいえるものである。それを拾い上げ，光をあてることで，これまでの言語・語用論理論のモデルとしてきた枠組みを広げ，多様性を包括したより豊かな普遍モデルを作り上げていくことが出来る。例えば，西欧モデルに対して相補的に提示されたわきまえの語用論の枠組みは日本語研究から生まれたものであるが，それは，宗教的規律が日常の生活のなかで生きているイスラム社会の言語使用に有効な枠組みである可能性がある。日本語を非西欧語の一つとして捉え，母語話者としての直感や日常生活で常識とする考えに素直に向き合った観察，分析，考察から生まれるものを世界に発信する。そうすることが，他の非西欧社会の研究者に示唆を与えることになるのではないか。ヒトという種が持ちうる脳のキャパシティを考えれば，人間にあり得る多様性には自ずと限界があり，文化の数だけ多様性があることにはならない，と考えるからである。それゆえ，豊かな普遍を求めることは可能であり，グローバルな視点からみて意義のあることと言えよう。

　振り返ってみると私の言語研究のスタンスは，生い立ちと無関係ではなさそうに思える。太平洋戦争勃発の少し前，日本社会といえるようなコミュニティーもない外地の島に生まれ，日本の土をはじめて踏んだ6歳半までの間，日本語をいかに話すかを習得する環境は貧しいものだった。引き上げ家族は定住するところを求めて日本各地を転々としていたが，その間，いつ，なにを，どのように話したら良いかわからないままに，思い切り呼吸することも許されないような思いで過ごしていた。今思えば，日本語の文法は習得していたが，語用論を習得する落ち着いた環境がなかった。つまり，生まれてから8歳ごろまで，言ってはいけないことを言ってしまったり，言わなければならないことが言えなかったり，どのように言ったら良いか分からないことが多かった。中学校に入ってはじめてのホームルームでは，誰にも聞こえないような小さな声で自己紹介したことが思い出される。
　日本語はいみじくも高コンテクスト文化と言われる。ということは，コンテクスト・場の読みが出来なければ，自分の言いたいことも言えないと

いうことである。私が苦労してきたことは，コンテクストの読み方，言いかえれば，場の認識が出来ないことであった。場の認識の習得が幼い頃に適切になされなかったので，そのことがその後も長く尾を引いている。日本の文化にとっぷり浸かって落ち着いてことばを話す，という境地になかなかなれない。あえて言えば，日本語を外側から見てきたような思いがずっとある。

　そのことを深く自覚させられる機会となったのは，第22期国語審議会第一委員会において，はからずも主査を仰せつかったときだった。戦後の民主主義社会に適切な敬語使用の指針として戦後まもなく出された文部省建議「これからの敬語」以来，国語審議会は敬語について真正面から関わってこなかった。それが，21世紀を目前にしたとき，新しい時代にふさわしいことば遣いの在り方について答申せよ，という諮問が文部大臣からあった。日本語のことば遣いをどうするかを問うことは，これからの日本社会をどうするかについて決めることにもつながる。国語審議会としてはこの大問題に立ち向かい，真剣な議論を4年あまりかけて行った末，「敬意表現」という敬語を含む概念のもと，現在日本で行われていることば遣いをできるだけありのままに記すことになった。ことば遣いについての大前提として，私の脳裏にあったものは，グライスの会話の公理として知られる人間に普遍的とされる会話のルールであった。しかし，これを日本語の言語使用の参考にすることはとんでもないことである，ということを答申の草案を練る議論の過程で知らされた。相手や場面に配慮しないで話したり書いたりすることができるか，という問いに対して，答えはノーであることをワーキング・グループの仲間で確認したのであった。相手や場面に最も関係のないと思われる数学の教科書の説明文を見ても，小学生に対してと中学生に対してでは書き方が異なるという事実を認めざるを得なかった。それほどにまで，日本語では場への配慮が現れないことば遣いはない，ということが確認されたのである。西欧語を基にした語用論の原理が日本社会での言語使用には基本的に不適格である。こうして，場への配慮，言いかえれば場の要素の読みが出来なくては日本語の適切な使用は難しいことを思い知らされたのだった。

コンテクスト・場の読みが出来なくては話せない。それでは、コンテクスト・場には何があるのだろうか。そこにあるのは、思考習慣あるいは行動習慣としての文化の要素である。ウチ・ソトの分別がその一例である。私の場合、戦時下にあって、両親が親戚・友人など日本人との接触が制限されている状況で生活していたので、子供がウチ・ソトの分別を学ぶ環境がなかったのだと思う。文化が具現されている場の要素を知っていなければ、日本語は適切に話せない。場の要素を認識していることを「わきまえ」があるという。本書のタイトルが『わきまえの語用論』である由縁である。

　西欧の理論からはみ出した言語現象への興味は、日本語のモダリティを中心とした「言うという行為」（1章）、敬語を中心とするポライトネスの諸相（2章、3章、4章、5章）、女性語（6章）に焦点を当てることになった。日本社会のインフラとしての日本語についての試論を7章、8章で記した。最後の2章は、今後の課題を提示したものである。

　この半世紀あまりの言語研究は、言語をコンテクストから切り離して考察する流れが主流であった。社会言語学という学問は、日本では、戦後間もなく国立国語研究所の設立とも関連して、独自の歩みを進めてきた。一方、アメリカにおいては、1964年インディアナ大学で行われたアメリカ言語学会主催の夏期言語学講座の折、当時の生成文法の興隆の勢いを懸念し、コンテクストや話者も視野に入れる言語研究者達が結束する必要を感じて参集した。集まったのはHaugen, Hymes, Labov, Fishman, Brightたちであった。集まった言語学者達は、フォーマルな言語学の興隆に対抗して、社会言語学（sociolinguistics）というラベルの下に研究分野の結束を図ったのである。（これは、Haugen先生とBright先生にそれぞれに別の機会に直接伺ったことである。）この経緯から、アメリカの社会言語学の源は、元来ひとつのディシプリンとして確立されたものではなく、フォーマルなディシプリンに対抗するために、すでに存在していた分野が集まったものであることがわかる。

　言語研究を志した1960年頃から、私は「言語学」という分野を歩んで

いたつもりであった。しかし，なぜか「社会言語学」という分野のラベルが付けられて現在に至っている。アメリカの多様な社会言語学からも，日本独自の社会言語学からも多くを学ばせていただいているが，どれかの伝統の流れに連なることをしてこなかった。

　それでもこの道を歩んで来ることが出来たのは，多くの方々のご指導，ご理解，ご支援のお陰である。

　日本の文化の中で使われる言語現象が既存のディシプリンでは十分に説明できないともがいていた頃，異なるディシプリンから委託研究の誘いを受けたことは，私にとって大きな転機となった。委託研究とは，ATRの知能映像通信研究所の「社会的認知の言語行動に及ぼす影響に関する研究」(1995-1997)である。当時の主任研究員片桐恭弘氏とは，それ以降もひきつづき共同研究者として思考する喜びと勇気をいただいてきた。片桐氏との出会いがなかったら，言語学の枠を出て考えることは難しかったに違いない。本書は，遅ればせながら委託研究の報告書であることを感謝の意をもって記したい。

　専門外のことを学びそれに言及する場合，自分の解釈が見当違いをしているのではないかと不安なものである。幸いなことにその道のご専門の先生に直接教えていただく機会を得ることが出来た。尾藤正英先生には，荻生徂徠の『弁道』に示されているわきまえの考え方が日本人の生き方としてのフィロソフィーであることをご教示いただいた。そのことを感謝の念を持って記しておきたい。また，それまで行き詰まっていた敬語使用のメカニズムを解くきっかけとなったのは，清水博著『生命知としての場の理論』を新聞の書評で知り得たときであった。その後，清水氏の多くの著作から要素還元主義を超えたホロンという機能の考え方こそ，敬語，やりもらい表現，あいさつ表現，モダリティ表現の使用を説明することができると確信するに至った。しかし，生命科学を基にして生まれたこの考えを語用論に援用していいものかと迷いがないわけではなかった。幸いこの考えを清水博先生に聞いていただく機会があり，さらに最新のお考えに接することが出来た。仏教思想につながる清水先生の深い洞察に啓発をいただいていることをここに感謝の念をもって記したい。

また，言語と文化との複雑な関わりについて学恩を賜った Michael Silverstein 先生，William Hanks 先生にも敬服と感謝の意を捧げたい。

　次に共同研究者として，多くの方々にお世話になったことを記し，感謝したい。「日本人とアメリカ人の敬語行動研究」では荻野綱男さん，川崎晶子さん，生田少子さん，Eleanor Jorden 先生，Beverly Hill さん，ユキコ・カーンズさん，Elizabeth Hengeveld さん，「女性語研究」では川崎さん，生田さんの他に堀素子さん，芳賀日登美さんと多くの時間を共有して共同研究の喜びを分かち合った。「わきまえ」ということばも，共同研究の話し合いの中で生まれたものである。日米の敬語行動比較研究，日本語の男女の敬語使用の比較研究は，既に英文で皆様との共著として発表してあるが，その二つを新たな解釈の枠組みで本書の中に紹介した。

　Marie-Louise Leibe-Harkort, Merry White, Ellen Widmer 諸姉とは長年にわたりたくさんの対話を重ねてきた。その過程で知り得た日常レベルでの西欧の考え方は，本書のスタンスを支えるバックボーンとなっている。

　この本は，構想をはじめてからかなりの年月を重ねている。その間，寛大な心で支え続けてくださった友人，大修館書店元編集部の藤田侊一郎氏には心からのお礼を申し上げたい。

　最後に，「親しき仲にも礼儀あり」を口癖にことばの品格を体現し，尽くす生涯を送った母，故・武藤典(ふみ)に本書を捧げたい。

井出祥子

索　引

◆固有名詞◆

アーヴィン・トリップ，スーザン　69
イチロー　185,186
今井賢一　189,190
ウィルソン，ディアドリ　77
内館牧子　142
梅棹忠夫　9
大江三郎　43
荻生徂徠　114
加賀美幸子　152
片桐恭弘　47,239
蒲谷宏　126
神尾昭雄　42,43
ガンパーズ，ジョン　69
菊澤季生　174,177
菊地康人　126
キング牧師　160
金水敏　43-45
金田一京助　9
グライス，ポール　67
桑原武夫　205
ケストラー，アーサー　195
小泉文夫　217
コーツ，ジェニファー　165
小松英雄　126
小森陽一　122
真田信治　106

柴田武　17
司馬遼太郎　205
清水博　193,195,200,202
シルヴァスティン，マイケル　204
鈴木秀夫　218
スロービン，ダン　33
田窪行則　43-45
多田富雄　201,202
徳川宗賢　141
長井鞠子　216
中島みゆき　142,146
ハイムズ，デル　16
服部四郎　9
濱口恵俊　188
バーリン&ケイ　33
ブラウン&レビンソン　68
古田敦也　185,186,191
ボーゲル，エズラ　56
真下三郎　175
益岡隆志　46
マーティン，サミュエル　117
宮地裕　126
森下洋子　93
吉田和男　187,196
レイコフ，ロビン　4,5,66,132,162,164
渡辺実　29,135

◆事　項◆

あいさつ　74
あいづち　55
アイデンティティ指標　181
あいまい　10,11
言い換え　53
言うか言わないか　24
言うという行為　16,17
言うという行為の構造　19
「言うという行為」のモダリティ
　　36,38
「伊豆の踊子」　206
位相語　174,175
「(いつ)いくか」の丁寧度の男女差
　　169
ウチ　50,104,105
ウチ・ソトの区別　151
うなずき　55
越中五箇山郷の調査　106
おはようございます　129
会話の交感的機能　21
会話の公理　67
顔　70,131
間人主義　188
決まり文句　74
儀礼　127
儀礼としての敬語　128
敬意表現　140,143,154
敬語　4,72,74
敬語使用　100
敬語表現　122,126
言語待遇度　170
憲法修正第7項　160
交感的機能　215
高コンテクスト文化　25

ことばの不平等　163
コミュニカティブ・コンペテンス
　　25
これからの敬語　123
コンテクスト　27,28,29
コンテクストと発話　32
失礼　77
授受表現　60,61
状況　52
消極的欲求　70
上下関係から役割関係へ　144
衝動的欲求　70
情報のなわ張り理論　42
女性語　160
人種差別の禁止　161
人物待遇度　170
森林の思考・砂漠の思考　218
スピーチ・アクト　16
性差別　5
世間　62,63
積極的欲求　70
セルフ　75,222,223
相互依存型セルフ　223
即興劇　200,227
ソト　50,104,105
多変量解析　85,88,89
だれが，いつ，どこで　20,24
談話管理の理論　45
談話レベルのモダリティ　52
使い分け　151,156
定型表現から非定型も含む表現へ
　　145
訂正　22,23,213,214
丁寧なことば　166

同意　　22, 23, 213, 214	71, 128, 148
独立型セルフ　　223	ポライトネス研究　　76
何を言うか何を言わないか　　54	ポライトネスの普遍性　　78
日本型社会システム　　187	ポライトネス理論　　66
日本語人称詞　　209	ポライトネス・ルール　　68
女房詞　　174, 176, 177	ホロン　　193, 195
人間関係　　49	ホロン型社会　　196, 197
ネガティブ・ポライトネス　　40, 71, 129	ホロン的振る舞い　　196, 199
	マクロのわきまえ　　118
ネットワーク型　　187	マッチング　　108
場/コンテクスト　　130, 219	ミクロのわきまえ　　118
発言権奪取　　22	命題　　29
話し手交替　　21, 22, 23, 24, 213	命題に関するモダリティ　　42
話し手の視点　　27, 29	メタ・コミュニケーション　　19
場の要素　　25ff.	メタ・プラグマティック　　27
場面に関するモダリティ　　49	モダリティ表現　　11
反射的意味　　129, 137	モダリティ　　27, 28, 29, 30, 35, 36
ヒエラルキー・システム　　187	遊女語　　174, 179
品位を表わす敬語　　134	要素還元主義を超えて　　201
フェイス　　70, 71	「よ/ね」の使い分け　　47, 48
複雑系のルール　　221	隷属原理　　189
プラグマティック・モダリティ　　31, 42	わきまえ　　114, 115, 187
	わきまえの言語使用　　73
フレンドリー　　93	わきまえのスーパー・システム　　108
文末表現　　11	
ペンを借りる表現　　102, 103	'friendly'と「親しげな」　　91
ポジティブ・ポライトネス　　40,	'polite'と「丁寧さ」　　79

[著者略歴]

井出祥子（いで　さちこ）
1939 年　台湾台北市生まれ。
日本女子大学文学部英文学科卒業，国際基督教大学大学院修士課程修了。
日本女子大学文学部英文学科専任講師・助教授・教授を経て，現在，同名誉教授。
国際語用論学会（International Pragmatic Association）会長（2006-2011）。
主要著書：
『日本人とアメリカ人の敬語行動』共著（南雲堂，1986）
『文化・インターアクション・言語』共編著（ひつじ書房，2002）
『異文化とコミュニケーション』共編著（ひつじ書房，2005）
『解放的語用論への挑戦―文化・インターアクション・言語』共編著（くろしお出版，2014）
Politeness in Language: Studies in its History, Theory and Practice, Co-editor and co-author (Mouton de Gruyter, 1992, 2nd edition 2005)
Broadening the Horizon of Linguistic Politeness, Co-editor and author (John Benjamins Publishing Co., 2005)
本書初版第 1 刷以降の主要論文：
「場の理論で考える配慮言語行動」（植野貴志子と共著）：三宅和子・野田尚史・生越直樹編『「配慮」はどのように示されるか』（ひつじ書房，2012）
「グローバル社会へのウェルフェア・リングイスティックスとしての場の語用論―解放的語用論への挑戦」『社会言語科学』第 18 巻第 2 号（2016）

[本文イラスト・青柳ちか]

わきまえの語用論

© Sachiko Ide, 2006　　　　　　　　　　　NDC810 vi, 243p 22cm

初版第 1 刷────2006 年 11 月 15 日
　第 2 刷────2016 年 9 月 1 日

著者────井出祥子
発行者────鈴木一行
発行所────株式会社大修館書店
　　　　　〒 113-8541 東京都文京区湯島 2-1-1
　　　　　電話 03-3868-2651（販売部）/03-3868-2293（編集部）
　　　　　振替 00190-7-40504
　　　　　[出版情報] http://www.taishukan.co.jp

装丁者────下川雅敏
印刷所────壯光舎印刷
製本所────牧製本

ISBN978-4-469-22186-2　Printed in Japan

Ⓡ本書のコピー、スキャン、デジタル化等の無断複製は著作権法上での例外を除き禁じられています。本書を代行業者等の第三者に依頼してスキャンやデジタル化することは、たとえ個人や家庭内での利用であっても著作権法上認められておりません。